Mundo Garifuna
Pasado Histórico – Futuro Brillante

Por

José Francisco Ávila
&
Tomás Alberto Ávila

José Francisco Ávila
&
Tomás Alberto Ávila

Mundo Garifuna

Pasado Histórico
Futuro Brillante

Library of Congress Catalog Card Number: Pending

ISBN: 978-1-928810-01-8

PRINTING HISTORY
First Edition

Milenio Associates, LLC
61 Tappan Street
Providence, RI 02908
Phone: 401-274-5204
Fax: 401-633-6535
milenioassociates@yahoo.com

Índice

Introducción

Los Garifunas: Pasado Histórico- Futuro Brillante

1797-1997   2007–2197

Tomas Alberto Avila
12 de abril, 2005

Quiero comenzar con un poco de historia reciente. Hace ocho años atrás en esta misma fecha nos encontrábamos en Honduras conmemorando el bicentenario (200 años) de nuestra llegada forzada a la Costa Norte de Honduras, y en aquel entonces el golfista Tiger Wood se encontraba en Agosta Georgia celebrando ser el primer afro Americano en lograr ganar su primer Masters. Interesantemente hoy día estamos aquí en Nueva York conmemorando 208 años de nuestro arribó a la Costa Norte Honduras y el día Domingo 10 el golfista Tiger Wood se encontraba de nuevo en Agosta Georgia celebrando su cuarta victoria del Masters. ¿Una Coincidencia o una intervención divina? Los dejo que figuren la respuesta.

Todos los lectores me imagino que saben que hoy conmemoramos nuestra **PASADO HISTORICO** el cual es un pasado muy interesante y muy bien analizada y documentada, pero no me concentrare en nuestra historia si no que me concentrare en nuestro **FUTURO BRILLANTE** que nos presenta las misma Costa Norte de Honduras donde fuimos abandonados 208 años atrás hoy nos ofrece la oportunidad de cambiar el futuro de nuestra futura generación y quiero públicamente agradecer al gobierno de nuestro Presidente Roberto Maduro por incluir nuestra cultura como parte integra del desarrollo turístico que se propagará por la Costa Norte de Honduras.

Muchos de ustedes se sorprenderán en oírme hablar positivamente de nuestro futuro y por agradecer al Presidente Maduro, pero lo que quiero que recuerden es que opuesto a lo que muchos quisieran hacerles creer, el gobierno ha puesto un **Futuro Brillante** en nuestras manos con la inclusión de nuestra cultura Garifuna dentro del marco central del desarrollo turístico de Honduras, y quiero exhortarlos a que tomemos ventaja de esa oportunidad Integrándonos dentro del Desarrollo Turístico

Hondureño en nuestra Costa Caribeña Hondureña (La Costa Garifuna) convirtiéndonos en inversionistas, administradores e impulsores de la creación de capital y riquezas para nuestra futura generación y para algunos de rostros para nuestra jubilación.

Los esfuerzos del gobierno hondureño se encaminan hacia la definición del modelo de desarrollo turístico aplicable a sitios como la bahía de Tela y Trujillo, dentro de los cuales las poblaciones locales existentes, tengan la oportunidad de integrarse a ese desarrollo en forma justa y equitativa. Para integrarnos a ese desarrollo hemos creado Mundo Garifuna, nuestro énfasis es ligar nuestras experiencias corporativas estadounidenses, al creciente mercado turístico hondureño así como concienciar a la población local Garifuna sobre la necesidad de conocer lo nuestro para utilizarlo sosteniblemente y heredarlo al ciudadano del futuro.

La realización de este proyecto contribuir al desarrollo económico de nuestras comunidades Garífunas por medio de la generación de empleos y de divisas. Los objetivos a largo plazo son:
Asegurar a la mayoría de nuestras comunidades un nivel de ingresos suficientes para satisfacer cuando menos sus necesidades vitales.

1. Mejorar en especial las condiciones de vida de la población Garífuna.
2. Proveer m s y mejores fuentes de trabajo.
3. Ensanchar y modernizar la industria turística nacional.
4. Fortalecer la posición de la economía Hondureña frente a cambios en los mercados mundiales.
5. La estrategia que se plantea se orienta al logro de una mayor proyección y productividad y una mejor distribución a través de un aprovechamiento m s adecuado de los recursos naturales y el fomento turístico.

Los invito a comenzar a celebrar nuestro Futuro Brillante al mismo tiempo que conmemoremos nuestro Pasado Histórico.

Reseña Histórica de l Desarrollo de Un Futuro Brillante

La Primera Cumbre Intercontinental Garífuna

La Trayectoria Garífuna hacia el Siglo 21

En 1991, los hermanos José Francisco y Tomas Alberto Ávila junto a Mujeres Garinagu en Marcha (MUGAMA), organizaron el Primer Encuentro Cumbre Garífuna que se celebro en la Ciudad de Nueva York, del 4-6 de julio. A dicho encuentro asistieron Garífunas de todos los niveles sociales y económicos y hubo representación de la mayoría de los países con población Garífuna, excepto de San Vicente y Nicaragua. El lema del encuentro fue "*Uwala Busiganu, Garinagu Wagia* "traducción, "*No nos avergoncemos, Somos Garífunas!*

El propósito del encuentro era adoptar un desafío decisivo para que colectiva y organizadamente, nos enfocáramos en nuestra etnia y movilizar a los Garífunas, a buscarle soluciones a los muchos problemas que confrontaba nuestra comunidad.

Durante su discurso, el Sr. José Francisco Ávila, comento que ha medida que nos acercamos al Siglo 21 su esperanza era que el arribo del mismo, representara un nuevo amanecer para el pueblo Garífuna. Recordó que en 1995 celebraríamos 200 años de la muerte de ese gran líder Garífuna José Chatoyer y dos años más tarde conmemoraríamos el bicentenario de nuestra deportación a América Central. ¿Continuaremos satisfaciendo a los que cobardemente mataron a nuestro gran líder y luego procedieron a dividirnos y a conquistarnos? Pregunto, o, ¿demostraremos que a pesar de sus esfuerzos continuamos siendo el pueblo orgulloso y tenaz al cual temían?

Espero demostremos que seguimos siendo un pueblo tenaz y trabajemos juntos en establecer una organización sólida a nivel nacional que conjuntamente con organizaciones nacionales en San Vicente, Belice, Nicaragua, Guatemala y Honduras, hagamos realidad la reunifican de la Nación Garífunas.

La Segunda Cumbre Intercontinental Garífuna

La Reunificación Garífuna

Para no perder el ímpetu logrado en Nueva York, se planifico la segunda cumbre Intercontinental Garífuna en Los Angeles, California los días 3 - 5 julio de 1992. El tema para esta reunión era *"Afareinraguni, Awaraüguni, Agibudaguni Liadun Aban"* o *"Separación, Dispersión, Reunificación"*.

Objetivo

El objetivo para esta reunión era dar seguimiento a los temas abordados en el primer encuentro. Sin embargo, el objetivo primordial era la reunificación del pueblo Garífuna bajo un solo techo. Algo que no había sucedido desde nuestra deportación de San Vicente.

Entre los asistentes al encuentro, se encontraban los siguientes: Dr. Joseph Palacio, Sr. Pablo Lambey, Sra. Myrtle Palacio, Roy y Phillis Cayetano, de Belice; Sr. Salvador Suazo, Sr Crisanto Melendez, Suni y Julio Morales de Honduras; Sr. Gerrardo Ellington de Guatemala; Cornelius Sam y el Dr. Cadrin Gill de San Vicente. Además de estos invitados, mas de 200 Garífuna de todos los Estados Unidos de América hicieron acto de presencia, . ¡Si! Casi lo logramos, sin embargo, debido a la situación de los Contras en Nicaragua durante ese tiempo, la embajada Americana no le concedió visa al Sr. Francisco Sambola el representante de Nicaragua para viajar a Los Ángeles.

La Tercera Cumbre Intercontinental De Garífuna

La sede del tercer encuentro cumbre de 1993 seria la ciudad de Nueva York. La organización del acontecimiento debía ser coordinada por el recientemente organizado Concilio Garifuna de Nueva York. Sin embargo, debido a las circunstancias fuera de nuestro control los organizadores locales no pudieron organizar el evento, por lo tanto se tuvo que cancelar.

14

Propuesta Para el Comité del Bicentenario Garífuna

El 4 de Octubre de 1993, Tomás Alberto Ávila sometió una propuesta preliminar a las organizaciones Garífunas en la ciudad de Nueva York, proponiendo la creación de un comité de planeamiento para coordinar la conmemoración del 200 aniversario de la llegada de los Garífunas a Honduras.

Organización del Comité del Bicentenario Garífuna de Nueva York

El 20 de Mayo de 1995, la organización Mujeres Garinagu en Marcha (MUGAMA) hace el llamado a la comunidad para la preparación de la conmemoración del Bicentenario de la llegada de los Garífunas a Honduras y Centroamérica.

La reunión se convoco para el 10 de Junio de 1995 para organizar El Comité Pro-Conmemoración del Bicentenario de la llegada de los Garífunas a Honduras. La reunión se celebro en la Iglesia Misión San Juan Bautista, situada en 948 E. 156 St., Bronx, NY 10455.

Durante esta reunión, se eligió la directiva siguiente:

Presidente: Tomás Alberto Ávila
Vice presidente Dionisia Amaya-Bonilla
Secretaria: Luz Francisca Solís-Rey
Tesorera: Mirtha Cacho-Sabio

Asesores: José Francisco Ávila, Juan Laboriel, y Félix Miranda

Además, se establecieron los siguientes comités:

Finanzas:	Daisy Calderón
Mercadeo:	Hector Vera y Dimas Arriola
Coordinadores Nacionales:	Luz Estela Arzú y Heriberta Laboriel
Coordinadores Internacionales:	Mirtha Colón y Antonieta Máximo

El comité comenzó a trabajar en las metas trazadas reuniéndose mensualmente en la Ciudad de Nueva York. Sin embargo, en agosto de 1995, el Sr. Ávila sometió su renuncia como presidente debido a su traslado a Caracas, Venezuela en vías de trabajo.

Como resultado de la renuncia del Sr. Ávila, la señora Dionisia Amaya-Bonilla es promovida para substituirlo como presidente del comité, el Sr.. Rejil Solís fue elegido vice presidente. El Comité continuó reuniéndose en forma regular y se forjan alianzas con otras Organizaciones tanto en Honduras como en Centroamérica; la ODECO, OFRANEH y ONECA.

La Coordinadora de Organizaciones Negras de Honduras

El 24 de Marzo de 1996, varias organizaciones Garífunas se reunieron en La Ceiba, Honduras para discutir la creación de una organización negra a nivel nacional que coordinaría todos los temas referentes a la comunidad negra y le buscaría soluciones ante el Gobierno.

Las organizaciones que participaron fueron las siguientes:

- Dr. Tulio Mariano González Centro Independiente del Desarrollo de Honduras (C.I.D.H.)

- Celeo Álvarez Casildo Organización De Desarrollo Étnico Comunitario (ODECO)
- Fred Batiz Organización Pro- Mejoramiento de Punta Gorda

- Horacio Martínez Cáliz Organización Fraternal Negra de Honduras (OFRANEH)

Entre los asuntos tratados en esta reunión, estaban los siguientes:

1. Establecimiento de un comité ejecutivo para discutir el bicentenario

2. Aprovechar del Bicentenario para avanzar y no permitir que nos divida.

Se tomo la decisión de escribir una propuesta para la conmemoración del bicentenario, la cual se le presentaría al entonces presidente de Honduras, Carlos Roberto Reina.

También se decide formar la Coordinadora Nacional de Organizaciones Negras de Honduras.

16

La Propuesta del Bicentenario

El 10 de Abril de 1996 la Coordinadora Nacional de Organizaciones Negras de Honduras, presento su propuesta al Ministro de Cultura y al Congreso Nacional el 11 de Abril de 1996. La propuesta sacaba a relucir la contribución de los ciudadanos Garífunas al desarrollo de Honduras.

La propuesta indicaba que el Bicentenario debe servir como una oportunidad para evaluar la situación política, social y económica de los Garífunas ante el siglo 21.

Decreto No. 70-96

El 30 de Mayo de 1996, el Congreso Nacional de Honduras emitió el decreto No. 70-96 declarando lo siguiente:

- El día 12 de abril de cada año, a partir de 1997 "DIA DE LA ETNIA NEGRA HONDUREÑA" en memoria a la fecha de su arribo a Honduras de la comunidad Garifuna.

- El año 1997 "AÑO DEL BICENTENARIO GARIFUNA", en conmemoración a los 200 años de la presencia Garífuna en el territorio nacional.

El decreto fue publicado el 5 de Agosto en el diario oficial la Gaceta.

El Comité Pro-Conmemoración del Bicentenario de la llegada del Garinagu a Honduras, inc.

El 27 de Septiembre de 1996, el Sr. Rejil Solís, vicepresidente, registra los documentos necesarios con el Departamento de Estado de Nueva York para obtener la personería jurídica del Comité Pro-conmemoración de la llegada de los Garífunas a Honduras, como una Organización No Gubernamental .

La Conmemoración del Bicentenario de la llegada de los Garífunas a Honduras

El 12 de Abril de 1997, la Organización de Desarrollo Étnico (ODECO) conjuntamente con el Comité USA Bicentenario Garífuna y la Organización

17

Negra Centroamericana, organizan la Conmemoraron del Bicentenario de la Presencia del Pueblo Garífuna en Honduras y Centroamérica.

Fundación de La Coalición Garífuna USA, Inc.

Concluido con éxito el Bicentenario, los líderes Garífunas de Nueva Cork, deciden seguir trabajando juntos; de aquí nace la Coalición Garífuna USA, Inc. como una Organización de organizaciones.

La Coalición fue fundada el 9 Mayo de 1998 como resultado del primer Retiro Nación Garífuna en el Salón de Conferencias del Angel Guardian Home en Brooklyn, NY. El 24 de Mayo de 1999 es registrada como Organización no Gubernamental sin fines de lucro bajo las leyes de Organizaciones sin Fines Lucrativo del Estado de Nueva York.

La Coalición Garífuna USA, Inc. Funciona bajo la participación democrática de sus afiliadas, estas acuerdan bajo el voto de la simple mayoría las acciones o actividades de la Coalición.

En Mayo de 1999, la Coalición culmina y aprueba sus Estatutos reglamentarios, y en Diciembre del mismo año concluye la elaboración de su Plan Operativo, su Plan de Acción y las Leyes Internas de la Coalición.

Historia del Retiro Nacion Garifuna

La Coalición Garífuna USA, Inc. ha realizado su retiro anual desde 1998, el formato del evento ha consistido de sesiones en las cuales se expone temas de importancia al desarrollo de la comunidad Garífuna transnacional, además de grupos de trabajo y reuniones de seguimiento con los líderes comunitarios. Tradicionalmente se ha incluido una actividad social en la que comparten los miembros con sus familiares e invitados especiales.

Plan de Desarrollo Nacional de La Comunidad Garifuna

Por Celeo Alvarez Casildo

Introducción

Dice la Sabiduría popular "Más vale tarde que nunca" y ahora a 200 años de presencia Negra Garífuna en Honduras, se presenta por primera vez un Plan Nacional de Desarrollo para las comunidades Garífunas y Afrohondureñas. Nunca antes en los 176 años de independencia del Estado hondureño, se había planteado tal propuesta y de tal magnitud, razón suficiente para esperar que también por primera vez se nos tome en cuenta con seriedad; tanto por el Gobierno de la República como por parte de los organismos privados de Desarrollo y Cooperación Nacionales e Internacionales.

La situación actual de las comunidades Garífunas, refleja el estado crítico del resto del país con el agregado de que también reciben de múltiples formas o maneras de manifestaciones inyectadas por la discriminación racial por un lado, por otro la discriminación clasistas por la condición de comunidades rurales que les hacen víctimas de poderes oligárquicos tales como grandes terratenientes, ganaderos foráneos y ahora los grandes inversionistas del turismo, de la agroindustria y el monocultivo. Vale mencionar en este espacio, que en estos momentos hay quienes están ideando o tramando estrategias para en nombre del turismo erradicar a nuestras comunidades de la tierra que por 200 años hemos cuidado y mantenido con sus recursos y paisaje casi intacto viviendo y amando a esta tierra y estos paisajes dentro de un concepto que ahora en los últimos 20 años los gobiernos del mundo empiezan a descubrir con el nombre de "desarrollo sostenible". Nuestras comunidades aún guardan y protegen con mucho celo una inmensa riqueza, formada por un conocimiento

19

cultural imposible de cuantificar; y difíciles también de medir son la riqueza material y el potencial de desarrollo para participar en la transformación del país en cuanto a lograr una mejor calidad de vida para todos los habitantes de Honduras sin discriminación de ninguna clase y de ningún tipo.

En la actualidad, hoy más que nunca se cuenta con las condiciones necesarias para que en cada comunidad Garífuna se trabaje en programas y proyectos desarrollando actividades que tengan por metas y objetivos el logro de niveles dignos de vida tanto para la población actual como para las futuras generaciones sin menoscabar ni deteriorar la riqueza cultural ni los recursos naturales que hoy son asediados por inversionistas nacionales y extranjeros sin escrúpulos, escudándose con el discurso del desarrollo del turismo y la captación de divisas mediante cuadros de cifras frías que nada dicen del costo social, del costo humano ni de alternativa alguna para el desarrollo de cada comunidad. Nosotros también pensamos que hay que partir por reconocer que las necesidades humanas son ilimitadas y que la satisfacción de las mismas suele realizarse directamente por las personas correspondiendo al Estado establecer un marco jurídico económico adecuado para que las personas al desarrollar sus capacidades productivas puedan propender directamente a la satisfacción de las mismas. El marco jurídico es ideal tanto a nivel nacional como internacional y no así el marco económico- social el cual se ha convertido en una pesadilla para casi toda América Latina.

II Estrategia General

Nuestro futuro común aboga por el desarrollo sustentable, es decir, un desarrollo que satisfaga las necesidades del presente sin comprometer la capacidad de las futuras generaciones para satisfacer las propias. Este concepto implica límites que imponen a los recursos del Medio Ambiente, el estado actual de la tecnología y de la organización social y la capacidad de la biosfera para absorber los efectos de las actividades humanas, pero tanto la tecnología como la organización social pueden ser ordenadas y mejoradas de manera que abran el camino a una nueva era de crecimiento económico.

El concepto es complejo e involucra, desde luego, un desarrollo que es sustentable en el largo plazo en términos no solamente económicos sino también sociales y ecológicos, es decir que mantenga la productividad de los sistemas naturales. En un pasado se ha concentrado la atención en la factibilidad y eficiencia económica, sin privilegiar consideraciones sociales y a veces deteriorando la naturaleza.

En países como los nuestros, donde la pobreza mayoritaria va estructuralmente unida a la escasez, el desarrollo sustentable debe comprender como propósito fundamental la satisfacción de las necesidades esenciales de la población, en especial de los sectores menos favorecidos, La satisfacción de necesidades esenciales como la alimentación debe figurar en primer lugar y por eso adquieren prioridad las políticas agrícolas que puedan garantizar la oferta alimentaría, así como la atención de la salud, la educación y el hábitat: vivienda, servicios de agua, alcantarillado, recolección y disposición de residuos, son prioridades centrales para un desarrollo sostenible.

Nuestro desarrollo futuro, cualquiera que sean las actividades económicas que propiciemos continuará dependiendo, en buena parte de los recursos naturales con que contemos y de la forma que sean aprovechados. El agua, los suelos, los bosques, la biodiversidad, los minerales entre muchos otros bienes, continuaran siendo base importante de nuestra riqueza.

Gracias a que disponemos de recursos humanos creativos y capaces y de un rico patrimonio natural, armonizar las bases de recursos naturales con tasas deseables de crecimiento que no comprometan la suerte de las futuras generaciones, no debe depender únicamente de la políticas económicas y sociales capaces de conciliar estos aspectos. Se requiere acceso a las tecnologías limpias y recursos financieros para promover su desarrollo. No tenemos autonomía para adoptar aquellas que nos resultan más convenientes ni capacidad para desarrollarlas.
Tampoco será posible el desarrollo sustentable sin una verdadera democracia. Si no profundizamos esa democracia para hacerla más participativa dándole mayor presencia a la sociedad civil y si no modernizamos las viejas estructuras de nuestro Estado para hacerlo más eficiente, será imposible que podamos romper las barreras que obstaculizan un desarrollo económico, social y ecológicamente viable.

Para nosotros el desarrollo sustentable no es una utopía. Ha llegado la hora de exponer al pueblo y a su dirigente los objetivos que estamos llamados a alcanzar. La integración nos permitirá aprovechar las ventajas comparativas que tenemos en cuanto a recursos humanos, culturales, naturales y genéticos.

¿Que proponemos como salida a una situación de tanta gravedad y complejos orígenes? Como gran proyecto y como parte del nuevo orden democrático acogemos la propuesta planteada por la Comisión Mundial del Medio Ambiente y el Desarrollo de inducir un desarrollo sustentable. Ese desarrollo sustentable entendido como un "proceso de cambio social en el cual la explotación de los recursos el sentido de las inversiones, la orientación del desarrollo tecnológico y las reformas institucionales se realizan en forma armónica, ampliándose el potencial actual y futuro para satisfacer las necesidades y aspiraciones humanas, no es sin embargo alcanzable a través de una estrategia de aplicación general. Esa estrategia debe se definida tomando en consideración nuestros propios problemas.

Dentro de nuestra propia visión del desarrollo sustentable y como requisito a la vez de la democracia, el objetivo central de esa estrategia no puede ser otro que el mejoramiento de la calidad de vida para toda la población.

Enfrentar la pobreza crítica que afecta a la mayoría de la población constituye en el presente la máxima prioridad para elevar la calidad de vida. No podrá hablarse del mejoramiento de la calidad ambiental mientras una proporción elevada de la población permanezca en condiciones de extrema pobreza.

Por otra parte la calidad de vida no implica una simple aplicación de los modelos establecidos en los países más avanzados. Ella debe responder a nuestra propia diversidad cultural y a la viabilidad de alcanzar patrones de consumo aceptables para toda la población.

Seguir un camino similar al que ellos recorrieron para lograr los niveles de vida que actualmente disfrutan, puede llevarnos a eliminar a una parte de la población de los beneficios del desarrollo, o a contribuir aún más a las tensiones que prevalecen a escala mundial, en cuanto al acceso de recursos que son escasos y finitos. Es el caso, por ejemplo de los patrones de utilización energética que existen en algunos países industrializados.

Un gran reto que se nos presenta entonces, como sociedad, es encontrar un concepto de calidad de vida propio, basado principalmente en tecnologías compatibles con nuestros ecosistemas y condiciones socioculturales, y que satisfagan las necesidades de nuestra población.

El desarrollo sustentable solo será realidad en la medida en que se le conceptúe como un proceso de cambios profundos en el orden legal, político, social, económico, institucional y tecnológico. La estrategia que puede conducirnos hacía un desarrollo sustentable depende de numerosos actores. En primer término, del Estado, a través de sus diferentes poderes y reparticiones administrativas; de la sociedad en general, incluyendo a los trabajadores, empresarios y miembros de la comunidad académica; y de los partidos políticos y otras instituciones no gubernamentales, como organizaciones intermediarias entre la sociedad y el Estado su viabilidad dependerá, entonces, de que ella sea compartida por esos actores. Eso nos conduce a la necesidad de que todos y especialmente los sectores dirigentes, adquieran suficiente consciencia sobre la trascendencia del objetivo perseguido y la naturaleza de las acciones que deben llevarse a cabo.

No habrá desarrollo sustentable mientras casi la mitad de la población viva en niveles de extrema pobreza. La viabilidad ecológica de nuestro desarrollo debe otorgar prioridad clara al desarrollo humano. Esta es una línea estratégica central conjuntamente con el aprovechamiento racional de los recursos naturales. Toda otra preocupación debe supeditarse a ella.

La estrategia de lucha contra la pobreza crítica debe constituirse en un verdadero objetivo nacional del Estado y de la sociedad. En la práctica, esto significa que las políticas públicas, económicas y sociales, deben orientarse a su erradicación. En segundo lugar, la estrategia de enfrentamiento a la pobreza ha de ser concebida como una acción integral que tenga como su principal propósito, en el mediano y largo plazo, el producir un cambio estructural en el interior de la sociedad.

La estrategia para enfrentar la pobreza crítica debe tener dos componentes claves: uno económico y otro social. Y desde ese punto de vista, debe tener como uno de sus fines primordiales el reforzar el papel redistribuido del Estado.

Para los fines del enfrentamiento a la pobreza esa estrategia debe contener básicamente medidas tendientes al cumplimiento de los siguientes objetivos:
- Restablecer el crecimiento económico.
- Dar prioridad y reestructurar los recursos y las actividades en favor de los pobres, protegiendo las necesidades básicas de los grupos vulnerables con el fin de apoyar el crecimiento económico.

- Promover la reestructuración del sector productivo para fortalecer las actividades de pequeña escala, productivas, industriales y de servicios.

- Dar prioridad a los servicios básicos de bajo costo y alto efecto multiplicador.
-
En cuanto a la estrategia social, cabe formular las siguientes consideraciones.
Dentro de una sociedad democrática no hay instrumento más idóneo para redistribuir el ingreso que la prestación de eficientes servicios a la población menos favorecidas económicamente. Nos referimos de manera especial a lo que concierne a la atención de la salud y la educación y al establecimiento de un sistema de seguridad social de amplia cobertura de forma que todos los segmentos poblacionales queden debidamente protegidos frente al desempleo, la invalidez, la enfermedad y los accidentes entre otros aspectos.

Existen enfoques sanitarios que privilegian la medicina preventiva y la atención primaria, que conjugadas con una organización comunitaria participativa a nivel de comunidades populares, pueden lograr resultados muy positivos en cuanto a la atención de la salud. Con la colaboración directa de la población se puede, a través de estas modalidades, instrumentar programas de complementación nutricional, atención a la niñez y asistencia social en general, de alto beneficio y bajo costo en términos per capita comparados con los esquemas tradicionales de salud pública.

Por su parte, es un lugar común destacar que no existe mejor instrumento para elevar el ingreso de los menos favorecidos, que un sistema educacional que les garantice su incorporación desde los niveles de

24

preescolar en adelante. La empresa de constituir la educación en el gran vehículo de transformación de la sociedad, es una tarea prioritaria. La base esencial de nuestro futuro progreso es la ampliación del sistema de escolaridad para atender a toda la población, acompañado de profundas reformas que exige la educación a sus diferentes niveles.

Tomando en cuenta como uno de sus aspectos centrales, los programas de capacitación para el trabajo que permitan aumentar la producción y la productividad y la educación ambiental, no sólo se brindará la oportunidad de acceder a niveles mejor remunerados sino que estaremos formado una población con alta conciencia ecológica, lo cual es requisito fundamental dentro de los cambios de las estructuras mentales que exige un verdadero desarrollo sustentable.

Desarrollo Económico, Político y Social De La Comunidad Garifuna

Perspectiva Para El Próximo Milenio

Dr. Marcial Quevedo F.
La ceiba 13 de Diciembre de 1997

Situación Actual

La población garífuna de Honduras asciende a mas de 300.000 habitantes y representan aproximadamente el 10% de la población , sin embargo en la actualidad no poseemos ni el 1% del poder económico y político, generando un desequilibrio significativo comparándola con otras minorías como por ejemplo los Judíos y los Árabes, que representan menos del 2% de la población pero gozan de mas del 50% del poder económico; y controlan el poder político, además de privilegios que les permite incidir en el devenir socio-cultural del país.

Después de 200 años de presencia garífuna en Honduras, podemos decir que hemos preservado nuestros valores culturales, con algunas dificultades para empoderarnos de ella, producto de la aculturisación sufridas en el proceso de integración a esta sociedad; tenemos un ejército de profesionales en todos los ámbitos del quehacer humano, poseemos un grupo de hombres y mujeres escalando progresivamente los peldaños económicos, distribuidos en diferentes sectores, como la industria de la construcción, comercio, casas financieras, industria turísticas (hotelera, restaurantes, ecoturimos) fabricas, pequeños empresarios que arrendan casas de alquiler, industria artesanal y muchas empresas mas ; sin embargo se a descuidado significativamente lo que representó nuestra base económica por mas dos centurias, el cultivo de la tierra; sufriendo por ello expropiaciones inmisericorde y la pérdida de mas del 50% de las tierras que otrora pertenecían a los Garífunas, así mismo pocas personas se dedican a la pesca artesanal, debido a la baja rentabilidad que genera este rubro; ocasionado por la destrucción progresiva y masiva de la fauna y flora marina generadas por las grandes empresas exportadoras de marisco asentada en Islas de la Bahía, irrespetando los convenios legales nacionales para este tipo de explotación. Hay algunos fenómenos internos que agudizan esta problemática, remitiéndonos a la economía, encontramos que salvo en raras ocasiones, gran parte de la actividad productiva y movimiento económico de las comunidades Garífuna, es controlada por los mestizos (transporte, comercio, ganadería, pesca, agricultura etc.) y somos el principal mercado para sus productos, y en muchos casos nos venden el pescado, el pan de coco, yuca para hacer el casabe, y dentro de muy poco tiempo nos venderán el casabe.

Paralelamente encontramos a una comunidad garífuna consumista (consume mas de lo que produce) acomodada a una vida dependiente y sedentaria, esperando los dólares que les permita ostentar una vida de opulencia, incentivada por la actitud paternalista de sus familiares en los Estados Unidos, y para complicar nuestra marasmática economía mencionemos las políticas neoliberales implementadas por nuestros gobiernos, obedeciendo ciegamente las directrices de los organismo de financiamiento internacional, ocasionando que la inflación se incremente a niveles galopantes, aumentando aun mas la brecha fiscal en donde los salarios se mantienen, y los productos se incrementa cada día mas; disminuyendo el valor adquisitivo del lempira, y para colmar esta situación surge las corriente globalizadoras en donde subsiste el que produce y es competitivo; en donde el éxito esta determinada por el control de la información (quien controla la información controlará el mundo) que nos esperará con estos nuevos concepto? Si no podemos suplir lo que consumimos; mucho menos para generar excedentes y producir con un nivel de calidad que nos permita competir, este es el reto a desafiar.

Las consecuencias sociales son obvias con la realidad antes expuestas, es agradable saber que el nivel de escolaridad de nuestra comunidad está por encima del nivel común en nuestro país, sin embargo entristece cuando nos enteramos que nuestra educación es aculturisante; de allí la necesidad de implementar una educación bi-cultural que tome en cuenta nuestros valores humanos, históricos, lingüísticos y culturales del pueblo garifuna; en el campo de la salud, somos afectados seriamente por el flagelo del SIDA, prescindiendo de instrumentos efectivos para educar y concientisar a nuestra población sobre la delicadeza de este problema, su prevalencia avanza de forma escandalosa en la mayoría de nuestras comunidades, y las que mas casos reportan son las que colindan con las ciudades; carecemos de centro adecuados de asistencia medica; los servicios básicos de salud son deficiencientes, nuestros adultos se mueren por Enfermedades propias de los países desarrollados (enfermedades cardiovasculares) y SIDA, nuestros niños se mueren por enfermedades infectocontagiosas.

Tenemos un alto porcentaje de desempleo, lo sorprendente es que muchos de ellos son profesionales, y por su frustración muchos han tenido que emigrar, estimulando un peligroso circulo vicioso que desmotiva a nuestros niños y jóvenes a formarse en las ciencias del saber; observamos ahora con tristeza la presencia de niños garífunas en la calle, producto de la paternidad irresponsable, se a incrementado la prostitución, el alcoholismo y drogadicción; acentuándose el maltrato a nuestras mujeres y niños; y como mecanismo de escape a este ambiente agobiante muchos de nuestros jóvenes se orillan a participar en los grupos de pandilla callejeras , incrementando aún mas la delincuencia.

En nuestra comunidades carecemos de centros de distracción sanas, y la población no dispone de fuente de empleos, hay pocas escuelas técnicas que formen a nuestros jóvenes de acuerdo a las condiciones existentes en su habitad funcional y hemos detectado que en nuestra comunidades se han convertido en un asidero de tráfico de estupefaciente observándose las consecuencias de este nuevo fenómeno.

Políticamente continuamos siendo usados por los políticos de oficio con la complicidad de algunos hermanos, carecemos de representante en los tres poderes del estado, y no se vislumbra la posibilidad de articular una estructura política que garantice nuestra participación en los puestos de elección popular.

Amparándonos en las premisas expuestas, y por la ausencia de poder político; se impulsaron leyes que lesionan sensitivamente los intereses de los garifunas, como las siguientes: ley de municipalidades, ley de desarrollo rural, ley de turismo, ley forestal etc.; y ni siquiera se toman la molestia de consultarnos antes de aprobarlas.

Dentro de estas limitaciones es importante resaltar que internamente carecemos de una estructura política representativa que persiga orientar y educar al pueblo políticamente.

En las recientes elecciones surgieron algunos garifunas que participaran como diputados suplentes, pero con seguridad estos, poco o nada podrán hacer para defender los intereses comunitario, no contaremos con Garífunas en puestos ejecutivos de importancia y en el poder judicial existe la posibilidad que uno de nuestros abogado quede como magistrado a la corte suprema.

Por el porcentaje poblacional que representamos deberíamos de tener mayor presencia en el Estado, como sucede en algunos países; esto no ocurrirá si no tomamos acciones serias que garanticen soluciones implementable a corto, mediano y largo plazo.

Estrategias De Solución

Hay consenso sobre la necesidad de modificar nuestra actitud comunal en procura de obtener mejores perspectivas económicas; el dinero del Judío norteamericano circula 20 veces en el interior de su comunidad antes de salir de ella, esto significa que si alguien necesita comprar comestible, asistencia legal, servicios médicos, de hotelería etc.; el Judío prefiere comprarle a los miembros de su comunidad que ofrezcan estos servicios, proporcionando apoyo mutuo para robustecer su economía comunal y consolidar el poder económico a través del ahorro interno como fuente de recursos destinada hacia la inversión.

Esta es la formula sencilla practicada por este pueblo que le permitió controlar el poder económico en todo el mundo, ahora formulemos la siguiente pregunta; cuantas veces circula nuestro dinero en el interior de nuestra comunidad? Dejo la respuesta a su conciencia.

Es necesario que abandonemos esa actitud vanidosa y consumista, para orientar nuestro capital hacia el ahorro interno y la inversión, abandonando las debilidades que limitan el apoyo a las iniciativas empresariales de nuestros hermanos, y debemos comenzar diseñando estrategias que nos permitan adquirir el control del movimiento económico de nuestras comunidades, es importante que reconozcamos el valor económico que tiene la tierra ; y parte de nuestra inversión debe de ir encaminada a explotarla con productos rentables en el mercado nacional e internacional, apropiándonos de métodos y técnicas de producción eficientes y competitivos; retornemos a lo que sabemos hacer, la pesca todavía es un rubro explotable con algunas cambios en la metodología, poseemos excelentes recursos hídricos para establecer piscicultura (cultivo de pescado) con lagunas naturales en donde el monto a invertir es mínimo comparado con los beneficios que se obtendrán de ésta, y así garantizar el abastecimiento del consumo interno de este producto.

Los economistas pronostican que para el año 2000, la industria sin chimenea (el turismo) será la fuente mas importante de obtención de divisas para los países centro americanos, las tierras Garífunas son las mas aptas para desarrollar este rubro, tenemos que preparar nuestro recurso humano, mejorar el acceso vial, la infraestructura, y la comunicación en nuestras comunidades, trabajando en el diseño de estrategias para explotar los beneficios del ecoturismo, con nuestros propios recursos, de esta forma evitaremos convertirnos en objeto de la industria del turismo; es esta una excelente área en donde podemos canalizar nuestros recursos.

La implementación de proyectos habitacionales en nuestra comunidad respetando nuestra arquitectura cultural, la creación de bancos comunales, supermercados, hospitales con servicios a bajos costos, farmacias, panaderías, creación de fabricas para la industrialización del casabe, industrias textil con la formación de múltiples maquilas comunales que confeccionen productos para exportar, la inversión en el sector educativo (escuela, kinders, escuelas técnicas) sin descuidar la inversión en el sector transporte, gasolineras, casa de compra y venta de dólares con sucursales en algunas comunidades seleccionada de manera estratégicas, aperturas de oficinas que pueda ofrecer asesoría técnica y capacitación a nuestros profesionales, etc. etc.

En el sector político, es necesario la creación de un organismo partidista que brinde asesoría técnica y logística a las personas que ostenten puestos de elección popular no importando de que partido este fuese, con el único objetivo de poder articular el poder político negro ; un organismo altamente colegiado capaz de negociar y emitir directrices sólidas en procura de lograr esa unidad tan anhelada, que impulse al pueblo Garífuna en la búsqueda de mejores derroteros, recordando que juntos seremos fuertes.

Nuevo Milenio

Nuestro futuro dependerá de lo que podamos hacer hoy, y de la disposición que tengamos para aceptar los cambios en nuestra conducta. De realizarse lo antes expuesto, podemos decir con certeza que para el próximo milenio alcanzaremos los objetivos deseados y convertiremos al pueblo Garífuna en una comunidad, grande y prospera.

El reto esta allí, esperando a que tu decidas afrontarlo... vamos, que esperas; atrévete a romper ese paradigma que nos mantiene en el atraso, de esta manera recuperar la dignidad y el orgullo de nuestros hermanos Africanos en las Hibueras.

La Dominación Cultural y El Subdesarrollo

Por: José Francisco Avila

El economista árabe Ismail-Sabril Abdalla, presidente del Foro del Tercer Mundo describe el Tercer Mundo como "todas las naciones que, durante el proceso del establecimiento del actual orden mundial, no se convirtieron ricas e industrializadas."

Fue con el nacimiento del sistema capitalista que los países europeos emprendieron la tarea inédita de conquistar todo el mundo. Y fueron las riquezas de las naciones conquistadas las que proveyeron la primera gran acumulación de capital que permitió a los europeos ricos transformar las invenciones de los sabios de la época en nuevas tecnologías que revolucionaron los sistemas productivos para dar nacimiento a la industria moderna. Esta industria a su vez necesitaba de materias primas y mercados. En busca de ambos crecieron los imperios coloniales. Los países europeos se repartieron el planeta. Los pueblos de Asia, África y América Latina fueron sometidos militarmente, sus economías se reajustaron a las necesidades de la metrópoli y se desarrolló una ideología basada en gran medida en el racismo que justificaba ese estado de cosas.

El llamado subdesarrollo no es sino la otra cara del desarrollo de las potencias capitalistas industrializadas de hoy.

Al finalizar la década de los setenta, la descolonización política estaba prácticamente terminada, con pocas excepciones. Sin embargo, la independencia de los países del Tercer Mundo, cuyo número es aproximadamente ciento cincuenta, no ha traído consigo la descolonización económica. El orden mundial desarrollado en los últimos dos siglos no cambió: la explotación continúa, aunque sus formas se han hecho más sutiles, menos visibles pero igualmente efectivas a través de la dominación moderna de los grandes consorcios transnacionales.

Tenemos así un cuadro de características comunes a todos los países del Tercer Mundo:
1. El haber sido colonias de potencias extranjeras;
2. El haber sufrido en el pasado explotación económica.

3. La dominación cultural, que creó un sentimiento de inferioridad respecto a las culturas nacionales e implantó como universales los valores de la llamada "civilización occidental".

Intentos de Dominación Cultural Garífuna

Durante la década de 1784 - 1794 los ingleses trataron de 'britanizar" a los Garífunas a efecto de infiltrarse entre ellos y espiar las actividades que estaban realizando en su lucha por su autonomía, que era el factor clave de su supervivencia. Muchos hijos de Garífunas fueron incorporados a un proceso de educación bajo la tutela de misioneros Metodistas de la sociedad wesleyana, e incluso, algunas muchachas Garífunas participaron en ese experimento.

Aunque el proceso de "britanización fracasó, ostensiblemente, la historia registra el caso de Peter Gordon como resultado de esa estrategia.

Se afirma que poco después de la firma del Tratado de Amistad Anglo-Caribe, el Capitán Robert Gordon, un militar de considerable influencia en la isla, tomó cargo un muchacho Garífuna de nombre Peter, con el consentimiento de su familia, con la intención de educarlo y emplearlo a su servicio. Peter Gordon, como se le llamó después, acompañó a su patrón a Inglaterra y años más tarde este oficial fue enviado a resguardar la fortaleza del Estrecho de Gibraltar, donde Peter Gordon se destacó como un soldado intrépido. Pero al inicio de 1788 regresa a San Vicente y fue nombrado representante de los intereses de la Corona en territorio Garífuna (Young 1795:108).

Peter Gordon que había dejado a su familia a temprana edad, llegó a adorar el estilo de los ingleses y a suplantar la idiosincrasia Garífuna por el de lealtad hacia la Corona. Según la versión inglesa, este Garífuna fue un hombre de carácter disciplinado, de mente iluminada y con una elocuencia natural que le dio un status especial con sus compatriotas. El tuvo mucha influencia entre su gente y condujo ocasionalmente la paz de la Colonia a favor de los intereses del Gobierno. La Legislatura de la Isla votó por recompensarlo en retribución a sus honorables servicios, disposición gubernativa que sirvió de garantía para su aniquilamiento.

Los Garífunas al darse cuenta de que Peter Gordon servía de espía a favor de la Corona, decidieron desembarazarse de él. Se reporta que días después de haber recibido su respectiva premiación, Peter Gordon fue invitado a participar en una regata y en compañía de un numeroso grupo de Garífunas le hundieron su canoa muriéndose ahogado.

La muerte del espía causó mucha indignación entre los representantes de la Corona. Para ellos era inconcebible que de una flota de canoas, solamente la suya se había hundido, unos se preguntaban del porqué no habrían salvado a Peter Gordon y otros se lamentaban diciendo que no era fácil suponer que un Garífuna quien nada como habla, se ahogara con alguna canoa a la vista. (Young 1795:110).

La Evangelización

Desde 1787, los ingleses intentaron un proceso de evangelización entre los Garífunas como otra forma de infiltración y espionaje. Llegaron los primeros misioneros Wesleyans a San Vicente y con ellos Mr Baxter quien llegó con instrucciones precisas de encauzar el pueblo Garífuna hacia las sagradas escrituras. Intentó aprender la lengua Garífuna y evangelizar en el distrito Garífuna pero fracasó en su noble intento.

Los Garífunas estaban conscientes de que su lengua era un arma estratégica y de supervivencia con la cual podían diseñar su plan de resistencia y divulgarlo entre ellos mismos, aún en presencia del enemigo. Es por esta razón que los Garífunas nunca enseñaron su lengua a los europeos.

Situación Actual

En la actualidad, la dominación cultural se ejerce a través de modelos educativos calcados de los países capitalistas industrializados sin siquiera adaptarlos a las necesidades locales y por el bombardeo constante de los medios de comunicación de masas.

El Sistema Educativo

Nuestros valores culturales históricos que estimulen nuestra identidad han brillado por su ausencia en el sistema educativo hondureño, por lo tanto existe una subestimación en los miembros de la comunidad, negándose a si mismos la capacidad de realizar transformaciones por su propia iniciativa. Los valores humanos, históricos, lingüísticos y culturales del pueblo Garífuna no están incorporados al sistema educativo de Honduras.

Entonces ocurre un fenómeno sociocultural negativo, cuando nuestra sociedad recibe con gran satisfacción los valores de la comunidad dominante y desprecia o menoscaba los tradicionales valores morales, éticos, cívicos y filosóficos.

Nuestra cultura se ha ido perdiendo hasta el punto que desde los nombres que escogemos para nuestros hijos, hasta nuestra forma de vivir está influenciada por la cultura extranjera. El extranjerismo se ha infiltrado poderosamente en todos los estratos de la sociedad Garífuna. La música, los peinados y el lenguaje con que nos comunicamos forman parte de este atentado a la auténtica valoración de nuestra idiosincrasia.

Los medios de comunicación de masiva

Aunque los medios de comunicación masiva niegan nuestra presencia y nuestra cultura en la sociedad, la publicidad nos ha convertido en consumistas. Esta campaña pro consumista produce un ascenso extraordinario en la fuga de poder económico. A pesar de que tenemos una economía que mueve millones de dólares, esos dólares no vuelven a la comunidad Garífuna, no circulan ni una vez dentro de la comunidad Garífuna, mientras que en la comunidad China su dinero circula 10 veces antes de salir a otros mercados y en la comunidad Judía, circula veinte veces.

El Garífuna Frente al Siglo 21

Por fin ha llegado el momento que el Garífuna puede celebrar su cultura y herencia orgullosamente. Ya que hemos sido bendecidos con haberla mantenido a pesar de que se trató de exterminarnos hace 200 años. Los Garinagu hemos logrado poner fin a la pretensión de que todos somos parte de una sola cultura, lenguaje o tradición intelectual, aquella que los imperios han tratado convenientemente de imponer por muchos siglos.

Los Garinagu hemos demostrado que a pesar de nuestro rose con otras culturas a través de los años, nuestra cultura se impone y tenemos que seguirla imponiendo a través de los siglos. Pero debemos recordar que no podemos celebrar nuestra identidad si no conocemos nuestra propia cultura y no nos gusta nuestra cultura. Recordemos que la Cultura es identidad y la identidad es economía... porque la pobreza es una riqueza que estaba escondida."

La Convergencia

Peter Drucker el teórico de la Administración de Empresa más aclamado del mundo en su libro Innovación y el espíritu empresarial nos dice que las verdaderas oportunidades de la vida vienen como consecuencia de la convergencia. "La convergencia ocurre cuando se juntan varios elementos diferentes de tal manera que la sociedad de hecho cambia su forma de ver un asunto especifico."

La convergencia esta ocurriendo en la actualidad. El primer elemento es de carácter demográfico. La importancia que nos reviste la condición de emigrante nos ha permitido ubicarnos en las esferas que favorecen la obtención de Divisas mismas, que no son aprovechadas en materia de inversión; actualmente, solamente en Nueva York habitan más de 30,000 Garífunas que mensualmente giran más de un millón de dólares que captados y utilizados adecuadamente, permitiría acentuar un desarrollo autónomo. Ahora, si sumamos todos los Garinagu residente en los Estados Unidos, nos damos cuenta que dicha población casi iguala la población Garífuna residente en Honduras.

El segundo elemento de la convergencia es la nueva tecnología, estamos en medio de una revolución de tecnología de la informática, la comunicación y el transporte y esto afecta profundamente la forma en que se conduce y percibe el comercio. El negocio ya no es asunto de controlar inventarios ni llevar bien la contabilidad, ni tampoco es asunto de tener una despensa llena de productos. La manera en que esta revolución tecnológica afecta el comercio, requiere un entendimiento de mercadotecnia.

De acuerdo a Adolfo Facussé, ex-presidente del Consejo Hondureño de la Empresa Privada (COHEP) en un artículo publicado en Diario el Heraldo, "Los empresarios hondureños aún no utilizan las técnicas que ofrece la mercadotecnia para impulsar el crecimiento de sus negocios y satisfacer las necesidades reales del consumidor."

Este elemento de la convergencia nos permite la oportunidad de desarrollar un grupo arriesgado que invierta sus capitales en transacciones de negocios con la esperanza de lograr un beneficio. Dicho grupo podrá hacer uso de las técnicas que ofrece la mercadotecnia para definir con exactitud lo que desea obtener el consumidor Garífuna para satisfacer esa demanda al mismo tiempo puede contribuir a que este grupo mejore la calidad de vida del consumidor Garífuna.

El tercer elemento de la convergencia es el alcance global de la comercialización, el mundo en verdad se está volviendo más pequeño y ahora estamos compitiendo en un mercado mundial.

El modelo económico de libre mercado, esta obligando a la formación bloques económicos con fines competitivos, en ese sentido los empresarios se unen, los gobiernos también se unen; cada quien buscando obtener el máximo de utilidades de sus inversiones.

Mientras tanto, los pobres del mundo de desgarran en luchas internas, se dividen cada vez más y perecen en la miseria; todavía no aprendemos la lección.

El último elemento de la convergencia son los cambios culturales. Es muy importante observar que a medida que se acerca el siglo 21, están ocurriendo muchos cambios en el mundo. Entre ellos, la concientización de los grupos étnicos por sus culturas.

En este grupo se encuentran los Garífunas quienes por cualquier motivo se habían alejado de la cultura y ahora añoran recuperar y promover nuestra historia extraviada, fomentando nuestra cultura idioma, costumbres, tradiciones, religiosidad y la sabiduría ancestral para no seguir alimentando la aculturizacion permanente de que hemos sido victimas y asegurar que en el Siglo 21 nuestra cultura siga ocupando el sitial que le corresponde como parte de una naturaleza divina.

Bibliografía

Memoria de la Asamblea Extraordinaria de la Organización Negra Centroamericana 1-3 de Diciembre de 1995

Guevarra Arzu, Roy. Primer Encuentro de Empresarios E Inversionistas Afro-Hondureños, Tegucigalpa, 1 de Junio de 1996

Suazo, Salvador. De Saint Vincent a Roatan - Un Resumen etnohistórico Garífuna

Alvarez Casildo, Celeo. Situación Actual y Condiciones del Negro en Centro América y Honduras, Nueva York, 24 de Octubre de 1996

El Heraldo Económico, "Los Empresarios Hondureños aún no emplean las técnicas de mercadeo, 20 de Diciembre de 1994.

Torres de Paz, María Emildre. Desarrollo Socio-Económico - Texto Escolar Basado en el Programa Oficial de Honduras.

El Club de Inversión Nuevo Horizonte

El Club de Inversión Nuevo Horizonte se fundo el 21 de Mayo del 2000 con los siguientes miembros fundadores:

1. Dionisia Amaya
2. José Francisco Avila
3. Suyapa Morales
4. Tezla López
5. María Nela Bejarano-
6. Felicia Moreira Avila
7. Isidora Benedit
8. Sergia Solis-Moreira
9. Felicito Cacho
10. Wilfredo Moreira

El Club obtuvo su Personería Jurídica del Departamento de Empresas Mercantiles de la ciudad y el Estado de Nueva York, como una Sociedad Mercantil, el 30 de Julio del 2000 y su registro tributario con el Servicio de Ingresos Internos (IRS), el 24 de Agosto del 200.

El Club es miembro de la Asociación Nacional de Inversores (NAIC) la cual ha ofrecido educación sobre la inversión para individuos y clubes desde 1951 para ayudarles a convertirse en inversores informados.

El club estableció su cuenta de inversión con E*TRADE el líder global de servicios financieros personales en-línea, el 10 de Octubre del 2000.

Misión

Unir nuestro capital, esfuerzo, ingenio y capacidad de organización, para planificar medios y maneras de usar el dinero en forma eficiente para el bien **colectivo,** y provechoso para si mismos.

¿Qué significa el logotipo?

El sol naciente y resplandeciente, esparce luz e ilumina el horizonte representando las posibilidades ilimitadas que vemos en el futuro.

Nuestros Valores

Compromiso Social: Estamos comprometidos a trabajar activamente para promover el bienestar social y económico de nuestra comunidad

Integridad: Nos desempeñamos bajo las normas más estrictas de ética, integridad y moral. La confianza que nuestros socios nos depositan es lo más importante.

Excelencia: Creemos que sólo hay una forma de hacer las cosas: bien hechas.

Rendimiento: Nuestra meta es obtener resultados financieros altos y consistentes para nuestros socios fundamentados en una visión de mediano a largo plazo.

Funcionamiento

Aportaciones

El capital del Club de Inversión está conformado por las aportaciones de los socios, permitiendo con ello poder participar como inversionistas, con un portafolio de inversión en la Bolsa de Valores de Nueva York, así como en otros vehículos de inversión.

Directiva

Presidente: José Francisco Ávila
Vicepresidente Sergia Solís-Moreira
Secretario: Felicito Cacho
Sub-secretaria Janett Arzu
Tesorero: Wilfredo Moreira
Sub-tesorera Suyapa Morales
Fiscal: Escolástico Arzú
Comité de Inversión: René Ávila
Comité Social: Dorina López-Chimilio
Comité de Disciplina:
Comité de Desarrollo del Recurso Humano: Justa Álvarez-Pitillo Comité de Relaciones Públicas: Raymond Martínez

40

Objetivos

- Invertir de **mediano** *a largo plazo* con el fin de aumentar el capital de los socios.

- Doblegar la inversión en cinco años.

- Bajo condiciones normales el Club invertirá no menos del 65% de la inversión total en activos financieros en la Bolsa de Valores.

- Es un objetivo primordial cimentar la capacidad financiera, incluyendo controles que aseguren la continuidad del Club.

Inversión en Bienes Raíces

Debido a la incertidumbre del mercado accionario desde el 11 de septiembre del 2001, la mayoría del capital se había mantenido en cuenta corriente. Por lo tanto en noviembre del 2002, los socios tomamos la decisión de diversificar la cartera de inversión invirtiendo en bienes raíces.

Para realizar tal propósito, fundamos la sociedad de responsabilidad limitada New Horizon Real Estate Partners LLC, cuyo propósito es la compra, arriendo, hipoteca, desarrollo, y administración de propiedades de bienes raíces.

El pasado 30 de Junio del 2004 realizamos nuestra primera inversión en bienes raíces, a través de la compra de un edificio de cinco apartamentos en el condado del Bronx de la ciudad de Nueva York. La adquisición de dicha propiedad significa que nuestro club tiene un valor agregado de $526,540 tomando en cuenta el efectivo en caja.

Nuestros planes para el futuro incluyen crear una institución financiera a través de la diversificación de los vehículos de inversión como explorar oportunidades de inversión en Honduras.

Los Hondureños Quieren Ser Propietarios y No Sólo Inquilinos

Formando el Futuro de los Hondureños del Bronx con Una Visión de fortalecimiento económico

1 de Enero del 2004

Nueva York - El club de Inversión Nuevo Horizonte una sociedad mercantil hondureño-americana, anuncia su plan para hacer una inversión de bienes raíces en el Distrito Comunitario # 3 del Bronx. Según el presidente del club José Francisco Ávila, esta inversión representará el primer esfuerzo de los hondureño-americanos por participar en el Plan Estratégico 2002-2005 del Condado del Bronx y su objetivo de construir y preservar viviendas. Además, ellos planean complementar el Plan Comunitario 197-a del Distrito en su objetivo primordial de aumentar la producción de la vivienda.

El motivo de Nuevo Horizonte de realizar su primera inversión de bienes raíces en los vecindarios incluidos en el Distrito Comunitario # 3 del condado del Bronx se basan en el hecho que allí residen 10,206 hondureños quienes representan el 48% de la población centroamericana del Bronx, según el Perfil Demográfico 1990-2000 de la Ciudad de Nueva York y sus Condados, publicado por el Departamento de Planificación de dicha ciudad, además, los hondureños representan el 1.6% de la Población Hispana del Bronx. Sin embargo, de acuerdo a algunas estimaciones, la población hondureña ha alcanzado más de 100,000. Algunos líderes comunitarios son de la opinión que la diferencia entre los números del Censo y las estimaciones se encuentra en las 83,363 personas quiénes se clasificaron como "Otro hispano". Esta categoría representa el aumento poblacional más extenso en la década 1990-2000; el aumento de 344% fue mayor al de los mexicanos y dominicanos durante dicho período.

Según el Plan Estratégico 2002-2005 del Condado del Bronx, el Distrito Comunitario #3 experimento un aumento poblacional como resultado de la construcción de viviendas nuevas; esto contribuyó a grandes aumentos de la población. Si consideramos el hecho que el 80% de la población hondureña reside en el Distrito Comunitario #3, podemos ver que

42

representan el 11% de los 68,574 residentes de dicho Distrito según el Censo Americano 2000.

Los residentes del Bronx representan el 68% de la membresía del club Nuevo Horizonte y 52 o 50% de la membresía, reside en el Distrito Comunitario #3. Además, el Club considera el Bronx como una oportunidad de invertir en uno de los " Mercados Emergentes" de los Estados Unidos.

El bajo ingreso no debe ser una barrera a la participación en el avance económico de nuestra comunidad, dijo el Sr. Ávila. El Club está trabajando actualmente con agentes de bienes raíces del Bronx, en busca de un edificio residencial para comprarlo y esperan completar la transacción durante el primer trimestre del 2004. Se ha organizado una Sociedad de Responsabilidad Limitada de tipo capitalista en la que el capital social estará dividido en participaciones proporcionales entre los socios. Esto es basado en la premisa que la propiedad les permitirá participar en la repartición de beneficios y en el patrimonio y también les ayudará a obtener beneficios económicos tangibles de los esfuerzos de rehabilitación de los vecindarios cuando participen en el desarrollo y administración comercial en el futuro.

El sector privado ha reconocido que las comunidades pobres sostienen una riqueza de recursos infravalorados - los edificios, infraestructura, y el capital humano con la promesa de una inversión rentable. Las tendencias tradicionales de desarrollo económico no han incluido un beneficio explícito para los residentes porque no se les incluye como socios, o accionistas en el proceso de desarrollo.

Este proyecto les permitirá a los hondureños participar como accionistas y no sólo como inquilinos en proyectos de desarrollo futuros. Incluye a los miembros como socios, junto a los sectores privado, público y sin fines de lucro en el proceso de edificar una comunidad fuerte y saludable en la que podemos vivir y podemos prosperar.

Durante su discurso sobre el estado del Condado, el pasado 26 de febrero, el Presidente del Condado del Bronx, Adolfo Carrión, Hijo declaró *"Nosotros no romperemos el asimiento de pobreza y dependencia hasta que creemos avenidas para que el pueblo pueda ascender la escalera*

43

económica", según el Sr. Ávila "Nosotros vemos nuestra inversión inicial de bienes raíces como la ceremonia inaugural para la construcción de la avenida que nos permitirá alcanzar el primer escalón de la escalera económica. Una vez que alcancemos ese escalón, es nuestra intención seguir escalando hasta que seamos partícipes activos en el desarrollo económico del Bronx y la Ciudad de Nueva York."

La inversión en bienes raíces ofrece oportunidades a los socios de aumentar sus recursos financieros así como de participar en las decisiones de políticas económicas y públicas locales. Además, las rentas de propiedad han servido para crear la riqueza de generaciones de familias a lo largo de la Historia americana.

Durante el mismo discurso, el Presidente del Condado también declaró, "*Crearemos sociedades estratégicas para el fortalecimiento de las familias. Uno de estos socios será la Bolsa de Valores de Nueva York y su Presidente Richard Grasso. Desarrollaremos el Programa de Educación Financiero sobre la Bolsa para las Familias del Bronx. Lograremos que nuestros jóvenes trabajen en la industria financiera. Le enseñaremos a nuestras familias a invertir y ahorrar. Y pondremos nuestras finanzas familiares en orden.*"

El club ha estado fortaleciendo a las personas reuniéndose una vez al mes en la Iglesia Católica Nuestra Señora de la Victoria en el 1512 de la Avenida Webster, los socios han recibido instrucciones sobre cómo convertirse en inversores estratégicos exitosos a largo plazo utilizando el sistema de la Asociación Nacional de Inversores de aprender a invertir en acciones mientras practicamos lo que aprendemos. Además hemos tenido la oportunidad de reforzar su conocimiento de negocio e inversión a través de seminarios sobre las finanzas personales en temas como: presupuestos, seguro, planificación financiera e impuestos. En otras palabras, el club de Inversión Nuevo Horizonte desarrolló el Programa de Educación Financiero sobre la Bolsa para las Familias hondureñas del Bronx. Y está enseñándoles cómo ordenar sus finanzas mientras aprenden estrategias de acumulación de recurso financiero.

A medida que la década de los 90s producía evidencia creciente del ensanchamiento de la brecha entre la riqueza y la pobreza en los Estados Unidos, los practicantes de desarrollo comunitario, políticos, y académicos

44

prestaron mayor atención a las estrategias de acumulación de recursos financieros para como una herramienta en la lucha contra la pobreza.

Hasta el pasado mes de diciembre, el club había recaudado más de $100,000 en capital. Debido a la incertidumbre del mercado accionario desde el 11 de septiembre del 2001, la mayoría se ha mantenido en efectivo. En noviembre del 2002, los socios tomaron la decisión de diversificar la cartera de inversión invirtiendo en bienes raíces y la inversión planeada en el Distrito Comunitario #3, será la realización de ese plan.

Las Remesas

Uso Productivo de las remesas

Seguidamente, José Francisco Ávila, Tesorero de la Coalición Garífuna USA, Inc. y presidente del Club de Inversión Nuevo Horizonte, quien el pasado 30 de Junio participo en el Foro Internacional Remesas 2005 en Washington, DC, presento el tema "Uso Productivo de las Remesas." El Sr. Ávila explico que los más de mil millones de dólares que se reciben anualmente en remesas de los emigrantes hondureños, superan los montos generados en la economía hondureña por cada uno de estos rubros: Turismo, Banano, Café, Madera, Camarones y langostas, e inclusive la Maquila. También explico que los organismos de desarrollo se han interesado en el uso productivo de las remesas, debido a que a pesar de la excepcional importancia de las remesas en países como Honduras, no se puede ignorar la gran incidencia de pobreza.

Este marco de pobreza subyace en las decisiones para emigrar, la falta de expectativas para mejorar los niveles de vida en el país propio, el desempleo y los bajos salarios en estas economías a veces estacionarias y generalmente inequitativas.

Como consecuencia de este marco, la Comisión Económica Para América Latina (CEPAL) introdujo un giro muy importante. La promoción el uso productivo de las remesas se había centrado tradicionalmente en las familias receptoras. Principalmente por medio de créditos para microempresas y otras facilidades, donde existen.

45

El giro fue el reconocer el papel de los emigrantes o de sus organizaciones en los Estados Unidos, como actores clave quienes en los hechos inciden, o bien potencialmente pueden incidir, con las remesas que envían, en la vida económica y social de sus comunidades de origen, o incluso, tal ves de sus países.

Por uso productivo de las remesas se entiende, en general, aquel que va aparejado con el ahorro y la inversión.

Cuando se habla mejorar el uso de las remesas normalmente se presupone que su impacto económico y social puede ser ampliado. Esto puede significar que aumente el porcentaje de las remesas destinado a inversión o que se mejore en forma sensible la calidad de la inversión o del gasto efectuado con ellas.

Si bien en otro momento se pensaba que las remesas constituían principalmente un medio de subvenir los consumos realizados por los hogares receptores, estudios recientes señalan que también son capaces de estimular la inversión en capital humano, empresas, e infraestructura comunitaria. Por lo tanto, las remesas pueden contribuir a expandir la dinámica del desarrollo socioeconómico.

El Sr. Ávila compartió la experiencia de haber fundado el Club de Inversión Nuevo Horizonte y que dicha organización ha atraído la atención de organismos como el Fondo Multilateral de Inversión del Banco Interamericano de Desarrollo, así como del Dialogo Interamericano, que ven el modelo del club como la repuesta al uso productivo de las remesas. Como resultado de esta experiencia, el Sr. Ávila ha sido invitado a formar parte del Comisión de Trabajo Sobre Remesas, convocada por el Diálogo Interamericano con el propósito de identificar y analizar los desafíos en materia de políticas que plantean para los gobiernos de Latinoamérica y el Caribe, el gobierno de Estados Unidos y las instituciones financieras internacionales la gran magnitud y el rápido crecimiento de los flujos de remesas.

Remesas y Desarrollo: Lecciones de la Comunidad Transnacional Garífuna

Durante esta presentación, José Francisco Ávila, Tesorero de la Coalición Garífuna USA, Inc. y presidente del Club de Inversión Nuevo Horizonte, presentó los resultados del Estudio Remesas y Desarrollo: Lecciones de la Comunidad Transnacional Garífuna, el cual fue financiado y apoyado por el DED-Honduras (Servicio Alemán de Cooperación Social-Técnica) y la GTZ (Agencia de Cooperación de Alemania, programa PROMYPE).

De acuerdo al estudio, los Garífunas hondureños residentes en el extranjero enviaron un récord de 270 millones de dólares a su patria este año.

Entre las problemáticas detalladas en el estudio se encuentran las siguientes:

- En Nueva York no existe una comunidad Garífuna en el mismo sentido de otros grupos de inmigrantes.

- No hay detalles de la capacidad de ahorro de las mismas y mucho menos de la inversión de éstas en proyectos productivos que beneficien a la comunidad.

- Pocos Garífunas en Honduras tienen suficiente recursos financieros para hacer uso de productos de ahorro, por lo tanto ninguno especifico los ahorros como una necesidad de la comunidad.

- Los Garífunas de Nueva York mencionaron la necesidad de los ahorros pero no mencionaron la forma de lograrlo. Al igual que la mayoría de los inmigrantes, los Garífunas trabajan duro pero tienen pocos recursos y no suelen tener cuentas bancarias.

- Muchos de los entrevistados mencionaron proyectos que intentaron establecer bancos comunitarios pero el organizador decidió irse para los Estados Unidos con todo el dinero.

- La experiencia de la comunidad Garífuna con el uso de las remesas para proyectos de inversión es limitada. En efecto, la inversión de cualquier tipo ha sido mínima dentro de la comunidad Garífuna.

- **Sugerencias**

- Muchos expresaron la necesidad de establecer programas de asesoramiento financiero y sobre la creación de un negocio.

- Es importante establecer estos programas de antemano para que los proyectos que se propongan tengan éxito.

- Solamente proveyendo adiestramiento y mejorando la capacidad de administración financiera, tanto en el hogar como en las organizaciones, seria posible asegurar el éxito.

- Las iniciativas comerciales deben poner los medios de producción en maños de los Garífunas.

De acuerdo al Sr. Ávila, la importancia que nos reviste la condición de emigrante nos ha permitido ubicarnos en las esferas que favorecen la obtención de divisas al país, mismas, que no han sido aprovechadas en materia de inversión, por lo tanto, es nuestra responsabilidad asegurar la promoción de la inversión productiva de las remesas como factor de desarrollo de nuestras comunidades; especialmente aquellos que residimos en la *"Capital Financiera del Mundo."*En conclusión, el Sr. Ávila exhorto a los presentes a servir como portavoces en concienciar a nuestra comunidad sobre el uso productivo de las remesas y explorar el desarrollo de las comunidades Garífunas a través de su propia población y los poblanos residentes en el extranjero, creando fuentes de empleo, para los habitantes, a través de micro empresas, desarrollo habitacional, y la explotación (en forma sostenible) del rubro turístico. Así como en obras y servicios de impacto social, mediante la combinación de fondos provenientes de distintas fuentes.

Recomendaciones

La coalición Garífuna a través de su afiliada el Club de Inversión Nuevo Horizonte, realizará un diagnóstico de la capacidad organizativa e institucional de las organizaciones de base comunitaria para determinar su capacidad e interés en invertir en proyectos de desarrollo social en sus comunidades de origen

Inmigrantes Garifunas Enviarán USS $ 270 Millones

Este Año; Us$ 200 Millones Provendrán De Nueva York

Resultados de Estudio Remesas y Desarrollo: Lecciones de la comunidad Transnacional Garifuna

NUEVA YORK – Los Garifunas hondureños residentes en el extranjero enviarán un récord de 270 millones de dólares a su patria este año, según los resultados del Estudio Remesas y Desarrollo: Lecciones de la Comunidad Transnacional Garifuna, el cual fue financiado y apoyado por el DED Honduras (Servicio Alemán de Cooperación Social-Técnica) y la GTZ (Agencia de Cooperación de Alemania, programa PROMYPE). El estudio documenta una investigación llevada a cabo entre junio y agosto del 2004 principalmente a través del trabajo de campo realizado en Honduras y la ciudad de Nueva York por Eric Cantor, aspirante a una Maestría en Relaciones Internacionales en la Concentración de Desarrollo Político y Económico de la Facultad de Asuntos Públicos e Internacionales de la Universidad de Columbia en Nueva York. Julia Schönhärl del DED-Honduras gestionó el proyecto y se desempeño como investigadora asociada y editora. Teofila Valerio, estudiante de derecho de la Universidad Tecnológica Nacional de Honduras en San Pedro Sula se desempeñó como asistente durante la investigación.

De acuerdo a José Francisco Ávila, presidente del Club de Inversión Nuevo Horizonte de la ciudad de Nueva York, "Nos alegra que por fin se haya publicado un estudio que documenta la contribución financiera de nuestra comunidad a Honduras. Por lo general los estudios que se han publicado anteriormente, han enfatizado el hecho que nuestras comunidades se encuentran en regiones de alta pobreza. Por lo tanto es un placer leer el otro lado de la moneda. También me alegra saber que se recomienda llevar a cabo un nuevo estudio a fin de analizar en mayor detalle la situación económica de las comunidades y la demanda detallada adicional. Pero este es un buen principio", dijo Ávila

El estudio cubre tres tipos básicos de remesas. Las remesas familiares se refieren a los fondos que los emigrantes envían directamente a sus familias para cubrir las necesidades básicas. Las remesas colectivas se refieren a un pequeño porcentaje de fondos enviados por las Asociaciones del Lugar de Origen, constituidas por grupos de emigrantes interesados en construir obras públicas en su comunidad natal. Las remesas de inversión se refieren a la transferencia de capital planificada y por sumas mayores, cuyo propósito es crear empresas medianas y grandes que posean la capacidad de generar empleo.

GTZ y DED, las agencias Alemanas de desarrollo en Honduras, solicitaron este estudio con el objetivo de obtener un conocimiento detallado acerca del tema de las remesas enviadas desde los Estados Unidos de Norteamérica a las comunidades Garífuna de la zona de la Mancomunidad de Municipios Garífunas de Honduras MAMUGAH y del uso potencial de dichas remesas en términos al desarrollo económico local.

Es de mucho interés para nuestra comunidad el hecho que dos organismos alemanes hayan sido los primeros en documentar la contribución económica de la comunidad Garífuna y aun más importante, explorar el uso potencial de las remesas para el desarrollo económico. De acuerdo al estudio a pesar de los indicios visibles de la afluencia de los dólares – las comunidades Garífunas de Honduras en su mayoría carecen de infraestructura y las remesas colectivas se han utilizado para resolver algunas necesidades comunitarias, tales como la electricidad, los sistemas de suministro de agua, y las iglesias. Esto no es de extrañar, ya que aparte de las visitas durante las campañas políticas, los máximos dirigentes del país, ignoran completamente dichas comunidades y prueba contundente de ello, es el incumplimiento del Compromiso de Campaña suscrito por el entonces candidato presidencial por el Partido nacional, Ricardo Maduro Joest con la comunidad Afro hondureña, incluyendo de apoyar mediante recursos técnicos y financieros la ejecución del Plan Maestro para el Desarrollo Integral y Sostenible de las Comunidades Afro-hondureñas.

De acuerdo al estudio muy poco es lo que sabe respecto de las remesas destinadas a inversiones. De acuerdo a Ávila, "El bajo ingreso o el haber sido marginados por mucho tiempo, no debe ser una barrera al avance económico de nuestra comunidad." Uno de los valores institucionales del club de inversión Nuevo Horizonte, es el compromiso social, mediante el cual están comprometidos a trabajar activamente para promover el bienestar social y económico de la comunidad Garífuna. Parte de ese compromiso incluye recaudar capital de riesgo para elaborar y apoyar propuestas Alternativas de Desarrollo Turístico y Habitacional en las Comunidades Garífunas de Honduras, para impulsar el desarrollo económico.

Muchos de los entrevistados a los fines del presente estudio se refirieron a la necesidad de que la confianza renazca dentro de la comunidad, y a la gran necesidad de educación y capacitación en temas de gestión financiera. Tomando en cuenta la falta de confianza existente en la Comunidad Garifuna, el club estableció como otro de sus valores institucionales, el desempeñarse bajo las normas más estrictas de ética, integridad y moral. La confianza que sus socios les depositan es lo más importante. Durante los últimos cinco años, el club ha estado fortaleciendo a sus socios ofreciendo instrucciones sobre cómo convertirse en inversores estratégicos exitosos a largo plazo. Además se ha reforzado su conocimiento de negocio e inversión a través de seminarios sobre la administración de sus recursos financieros y como lograr acumular una porción que luego puedan utilizar para lograr sus objetivos (educar a sus hijos, comprar una casa, planificar la jubilación, invertir en Honduras, etc.) Se piensa extender dicho programa a las comunidades Garífunas de Honduras, para adiestrarles sobre como convertir las remesas en un impulso firme del desarrollo.

El estudio indica que La comunidad Garífuna se encuentra atrapada en un círculo vicioso. Las remesas, el magnífico recurso que buscaron los emigrantes con la noble esperanza de mantener a sus seres queridos en el país natal, han terminado por convertirse en una amenaza. Es imperativo que el círculo vicioso se transforme en un círculo virtuoso, dentro del cual los logros individuales contribuyan al mejoramiento de la comunidad, lo cual, a su vez, ayudará a otros individuos.

La idea de que las remesas podrían desempeñar un papel en la estrategia general de reducción de la pobreza en la región constituye una promesa y un reto a la vez. Sólo mediante un proceso conducido desde adentro será posible que las remesas lleguen a influir sobre los incontables desafíos que enfrentan las comunidades transnacionales.

Para asegurar que las remesas se conviertan en un círculo virtuoso, el plan de negocio del club incluye proyectos para promover la inversión productiva de las remesas familiares como factor de desarrollo de nuestras comunidades. Entre estos proyectos podemos mencionar los siguientes: Remesas para Negocios, mediante el cual capacitaremos, asesoraremos y financiaremos a las personas que están decididas a invertir en negocios las remesas recibidas del exterior. Para asegurar dicho impulso, se ha preparado un estudio de factibilidad para crear el circuito turístico Garífuna. Dicho proyecto busca desarrollar de forma sostenible la macro región Garífuna con una visión integral y una focalización en la micro, pequeña y medianas empresa, de forma que la gestión y comercialización del destino sea el catalítico de distintas iniciativas a ejecutarse por parte de todos los actores participantes del mismo.

Ávila concluyo diciendo, "El bienestar de un pueblo y su participación positiva en los cambios globales se basa en el poder económico de la comunidad. El poder económico proviene del desarrollo de recursos por individuos con destrezas y habilidades empresariales. Somos fieles creyentes que para lograr el poder económico, es necesario que explotemos los lazos que unen a nuestra comunidad Garífuna en Honduras con la comunidad Garifuna residente en los Estados Unidos. Deseamos ser protagonistas de la fase nueva del movimiento de los Derechos Civiles, los "Derechos Plateados" o la Autodeterminación Económica. La publicación de este estudio comprueba la viabilidad institucional de nuestro club."

Inclusión Social y Financiera Transnacional

El objetivo *general* del proyecto consiste en promover inversiones de la comunidad Garífuna radicada en la ciudad de New York, en actividades de desarrollo económico y turístico en sus comunidades de origen en la costa norte de Honduras.

El objetivo específico es identificar la viabilidad de desarrollo e inversión del Circuito Turístico Garífuna de Honduras por parte de Nuevos Horizontes, para planificarlos se han programado las siguientes actividades:

1. Realización de un diagnóstico de la capacidad organizativa e institucional de las organizaciones de base comunitaria para

determinar su capacidad e interés en invertir en proyectos de desarrollo social en sus comunidades de origen,

2. Ejecución de un taller para discutir y documentar las lecciones aprendidas por las asociaciones de base comunitaria en el desarrollo.
3. Plan de inversión en el Circuito Turístico Costa Garífuna.

Dicha propuesta ha sido aprobada y estamos en espera del desembolso de los fondos para comenzar las actividades

Proyección a Honduras

Mediante nuestro compromiso social, estamos comprometidos a trabajar activamente para promover el bienestar social y económico de nuestra comunidad.

Parte de ese compromiso también incluye recaudar capital de riesgo para elaborar y apoyar propuestas Alternativas de Desarrollo Turístico y Habitacional en las Comunidades Garífunas de Honduras, para impulsar el desarrollo económico de nuestra comunidad.

Nuestro plan empresarial incluye proyectos para promover la inversión productiva de las remesas como factor de desarrollo de nuestras comunidades, así como inversiones en obras y servicios de impacto social, mediante la combinación de fondos provenientes de distintas fuentes.

Instituciones en la comunidad Garífuna

Las instituciones comerciales son más bien escasas, pero pueden resultar sumamente prometedoras para las comunidades. Los individuos que las conducen suelen ser empresarios interesados en mejorar la comunidad al tiempo que obtienen lucro. Por lo tanto, son propensos a gastar tiempo y recursos a fin de educar y capacitar a otros. José Francisco Ávila, ejecutivo de Horizon Investment Partners, confía en que una vez que haya triunfado, otros grupos lo seguirán, e imagina una comunidad Garífuna llena de empresarios. Tiene la esperanza de que "América Central será la próxima India", lo cual requiere de una mejor explotación de su capital humano y de sus recursos naturales.

Si bien grupos como lo que lidera Ávila ofrecen amplia membresía intercomunitaria, dicha membresía depende de la capacidad para invertir, de modo que los beneficios pueden no corresponder al total de la sociedad. Aún así, iniciativas de este tipo pueden
ofrecer un sólido ejemplo para el uso "productivo" de las remesas.

Cantor, Eric, "Remesas y Desarrollo: Lecciones de la Comunidad Transnacional Garífuna", DED-Honduras, GTZ, September 2004 P 39

Proyección a América Latina y el Caribe

Misión

Facilitar servicios de consultarías, asistencia técnica y capacitación para procesos de gestión y fortalecimiento administrativo y técnico que permitan los clientes realizar sus planes de trabajo y a beneficiarios a participar conjuntamente con autoridades locales en la toma de decisiones y en la planificación del desarrollo de sus municipios o comunidades.

Visión

Contribuir eficiente y eficazmente mediante los servicios de consultaría, asistencia técnica y capacitación, para que los productos y programas de desarrollo social en los que se interviene, cumplan con los mas altos estándar de calidad y se fundamenten con el profesionalismo, honestidad, ética y transparencia.

Nuestra Participación en el Desarrollo Turístico Garífuna

El pasado 12 de Octubre del 2004, su servidor, envió carta al Sr. Thierry de Pierrefeu Secretario de Turismo felicitándolo por su reciente visita junto a empresarios hondureños y el presidente Maduro a la República Dominicana, con el propósito de concretizar acuerdos para el financiamiento del proyecto de la Bahía de Tela. En dicha carta, le recordé al Sr. Pierrefeu que en el comunicado de prensa anunciando los logros de dicha visita, menciono que en el proyecto no sólo participarán

55

empresarios, sino que otros sectores sociales como la comunidad Garifuna; de acuerdo a sus palabras, el anhelo de los Garifunas será cristalizado.

También le informé en la carta de nuestro interés de ser socios en dicho proyecto, así como en el Proyecto de Turismo Costero Sostenible (PTCS) contraído mediante convenio de crédito número 3558-HO el 22 de noviembre del 2001 con el Banco Mundial y el Programa Nacional de Turismo Sostenible (Proyecto HOD195) que será aprobado el próximo 17 de Noviembre por el Banco Interamericano de Desarrollo (BID).

Nuestro interés se enmarca dentro de nuestra visión al futuro, a través de uno de nuestros valores institucionales, el compromiso social, mediante el cual estamos comprometidos a trabajar activamente para promover el bienestar social y económico de nuestra comunidad. Nuestra visión es ser protagonistas del desarrollo económico de la comunidad Garifuna. Parte de ese compromiso incluye recaudar capital de riesgo para elaborar y apoyar propuestas Alternativas de Desarrollo Turístico y Habitacional en las Comunidades Garifunas de Honduras, para impulsar, fortalecer y fomentar el desarrollo económico de dichas comunidades.

Como resultado de dicha carta, se me enviaron los siguientes documentos sobre el Proyecto de la Bahía de Tela, Resumen Ejecutivo - Hoja de Inversión - Flujos de Caja del Proyecto. Durante los últimos meses, he estado en comunicación directa con el Sr. Marc Olivier Gerente General del Desarrollo Turístico Bahía de Tela, quien en uno de sus comunicados me expreso lo siguiente: "En seguimiento a la carta enviada el pasado 10 de febrero, en la cual hace referencia a la intención de su representada en invertir en el Proyecto Bahía de Tela, deseo expresarle mi especial interés en incorporar fondos de inversión como New Horizon, en el desarrollo del sector turístico en Honduras. Su iniciativa, de reunir a los patronatos de las comunidades Garifunas de la región de Tela que residen en Estados Unidos, con el propósito de fortalecer el fondo de inversión, me parece muy acertada, además de ser una herramienta muy eficaz para provocar la re-activación económica en la zona de influencia del proyecto y por supuesto ser participe del capital accionario del Proyecto – Desarrollo Turístico Bahía de Tela."

Con el objetivo de fomentar el desarrollo económico de nuestras comunidades, propusimos elevar la competitividad de la Micro, Pequeñas y Medianas Empresas (MiPyMEs) Garifunas de la costa norte de Honduras, consolidando el desarrollo del Circuito Turístico (CTG) de Honduras, como destino turístico. El propósito es diseñar y comercializar productos, y fortalecer la gestión del sector, como la sumatoria de elementos que definen el destino turístico.

En referencia a dicha propuesta, el Sr. Olivier comento, "Soy del pensamiento además, que al elevar la competitividad de las MiPyMes de esta zona de influencia y la creación de un Circuito Turístico Garifuna, viene no solo a presentar un atractivo turístico de calidad en la Bahía de Tela, sino además a fortalecer la identidad Garífuna; fomentar la creación de oportunidades reales que contribuyan al desarrollo integral de la zona, y por ultimo se impulsarán las capacidades de los actores locales para enfrentar los retos del turismo sostenible.

No cabe duda que en los últimos años, Honduras ha sido representada culturalmente por la cultura Garífuna tanto interna como mundialmente. Esto lo demuestran los siguientes ejemplos:

La obra teatral LOUBAVAGU, la cual obtuvo un éxito resonante en Honduras y fuera de sus fronteras. Inclusive recibió un premio como la mejor obra en el Festival de Panamá en 1986.

El Ballet Folklórico Garífuna que orgullosamente dirige Crisanto Meléndez y que es auspiciado por la Secretaría de Cultura, el cuál ha rondado el mundo entero poniendo en alto el nombre de Honduras y la cultura Garífuna.

La "Punta" ese ritmo cadencioso y sensual que se ubico como un ritmo popular a nivel mundial. La popularidad de este ritmo no sólo enalteció nuestra cultura, sino que también abrió la puerta a los grupos musicales de Honduras en el extranjero como lo demuestra el rotundo éxito de "Banda Blanca en 1991.

El proyecto de Punta Sal, que se proponía de diseño acordes con el entorno natural y cultural "Garífuna" de la zona.

A pesar de que todo esto nos ha generado reconocimiento cultural, las utilidades financieras las han logrado otros en muchos casos ajenos a la cultura. Para peor de males, la canalización de los beneficios económicos a nuestras comunidades no se ha realizado.

Ahora se nos presenta una oportunidad de ser participes en el desarrollo turístico de Honduras, ya que dentro de la Estrategia Integral para el Desarrollo del Turismo Costero Sostenible en la Costa Norte, la Estrategia No. 4, se titula Rescate Cultural y de Valores Históricos y explica lo siguiente: "El patrimonio de la zona esta constituido por culturas vivas, edificaciones históricas y sitios arqueológicos." Y el inciso 4.1 se titula Rescate Cultural y explica la Situación Actual (Problemática) de la siguiente manera: "La principal cultura viva de la zona es la Garífuna, la cual reclama ser protagonista en la industria y no ser mostrada como objeto."

Para lograr nuestro objetivo de ser protagonistas, hemos lanzado la campaña "1 Millón de Dólares Garífunas", mediante la cual buscamos aumentar el fondo de inversión disponible para participar en el desarrollo turístico de la Costa Norte de Honduras.

Consideramos que el proyecto propuesto, va en consonancia con la política de Estado, la cual imprime un importante apoyo al sector turismo, el proyecto pondrá en marcha iniciativas que favorecen al turismo comunitario en un Área de alto valor patrimonial, cultural y natural, lo que genera condiciones necesarias para el desarrollo sostenible del circuito turístico Garífuna, y que se enmarca en forma global al modelo de desarrollo turístico del Circuito Turístico Garífuna, que define una actuación integral, coherente y regional que revalorizan los recursos naturales y culturales de la etnia Garífuna; por otra parte este proyecto contribuirá a reducir las brechas de inequidad entre hombres y mujeres permitiendo un mayor acceso de las mujeres a los procesos de progreso social y comunitario.

Mediante la puesta en marcha del fortalecimiento a la gestión y promoción turística local, la conceptualización y desarrollo del circuito turístico, la protección y puesta en marcha del patrimonio cultural y la infraestructura social básica, se pretende favorecer un desarrollo sostenible y mejorar la calidad de vida de la población.

Somos creyentes que el bienestar de un pueblo y su participación positiva en los cambios políticos se basa en el poder económico de la comunidad.

El poder económico proviene del desarrollo de recursos por individuos con destrezas y habilidades empresariales y no nos queda duda que nuestra propuesta es un modelo ejemplar que contribuirá tremendamente a la realización de nuestros objetivos. También creemos firmemente que para lograr el poder económico, es necesario que explotemos los lazos que unen a nuestra comunidad Garífuna en Honduras con la comunidad Garífuna residente en los Estados Unidos.

Nuestro plan empresarial incluye proyectos para promover la inversión productiva de las remesas como factor de desarrollo de nuestras comunidades, así como inversiones en obras y servicios de impacto social, mediante la combinación de fondos provenientes de distintas fuentes.

Como se podrá observar, nuestros objetivos se dirigen a convertirnos en los líderes de la nueva fase del movimiento de los Derechos Civiles, los "Derechos Plateados" o la Autodeterminación Económica, al mismo tiempo que reiteramos nuestra confianza, apoyo y cooperación hacia los líderes Garífunas que representan los intereses de la Comunidad en Honduras para que juntos demostremos, que ¡Sí Podemos!

Proyecto de Turismo Costero Sostenible

El Gobierno de Honduras a través del **Instituto Hondureño de Turismo** y la **Asociación Internacional de Desarrollo del Banco Mundial** firmaron el 22 de noviembre del 2001 un convenio de crédito número 3558-HO, legalizado según Decreto 22-2002 del 9 de abril del 2002, con la finalidad de desarrollar un proyecto de aprendizaje e innovación (LIL) denominado **Proyecto de Turismo Costero Sostenible (PTCS)** con el objeto de crear un ambiente favorable que permita el desarrollo y manejo del turismo en la Costa Norte de Honduras (municipios de Omoa, Tela, La Ceiba y Trujillo) y las Islas de la Bahía (Guanaja y

Asimismo, el proyecto es un complemento de la estrategia regional del Fondo Mundial del Medio Ambiente para la conservación y uso sostenible de los recursos del Sistema de Arrecifes de coral más grande del mundo.

Objetivo general

El Proyecto tiene como objetivo general "Diseñar, mediante un proceso participativo, una visión y una estrategia regional de turismo costero sostenible de largo plazo, impulsando el proceso de descentralización, el desarrollo local y regional, con el fin de mejorar la calidad de vida de sus habitantes ".

El logro de este objetivo se alcanzará mediante un proceso que fomente:
* Promoción del diálogo sobre los objetivos y naturaleza del turismo costero sostenible.
* Introducción de mejores prácticas en turismo costero sostenible.
* Fortalecimiento de capacidades a nivel regional y local para manejo y beneficio del turismo costero sostenible.

Objetivos específicos

La política gubernamental ha identificado el desarrollo turístico como una prioridad nacional previendo un enfoque de turismo sostenible diseñado para obtener los siguientes objetivos específicos:

* Fortalecer la capacidad para manejar recursos naturales prominentes y la herencia cultural de la zona costera.

* Fomentar la innovación en las sociedades entre el sector público y privado que impliquen una amplia gama de interesados.

* Promover el crecimiento impulsado por el sector privado y una mayor participación de la sociedad civil.

El Proyecto respaldará intervenciones al nivel nacional, municipal y local, a través de:
* Nivel Nacional: Inicio de un diálogo sobre políticas y prácticas que establezcan las bases para una estrategia de turismo costero sostenible en la Costa Norte de Honduras y en Islas de la Bahía.

* Nivel Regional: Fortalecimiento de las capacidades técnicas de

instituciones públicas y de la sociedad civil, para planificar y administrar el desarrollo de un turismo costero ambiental y culturalmente sostenible y que permita capturar beneficios comunitarios localmente.

- Nivel Local: Introducción de mejores prácticas de turismo costero sostenible, así como fortalecer la generación de negocios emprendedores de pequeña y mediana escala, mediante el entrenamiento en habilidades y el apoyo financiero para actividades piloto innovadoras.

Estrategia Regional del Caribe

Honduras ofrece a los visitantes un conjunto de riquezas naturales y atracciones culturales que, si se acompañan con servicios apropiados, representan activos importantes para el desarrollo de las economías locales. Aún con los niveles actuales de servicio provisto, estos activos combinados con condiciones relativamente favorables de acceso aéreo, han permitido a Honduras mejorar gradualmente su posición competitiva en el sector. Las cifras existentes proporcionadas por el IHT indican que las llegadas de visitantes han mostrado un crecimiento sostenido en años recientes, con un estimado de 771.5 mil visitantes en 2002, lo que representa casi el triple de 1996, que fue de 263.3 mil.

El sector turismo ha ganado importancia en la economía nacional. Según estimativos disponibles del Banco Central Hondureño, los ingresos por turismo alcanzaron US$341 millones en 2002 (comparado con US$115 millones en 1996), ocupando el tercer puesto en términos de ingreso de divisas después de la manufactura y las remesas. El empleo total en el sector alcanzó 77,000 empleos en empresas en 2002 y las cifras de empleo directo e indirecto doblaron las registradas para 1996. Las perspectivas de crecimiento del sector son optimistas, particularmente a la luz de los esfuerzos corrientes para integrar circuitos en Centroamérica. La Organización Mundial de Turismo (OMT) ha proyectado incrementos del orden de 3.8% para el periodo 1995- 2020, con visitas totales a Centroamérica de 10.2 millones anuales para el 2020.

Por ello, el turismo ocupa un lugar prominente en la estrategia del Gobierno de Honduras para promover el crecimiento económico, por lo que a través de la Secretaría de Turismo (SETUR) el gobierno ha establecido como una meta nacional, que el desarrollo turístico sostenible sea equitativo, socialmente responsable y orientado a mejorar la calidad de vida de las poblaciones locales.

Como respuesta a lo anterior, el Instituto Hondureño de Turismo (IHT) partiendo de la finalidad de su creación, que consiste en *"estimular y promover el turismo como una actividad económica que impulse el desarrollo del país, por medio de la conservación, protección y aprovechamiento racional de los recursos turísticos nacionales "*, haplanteado la siguiente **Visión:**

"En el año 2021, Honduras será el país líder en la actividad turística a nivel regional, ya que habrá desarrollado y diversificado sus mercados, productos y destinos. Las empresas serán más competitivas en los ámbitos nacional e internacional. El turismo será reconocido como pieza clave en el desarrollo económico y su crecimiento se habrá basado en el respeto de los entornos naturales, culturales y sociales, contribuyendo al fortalecimiento de la identidad nacional"

Asimismo, la SETUR ha convertido a la descentralización, el desarrollo municipal y la sostenibilidad ambiental en temas claves en su aproximación para promover el desarrollo del sector. Esta aproximación es evidente en varias iniciativas nacionales y regionales actualmente en ejecución, tales como: (i) la formulación de la Estrategia Nacional de Ecoturismo (ya concluida); (ii) el Programa de Manejo Ambiental de Islas de la Bahía (PMAIB II) financiado por el BID para apoyar inversiones en el archipiélago; (iii) el Programa de Desarrollo Regional para el Valle de Copán; y (iv) el Proyecto de Turismo Costero Sostenible, mediante un préstamo de innovación del Banco Mundial, que apoya la adopción de "buenas prácticas", participación comunitaria y fortalecimiento municipal para el desarrollo del sector.

Si bien el gobierno ha sido efectivo en la promoción de estas nuevas inversiones y en comenzar a desarrollar interés por el sector en inversionistas privados, todavía carece de una Estrategia Nacional que cuente con el apoyo de todos los agentes del sector, con una visión de mediano y largo plazo sobre las mejores alternativas para preparar a las regiones del país para competir por los mercados más prometedores, por lo que una de las prioridades para facilitar la competitividad del sector turismo en los mercados internacionales, será la formulación de una **Estrategia Nacional de Turismo Sostenible (ENTS)** que, entre otros objetivos, consolide alianzas entre el sector público y privado, y para lo cual, el País se ha dividido en siete regiones:

1. Región Islas de la Bahía: Incluye los municipios de Roatán, Santos Guardiola, Utila y Guanaja
2. Región Costa Caribeña: Incluye los departamentos de Cortés, Atlántida, Colón y Yoro 3. Región Ruta Lenca-Copán: Incluye a los departamentos de Copán, Ocotepeque, Lempira, Intibucá, La Paz y Santa Bárbara
4. Región de La Mosquitia: Departamento de Gracias a Dios
5. Región Costa del Pacífico: Incluye a los departamentos de Choluteca y Valle
6. Región del Corredor Central, integrada por los departamentos de: Comayagua,
Francisco Morazán y El Paraíso
7. Región integrada por el Departamento de Olancho y la Sub-Región Patuca.

En este contexto, el Instituto Hondureño de Turismo, consciente de la importancia de la actividad turística en la economía a nivel mundial, de los beneficios y efectos negativos que lleva consigo, y considerando además el importante potencial turístico de Honduras, con apoyo del Banco Mundial, y basado en el aprovechamiento turístico de sus recursos naturales, históricos, culturales y humanos, puso en marcha un Proyecto Piloto integrado por 4 municipios costeros (Omoa, Tela, La Ceiba y Trujillo) y 2 insulares (Utila y Guanaja), denominado **"Proyecto Turismo Costero Sostenible (PTCS)"**. Esta zona de estudio forma parte de la Región Costa Caribeña y de la Región Islas de la Bahía, de acuerdo con la regionalización propuesta para la ENTS.

La presente Estrategia es la herramienta que permitirá materializar el desarrollo de los municipios en estudio, dentro de un marco de planeación concertada y atendiendo los requerimientos específicos de cada uno de ellos, con el objeto de lograr el desarrollo integral y sustentable en beneficio de la población, ya que estuvo basada en un amplio proceso de participación de las comunidades, de tal manera que se integró, bajo el motor de la actividad turística, los objetivos de combate a la pobreza, mejoramiento de la calidad de vida y la conservación del medio ambiente y de los valores culturales regionales.

La formulación de este estudio se basó en la recopilación, análisis y síntesis de fuentes primarias y secundarias, así como un extenso trabajo de participación directa con la comunidad. Toda la información, inquietudes y propuestas recopiladas en las Reuniones de Líderes Turísticos (locales y regional) fueron
Consideradas en la realización del presente documento, por lo que representa un instrumento concensuado, no solo con las autoridades sino con todos los actores involucrados en el desarrollo de cada municipio en la región.

Empresas Favorecidas con el Fondo Prosperidad

Un primer grupo de 20 microempresas y pequeñas empresas fueron apoyados con capital semilla para fortalecer las actividades enfocadas del sector turístico el pasado 17 y 18 de junio del 2004 en los municipios de La Ceiba y Tela.

Esta iniciativa se enmarca a través del Fondo Prosperidad del **Proyecto de Turismo Costero Sostenible** ejecutado por el **Instituto Hondureño de Turismo** con fondos del **Banco Mundial.**

El objetivo del Fondo es dotar de capital semillas para apoyar a microempresas y pequeñas empresas contribuyentes a desarrollar el turismo en los municipios de Omoa, Tela, La Ceiba, Trujillo, Guanaja y Utila. Este proyecto de financiamiento forma parte del "Programa de Promoción Empresarial" o Fondo Prosperidad y está siendo administrado con el apoyo institucional de CHF Internacional una organización con basta experiencia en administración y manejo de carteras de préstamos y asistencia técnica.

El proceso inició con la promoción, divulgación y socialización de los requisitos para acceder al Fondo con la participación de las autoridades locales, patronatos, fuerzas vivas, pequeños empresarios (as) y microempresarios (as) dentro de una estrategia de comunicación social. Seguidamente se realizó la subcontratación de la empresa CHF con el fin de mejorar la transparencia en la administración y distribución del Fondo.

Se explicó claramente en el proceso de socialización del Fondo, que al mismo podría tener acceso los empresarios individuales, pequeñas empresas o microempresas, ONG´s, sector público, comunidades indígenas o no indígenas que estuviesen localizadas en los municipios mencionados.

A este llamado a participar lo hicieron 329 pequeñas empresas o microempresas que asistieron a éstos talleres, las cuáles llenaron formularios propuestas especificando los proyectos las actividades y los planes de negocios; un comité integrado por un representante del Instituto Hondureño de Turismo, un representante del proyecto de Turismo Costero Sostenible, dos representantes de CHF Internacional, un representante de la Cámara Nacional de Turismo (CANATUR) y un representante del Ministerio de Economía. Este comité se encargó de revisar las 329 solicitudes de los cuáles 19 pertenecen al municipio de Omoa, 65 solicitudes a Tela, 24 solicitudes a La Ceiba, 105 a Trujillo, 10 a Utila y 106 a Guanaja. Para acceder a este fondo los beneficiarios deben aportar un 33% como fondo de contraparte para los proyectos pilotos innovadores focalizados a través de pequeña y micro empresa, ONG´s y sector público y de un 23% en caso de tratarse de proyectos Pilotos Innovadores en Comunidades Indígenas involucrando micro y pequeños empresarios ONG´s y sector público.

Dentro de las actividades no elegibles están las de investigación académica, propuestas que perjudiquen el medio ambiente, la salud la infraestructura y pongan en riesgo la seguridad.
De 329 propuestas, se seleccionaron 89 proyectos de los diferentes municipios, de los cuáles el pasado 17 y 18 de junio se entregaron los primeros desembolsos a las primeras 20 microempresas ubicadas en los municipios de La Ceiba y Tela, las cuáles son las siguientes:

Luís Enrique López un joven Garífuna de 23 años que tiene un proyecto de Artesanía Garífuna en la comunidad de Sambo Creek La Ceiba manifestó emocionado que es *"un orgullo y una emoción recibir este fondo y prometo que este dinero lo sabremos utilizar, la empresa cuenta con un grupo de seis jóvenes que con este apoyo sentimos que nos abren las puertas y oportunidades en nuestro país y nos evita pensar en buscar opciones en los Estados Unidos".*

Por otra parte otra de las beneficiadas Rosa Martina Miguel recordó al momento de agradecer las gestiones realizadas por las diferentes instituciones que *"la venta de Casabé es una tradición en esa familia desde que su madre a punta de Casabé formó educacionalmente a cinco de sus hijas".*

Al evento de entrega de los primeros desembolsos en la ciudad de La Ceiba el pasado 17 de junio asistió la licenciada Miriam Leiva coordinadora general del Proyecto de Turismo Costero Sostenible, Marc Hanson coordinador del Fondo Prosperidad por parte de CHF Internacional, medios de comunicación locales y beneficiarios del Proyecto.

Miriam Leiva Coordinadora del Proyecto Costero Sostenible al dirigirse a los beneficiarios manifestó lo siguiente: *"Este es un momento muy especial para nosotros como Proyecto y como parte del Instituto Hondureño de Turismo porque refleja un avance significativo del proceso, desde la construcción y diseño del Proyecto Costero Sostenible visualizado a través de su tercer componente, la administración de este Fondo Prosperidad que hoy se entrega a las primeras empresas calificadas, este no es un dinero para llevárselo a su casa, a pesar de ser un fondo no reembolsable su destino es fortalecer las iniciativas empresariales turísticas y viene acompañado de un proceso riguroso de monitoreo, seguimiento y evaluación del destino de los fondos".*

Asimismo la licenciada Leiva motivó y deseo éxito a los beneficiarios en la ejecución de sus proyectos y los exhortó a no desistir en su lucha por mejorar la calidad de vida no sólo a nivel individual sino también de manera colectiva y haciendo efecto multiplicador a sus comunidades.

En el evento de entrega de desembolsos al municipio de Tela, asistió por parte del Proyecto de Turismo Costero Sostenible, Vanesa Merlo de la Unidad turística Municipal, Marc Hanson coordinador de CHF en la zona y el señor Daniel Flores, alcalde del municipio de Tela.

El alcalde de Tela se mostró emocionado al momento de la entrega del primer desembolso y les recalcó a los primeros beneficiarios y beneficiarias que es *"la primera vez en el municipio que existe una iniciativa de apoyar a microempresarios en el área turística por lo que deben aprovechar al máximo dicho recursos y sentirse privilegiados de haber sido seleccionados por lo que ahora su compromiso es más grande no solo con su comunidad, sino también con el municipio y especialmente con el país"*.

El Garífuna Marcelo Torres Morales de Artesanías de La Ensenada comentó: *"Me siento muy agradecido con Dios en primer lugar y desde que inició el Proyecto Costero Sostenible en este lugar ya nos habían hablado de este Fondo; ahora con mucho orgullo puedo decirles que Si les Creo"*.

El resto de las solicitudes se encuentran en un proceso de revisión y selección por lo que el Instituto Hondureño de Turismo comunica a los participantes que pronto se les notificará a los primeros seleccionados en los municipios de Omoa, Guanaja, Utila y Trujillo.

Asimismo, existe un segundo grupo en los municipios de Tela y La Ceiba que están participando en capacitaciones que les permita mejorar sus propuestas.

Emilio Centeno Castillo mostrando la edificacion del nuevo restaurante.

Gerardo Colon Rochez con un grupo de turístas en su recorrido turístico..

Mujeres garífunas del grupo Luba Ereba pelando yuca..

Mujeres garífunas del grupo Isery Laruga trabajando en sus maquinas nuevas

Jóvenes preparando marcos para impresiones de serigrafía.

Panaderas luciendo sus informes y bandejas nuevas..

68

060 - Restaurante Greicy
Diversificando los servicios de turismo

Código de Proyecto:	60
Nombre del Proyecto:	Restaurante "Greicy"
Municipio:	Omoa
Nombre del representante:	
Capital Semilla Aprobado:	391,931.00 (Lps)

Masca es una pequeña comunidad garífuna en el Municipio de Omoa, Edith Guerrero es originaria de esta comunidad y es aquí donde hace ya casi 15 años Edith estableció el Restaurante Greicy, local especializado en mariscos y comida local muy reconocido en la comunidad; "tenemos un gran potencial que es nuestra cultura autóctona y contamos de una gastronomía envidiable que sirve de apoyo al turismo de la región" manifiesta Edith.

Dado que en la comunidad de Masca los servicios de hospedaje son limitados, Edith Guerrero presentó al Fondo Prosperidad un Plan de Negocios para la construcción y equipamiento de 5 cabañas las cuales complementarían los servicios de alimentación hasta ahora brindados. La propuesta fue aprobada por el Comité de Aprobación y fue así como Edith pudo lograr el sueño de diversificar sus servicios al turismo brindando no solo alimentación sino también alojamiento.

"Mi empresa necesita ser mejorada en su infraestructura para atender con toda la excelencia al turista, quiero generar empleo a 15 mujeres y hombres para contribuir con una economía sostenible, y evitar tanta migración hacia los Estados Unidos."

La experiencia del Fondo Prosperidad fue para Edith Guerrero algo que nunca espero y un beneficio que ahora se refleja en la ampliación de sus servicios que ella ofrece al turista. Ella no cesa de manifestar a su manera un gran agradecimiento por haber sido considerada para este programa: "Si un lempira me hubieran regalado, estaría contenta ya que no tenía ese lempiras hubiera recibido esta capacitación hace años, fuera millonaria".

064 - Champa La Power

Una nueva imagen a su Micro-empresa

Código de Proyecto:	64
Nombre del Proyecto:	Champa " La Power "

Municipio:	Omoa
Nombre del representante:	
Capital Semilla Aprobado:	59,700.00 (Lps)

Norma Janeth Power López es una micro-empresaria de la comunidad de Masca en el municipio de Omoa, donde desde 1998 estableció su negocio de comidas Champa La Power. Norma es muy conocida en la comunidad de Masca por su dinamismo y espíritu de superación. Ella, al conocer sobre el programa del Banco Mundial y el Instituto Hondureño de Turismo se intereso de inmediato ya que nunca había oído antes de una iniciativa similar.

Después de presentar su primer Plan de Negocios, el Comité de Aprobación le solicitó una readecuación del mismo. Con el mismo entusiasmo y la asistencia del personal técnico de CHF, Norma reorientó su solicitud de inversión al mejoramiento de la infraestructura de su local de comidas. Esta solicitud fue aceptada sin observación por parte del Comité y fue así como la micro-empresa se benefició de los recursos del Fondo Prosperidad.

"Tome la decisión de crear este pequeño negocio para sostener a mi familia y para poder sacar adelante en los estudios a mis hijos e irlos formando en herederos emprendedores y con visión de futuro. Gracias al proyecto ahora tengo bien arreglada mi champa. Tanta es la emoción, es un sueño y es una realidad, esto es algo que estaba pensado desde hace muchos años atrás. Esta contabilidad es un lujo, lo sube hacia arriba a uno, ahora se cuando mis hijas me han tomado un refresco."

Las mejoras consistieron en la construcción de un piso de cemento y el mejoramiento de los sanitarios; la ampliación del área de cocina, área del bar y la construcción de una bodega, así como la restitución del techo de manaca en toda el área del comedor. Norma se muestra muy satisfecha con las mejoras de su negocio y toda la enseñanza recibida durante los cursos de capacitación impartidos por CHF.

067 - Paseos turísticos Muchilena
Producción y turismo, una ideal combinación para la generación de ingresos

Código de Proyecto:	67
Nombre del Proyecto:	Microempresa Turistica "Muchilena"
Municipio:	Omoa

Nombre del representante:	
Capital Semilla Aprobado:	148,944.00 (Lps)

José Javier García es el líder de un grupo comunitario de pescadores en la Comunidad de Muchilena en el Municipio de Omoa, Departamento de Cortés. Este grupo constituido de 8 personas de la comunidad se dedicaba a la pesca artesanal contando para ello de 6 cayucos. El producto de la pesca abastece a los negocios locales de venta de alimentos y mariscos. Durante los fines de semana, el grupo de pescadores alquilaba los cayucos a los visitantes que llegaban a las playas de Muchilena ó en su defecto eran ellos mismos quienes ofrecían a los turistas un tour en cayuco por la bahía.

En vista que esta actividad que generaba ingresos extra al grupo fue identificada como una necesidad en la comunidad y a la vez un atractivo más para los visitantes, razón por la cual el grupo de pescadores se organizaron en una micro-empresa denominada " Paseos Turísticos Muchilena". Fue así como el grupo liderado por el señor García su postuló al Fondo Prosperidad, y la inversión adquirida fue dirigida a la remodelación del local que serviría de almacén al equipo, la compra de una lancha de motor con todos sus implementos de seguridad y navegación y la adquisición de una banana ó bote de inflar para recorridos turísticos.

El objetivo de la creación de esta micro-empresa fue el de ofrecer al visitante de la comunidad de Muchilena una alternativa en los servicios turísticos, contribuyendo al mismo tiempo al mejoramiento de los ingresos de las familias involucradas. La propuesta resulto muy interesante para el Fondo Prosperidad ya que complementaba las actividades de pesca del grupo con un nuevo e innovador servicio al turista. Hoy, gracias al Fondo Prosperidad, el grupo los pescadores invierten su tiempo los fines de semana transportando a los turistas desde y hacia las playas de Muchilena, mostrando desde el mar el atractivo natural y colonial de esta región del litoral Atlántico.

264 - Artesanías Madounu
Joyas y accesorios con belleza caribeña

Código de Proyecto:	264
Nombre del Proyecto:	Artesanías Madounu
Municipio:	Tela
Nombre del representante:	
Capital Semilla Aprobado:	129,530.00 (Lps)

Marcelo Torres Morales, artesano garífuna dueño de Artesanías Madounu, se dedica a la fabricación de joyas y accesorios para mujer. Sus artesanías son hechas con productos naturales provenientes de la zona, como ser conchas de mar, madera y coco entres otros. Su hijo ha aprendido el oficio y juntos han trabajado desde su casa en una galera improvisada la cual han utilizado como taller. Comercializan sus productos como vendedores ambulantes y logran vender mucho durante los fines de semana debido a la afluencia permanente de turistas locales y nacionales a las playas de Tela.

El Sr. Torres aplicó al Fondo Prosperidad, proyecto financiado por el Banco Mundial, con el fin de obtener los medios económicos para mejorar sus condiciones de trabajo. Su taller no estaba protegido de la intemperie a esto se le agregaba la falta de herramientas y equipo adecuado para poder trabajar. Con el capital semilla aprobado por el fondo se logro construir un taller a base de bloques de cemento que cuenta con sala de trabajo, servicio sanitario y oficina, además de la compra de herramientas y equipo nuevo.

"Ahora tengo el arranque para el despegue y trabajar, trabajar y trabajar. La situación de mi casa actual, con estas lluvias, no se puede trabajar y ahora en mi taller si."

El Fondo Prosperidad le proporciono el capital semilla para salir del empirismo artesanal y poder aplicar toda su creatividad con una mayor eficiencia en la productividad, se ha podido percibir como la producción de su artesanías es bastante superior a la que tenia anteriormente, el inventario y la variedad de sus productos es mayor y sus ventas y participación en mercados fuera de su comunidad es evidentemente mas alto. El Sr. Torres es también un aplicante de los conocimientos de administración y contabilidad aprendidos durante las capacitaciones que se le brindaron por medio del fondo, sus ingresos han mejorado considerablemente, esto se ha podido verificar en los reportes de perdidas y ganancias que ha presentado.

268 - Mariscos Acción

Pesca Artesanal en la desembocadura del ríoTinto

Código de Proyecto:	268
Nombre del Proyecto:	Mariscos Acción
Municipio:	Tela
Nombre del representante:	
Capital Semilla Aprobado:	226,000.00 (Lps)

72

Pedro Mejia Oliva es pescador artesanal y por mas de diez años se ha dedicado a este oficio. Opera su negocio, Mariscos Acción, desde su casa ubicada en la Aldea de Rió Tinto. En su casa tiene un freezer pequeño para almacenar el producto de la pesca que posteriormente comercializa en la aldea, y vende además artículos de primera necesidad a los pobladores de la zona. Aprovecha los viajes que hace en las lanchas de pesca para transportar turistas y así generarse un ingreso adicional.

El Sr. Mejia aplicó al Fondo Prosperidad con el objetivo de obtener los medios económicos para edificar un centro de acopio con todo el equipo necesario para comercializar el producto de la pesca. Con el capital semilla aprobado por el fondo se construyo un centro de acopio frente a la desembocadura del Río Tinto y se le equipó este con un freezer y una planta eléctrica. Además, se logro la compra de una lancha y equipo de pesca.

"Es algo excelente por todo el tiempo atrás, tantas puertas tocadas y nada, bendecido y agradecido con el fondo. Mi meta es seguir adelante y cumplir mi objetivo en el plan."

Con el capital semilla el Sr. Mejia ha aumentando su flota de lanchas, incrementando así su capacidad de pesca. Se esta generando mayores ingresos a traves de la venta del producto de la pesca y de los paseos turístico que se ofrecen aprovechando la subutilizacion de las lanchas.

271 - Grupo panadero El Esfuerzo
Pan de coco para el deleite del turista

Código de Proyecto:	271
Nombre del Proyecto:	Grupo de Panaderas "El Esfuerzo"
Municipio:	Tela
Nombre del representante:	
Capital Semilla Aprobado:	115,519.00 (Lps)

El Grupo Panadero El Esfuerzo fue fundado en el 2002 por veinte miembros de la comunidad del Triunfo de la Cruz. La idea de esta micro-empresa surge desde 1990 por la necesidad de tener un horno comunitario para la producción de pan de coco, dicho horno fue construido desde entonces y ha sido de gran utilidad para las mujeres que se dedican a este menester. En la actualidad este grupo de panaderas cuenta con mas de 60 miembros.

Con el paso de los años la estructura del horno se ha venido deteriorando y los recursos no han sido suficientes para mejorarlo. En vista de esta necesidad el señor Mario Valerio Martínez, líder de este grupo comunitario garífuna, con el apoyo de otros miembros de la comunidad aplicaron al Fondo Prosperidad. Su intención era mejorar las instalaciones del horno y adquirir equipo y maquinaria para producir un producto de mejor calidad. El capital semilla aprobado por el fondo fue invertido en la reconstrucción del horno y en la remodelación de la galera que protege al horno y a las personas que lo utilizan, además en la compra de maquinaria y equipo de trabajo como ser guantes, paletas, bandejas de panadería y un botiquín.

"Fondo Prosperidad a hecho una gran ayuda a las comunidades que mucho lo necesitaban y a raíz de esto mucho de nosotros hemos superado en gran mayoría."

La inversión del capital semilla aprobado por el Fondo Prosperidad ha significado un gran apoyo a este grupo de panaderos, este es el único horno que existe para el uso comunitario y las mejoras hechas han permitido diversificar sus productos y elaborar un pan de coco de mejor calidad. Ha surgido una mayor demanda del producto por parte de los turistas que visitan la zona, que a su vez genera mayores ingresos para la comunidad. La comunidad del Triunfo de la Cruz es una de las zonas turística mas visitadas en la Bahía de Tela, razón por la cual muchos de sus habitantes ven el turismo como una fuente de ingreso que contribuye al sustento de sus familias.

274 - La Floresta
Con iniciativa y dedicación se limpian las playas de Tornabé

Código de Proyecto:	274
Nombre del Proyecto:	La Floresta
Municipio:	Tela
Nombre del representante:	
Capital Semilla Aprobado:	308,287.00 (Lps)

Nicolás Sánchez Thomas es un líder comunitario en la comunidad garífuna de Tornabe, es dirigente patronal y pertenece a la Asociación de Desarrollo Educativo Local (ADEL). Por años se ha dedicado al manejo de una pequeña pulpería localizada en su casa de habitación. Preocupado por la cantidad de papel desechado en la comunidad le surge la idea de crear una microempresa dedicada a la recolección de este material, para posteriormente trasladarlo y venderlo en San Pedro Sula , es así como nace La Floresta.

El Sr. Sánchez aplicó al Fondo Prosperidad con el objetivo de construir una bodega para el almacenamiento del papel y cartón reciclable y para comprar de la maquinaria necesaria para el empaque y compactación del mismo. Ofreció como contrapartida para este proyecto un terreno de topografía plana, que cuenta con fácil acceso vehicular y con los servicios públicos de agua y energía. Con el capital semilla aprobado por el fondo se logro comprar un camión recolector y una maquina compactadota. Ademas, se construyo una bodega que es utilizada como centro de operaciones. A través del fondo se le brindo la asistencia administrativa que le ha permitido llevar registros contables en una forma clara y ordenada.

"Mi proyecto seria el primero en toda la región, porque reciclar papel periódicos, revistas, cartones, cartoncillo, latas de cerveza y refrescos ayudaría a mantener limpia la comunidad y sus alrededores y atraer más al turista."

Esta inversión ha sido de mucho importancia para la comunidad y el turismo, genera directa e indirectamente empleo, limpia la comunidad del papel que las personas desechan y promueve la cultura de botar los desechos en su lugar, evitando así mas daños al medio ambiente y haciendo esta comunidad mas atractiva para el turista.

280 - Hotelito Colón
Hospedaje y alimentación de alta calidad

Código de Proyecto:	280
Nombre del Proyecto:	Cabañas y Restaurante Colon
Municipio:	Tela
Nombre del representante:	
Capital Semilla Aprobado:	270,000.00 (Lps)

Hotel Colón es un establecimiento ubicado en la comunidad garífuna del Triunfo de la Cruz. El hotel cuenta con diez cabañas y es visitado frecuentemente por turistas nacionales y extranjeros. En vista de la gran demanda que tiene, su propietario, el señor Margarito Colón había identificado desde hace algún tiempo la necesidad de mejorar las cabañas y el restaurante, y brindar así un mejor servicio a los visitantes.

El señor Colón vio en Fondo Prosperidad la oportunidad para mejorar las instalaciones de su hotel. Fue así como asistió a uno de los talleres de información, elaboró un plan de negocios y presentó su aplicación al fondo, el comité de evaluación aprobó el capital semilla necesario para desarrollar el proyecto. Con los desembolsos del capital Don Margarito ha mejorado las instalaciones de las diez cabañas de su hotel, trabajo que incluyo la instalación de cerámica en todos los baños, de puertas y persianas nuevas en cada una de las habitaciones, y la construcción de una cisterna que provee de agua permanentemente. Ademas, renovó la infraestructura del restaurante.

"La ayuda que se me dio fue excelente para mejorar mi negocio con mi familia, tengo ahora unas cabañas de calidad gracias al Banco Mundial, CHF y al Instituto Hondureño de Turismo. Gracias mil gracias."

El ambiente embellecido de las cabañas y del restaurante del Hotel Colón servirá para atraer más turistas, generando así empleos para la comunidad e incrementando los ingresos del beneficiario.

281 - Restaurante Playas Miramar

Hamacas que permiten al turista descansar y mirar el mar

Código de Proyecto:	281
Nombre del Proyecto:	Playa Miramar
Municipio:	Tela
Nombre del representante:	
Capital Semilla Aprobado:	334,047.00 (Lps)

Héctor López es garífuna, miembro del patronato Pro Mejoramiento de la comunidad del Triunfo de la Cruz. Tiene diez años de experiencia en el manejo de su negocio el Restaurante Playas Miramar. Este está ubicado frente al mar entre las playas de La Ensenada y El Triunfo de la Cruz, y cuenta con 26 champitas a lo largo de la playa, cada una con bancas de madera y un hamaca para uso del turista. Además tiene una caseta grande donde cocinan y venden comida y bebidas.

El Sr. López aplicó al Fondo Prosperidad, proyecto financiado por el Banco Mundial, con el objetivo de mejorar los servicios que ofrece construyendo un restaurante completamente cubierto protegido de la lluvia e intemperie, en su aplicación ofreció el terreno donde se encuentra el restaurante como contraparte de la inversión. El capital semilla aprobado por el fondo fue invertido en la construcción de un restaurante, baños y una fosa séptica y en la compra de equipo de cocina e inmobiliario para el restaurante. Además recibió asistencia en la preparación de informes sobre liquidación de los desembolsos del capital semilla y elaboración de formularios contables que le servirán para el control financiero de su negocio.

"Me siento feliz y aprovecharemos la ayuda, mi señora esta feliz con el restaurante."

Este fue sin lugar a dudas uno de los proyectos mejor ejecutados en el programa, se desarrollo de conformidad a los parámetros establecidos, acatando todos los lineamientos de construcción y las recomendaciones hechas por parte del equipo técnico del fondo. El restaurante ya se encuentra operando en un local mas amplio e higiénico, lo que se ha mejorado considerablemente la calidad en el servicio.

282 - Hotel y Merendero Wilson

Alimentación y hospedaje de calidad en un mismo lugar

Código de Proyecto:	282
Nombre del Proyecto:	Merendero Wilson - En 3 de Mayo
Municipio:	Tela
Nombre del representante:	
Capital Semilla Aprobado:	379,600.00 (Lps)

Mariano Herrera es miembro de la comunidad garífuna de La Ensenada y dueño del Merendero Wilson, negocio que comenzó con la venta de comida y bebidas desde hace 14 años. El merendero ha ido creciendo poco a poco y a la fecha aparte de ofrecer exquisito platillos también ofrece el servicio de alquiler de vestidores, duchas y sanitarios. Además, cuenta con varias champitas a la orilla de la playa para que sus clientes usen como un servicio complementario.

El señor Herrera aplicó al Fondo Prosperidad, proyecto financiado por el Banco Mundial, con el objetivo de obtener los medios económicos para la contrucción de un hotel. El capital semilla aprobado por el fondo fue invertido en la construcción de dos habitaciones y de los cimientos para que el beneficiario continúe expandiendo la obra en el futuro. Además, por medio del fondo, el beneficiario recibió asistencia en la preparación de informes sobre liquidación de los desembolsos del capital semilla y en la elaboración de formularios contables que le servirá para el control financiero de su negocio.

"Excelente el apoyo para el desarrollo de mi empresa mejore mis instalaciones, cisterna que no tenia, dos habitaciones nuevas para rentar. Ahora voy a continuar con mis fondos para lograr mis sueños que tanto he deseado."

Mariano Herrera y su familia dependen económicamente de los ingresos generados por su negocio. Las habitaciones construida en el hotel ya se encuentran en operación, generando así nuevos ingresos para la familia Herrara y empleos para la comunidad.

292 - Comedor y Cabañas Panchy

Esfuerzo familiar que brinda al turista comodidad y buen sazón

Código de Proyecto:	292
Nombre del Proyecto:	Comedor y Cabañas Panchy
Municipio:	Tela
Nombre del representante:	
Capital Semilla Aprobado:	483,233.00 (Lps)

Emilio Centeno Castillo, es garífuna y propietario del Comedor y Cabañas Panchy ubicado en las playas del Triunfo de la Cruz. Su negocio cuenta con varias cabañas que brindan alojamiento a los turistas y una champa para la venta de comida y bebidas. El y su familia viven en una de las cabañas y entre todos se encargan del manejo del negocio.

El señor Centeno aplicó al Fondo Prosperidad, proyecto financiado por el Banco Mundial, con el objetivo de obtener los medios económicos para construir un mejor restaurante y remodelar las cabañas. Sus deseos eran brindar al turista comodidad haciéndolo sentir como en casa. Con el capital semilla aprobado por el fondo se construyo un restaurante muy amplio, se compro el equipo necesario para habilitarlo al público y se remodelaron las cabañas. Además, se construyeron un serie de servicios sanitarios exteriores para el uso de los clientes.

"Estoy muy agradecido con el Fondo Prosperidad porque me ayudo en el momento oportuno, yo no hubiera podido solo hacer lo que tengo."

Las cabañas y el restaurante presentan al turista un ambiente acogedor y típico, ambas obras se encuentra ya en plena actividad y están siendo muy bien aceptadas por los turistas tanto nacionales como extranjeros. La inversión del capital semilla ha resultado de mucho provecho para el negocio, la mejora en la calidad de los servios que prestan ha incrementado los ingresos de la familia Centeno.

301 - Artesanías Mario's

La unión y esfuerzo de una familia devenga prosperidad

Código de Proyecto:	301

Nombre del Proyecto:	Artesanías Mario's
Municipio:	Tela
Nombre del representante:	
Capital Semilla Aprobado:	91,500.00 (Lps)

Teresa Bregal, artesana garífuna originaria del Triunfo de la Cruz , es la dueña de Artesanías Mario. Ella y su esposo se dedican a la elaboración de tambores de madera y a la confección de muñecas y bolsas de tela. Operan su taller desde una galera en el patio de su casa y comercialización muchos de sus productos a través de ferias artesanales.

La Sr. Bergal aplicó al Fondo Prosperidad, proyecto financiado por el Banco Mundial, con el objetivo de mejorar la infraestructura de su taller y obtener herramientas y equipo necesarios para la elaboración de artesanías. Con el capital semilla aprobado por el fondo lograron construir un taller muy bien adecuado, dentro del mismo se edificó una pequeña bodega con seguridad, en la que se mantienen las herramientas, el equipo y la materia prima adquiridas por medio del fondo.

"Vieran la emoción que siento, estoy feliz, feliz, con mi nuevo taller, antes cuando comenzaba a llover, salíamos corriendo con todo para no mojarnos hacia la casa, ahora no importa que llueva, seguimos trabajando."

El capital semilla otorgado a la beneficiaria vino a resolver su problema de trabajo en el sentido de que ahora están laborando bajo techo, con herramientas adecuadas y modernas. Se ha podido verificar el cambio logrado por doña Teresa en su taller, sobre todo cuando se aprecia la cantidad de inventario que mantiene y los pedidos que tiene pendientes de abastecer, de la misma manera siempre esta participando en ferias artesanales que se llevan a cabo en diferentes ciudades del país. Sus controles contables le están sirviendo para establecer costos, precios competitivos en sus ventas y para controlar el gasto de su negocio.

303 - Restaurante Lito's Place
Entre palmeras se enconde un manjar de la cultura Garifuna

Código de Proyecto:	303
Nombre del Proyecto:	Hotelito Blanca/Restaurante Lito´s Place
Municipio:	Tela
Nombre del representante:	
Capital Semilla Aprobado:	148,546.00 (Lps)

El Restaurante Lito's Place se encuentra ubicado frente a las bellas playas del Triunfo de la Cruz , comenzó sus servicios en 1998 y hasta la fecha sus dueños, la señora Blanca Herrera y su esposo ambos garífunas originarios de la zona, son quienes atienden personalmente el negocio. El terreno donde se encuentra el local es propiedad de la Sra. Herrera y tiene bastante potencial de desarrollo, la caseta donde opera el restaurante se mantiene igual desde su inicios y con el pasar de los años se ha ido deteriorando.

Blanca Herrera aplicó al Fondo Prosperidad, proyecto financiado por el Banco Mundial, con el objetivo construir un mini hotel de 5 habitaciones frente a la playa. Sin embargo, después de evaluar detenidamente la propuesta presentada, el comité de aprobación acordó que seria de mayor beneficio invertir el capital semilla exclusivamente en el mejoramiento de las instalaciones existentes. Con la inversión del capital semilla Lito's Place se ha convertido en restaurante con una infraestructura típica espectacular y en perfectas condiciones, cuenta con un área de cocina y de atención al cliente completamente equipadas, además de varios servicios sanitarios.

"Estamos contentos y listos para trabajar."

La edificación de un restaurante con fachadas típica en un terreno rodeado por palmeras de coco ha sido ha sido de gran atracción para los turistas locales y extranjeros. La afluencia de nuevos clientes ha incrementado los ingresos de la familia Herrera, esto se ve reflejado en los reportes contables que ahora llevan gracias a las capacitaciones técnicas que fueron impartidas por el equipo técnico a cargo de administrar el fondo.

325 - Las Gemelas

Atendiendo turistas que se van con deseos de volver

Código de Proyecto:	325
Nombre del Proyecto:	Las Gemelas
Municipio:	Tela
Nombre del representante:	
Capital Semilla Aprobado:	76,000.00 (Lps)

Hace mas de cinco años, por iniciativa del Programa Local de Desarrollo financiado por la Organización Internacional para los Migrantes (O.I.M), Victoriano Diego Martínez fundo "Las Gemelas", negocio que cuenta con un restaurante y varias cabañas típicas ubicadas a orillas del mar en al comunidad de San Juan. Las cabañas tienen alta demanda entre los turistas que visitan la zona y desean hospedarse en un ambiente casero y típico.

Con el apoyo del Fondo Prosperidad, proyecto financiado por el Banco Mundial, el señor Martínez logro construir dos cabañas nuevas y reacondicionar las tres que ya tenía, logro además equipar todas las cabañas con camas, ventiladores y el demás mobiliario necesario para el confort del turista. El restaurante fue remodelado y se acondiciono la cocina con mobiliario adecuado para su función.

"Si hombre, con este Fondo Prosperidad, mejoraremos todos."

La participación permanente del beneficiario en la ejecución de la obra, permitió que su desarrollo fuera constante y se mantuviera la calidad de la misma. Su oferta de servicio ha mejorado considerablemente, la ocupación de las cabañas es mayor y esto se refleja en el aumento de sus ingresos familiares. Don Victoriano lleva ahora registros contables, como le fue instruido en los talleres de capacitación impartidos por el fondo, que le indican el estado financiero de su negocio en todo momento.

326 - Transportes Turísticos Ruguma
Cabalgatas turísticas por la bahía de Tela

Código de Proyecto:	326
Nombre del Proyecto:	Servicio de carreta La Ensenada - Tela
Municipio:	Tela
Nombre del representante:	
Capital Semilla Aprobado:	163,500.00 (Lps)

Gerardo Colon Rochez presento al Fondo Prosperidad, proyecto financiado por el Banco Mundial, la aplicación para un proyecto innovador y eminentemente turístico, consistente en la fabricación de carretas típicas tiradas por caballos, haciendo un recorrido de la ciudad de Tela hasta la comunidad garífuna del Triunfo de la Cruz , pasando por la Ensenada y Punta Izopo. Antes de aplicar al fondo el señor Colon tenia una champa, a la orilla de la playa, para la venta de comidas y bebidas la cual espera seguir manejando paralelamente con las carretas turísticas.

Con el capital semilla aprobado por el fondo don Gerardo Colon ha logrado fabricar cinco carretas típicas, compró seis caballos de tiro con sus respectivos aperos, construyo sanitarios en la estación de espera de La Ensenada , y mando hacer rótulos promociónales para publicidad. Tiene un rótulo, promocionando el transporte turístico, ubicado en la calle que conduce a La Ensenada y otros cinco en diferentes lugares estratégicos de la zona.

"Me encuentro muy contento con el apoyo que me dio el Fondo Prosperidad, mi intención es no quedarme solo con estas carretas sino hacer más y proyectarme a otros lugares."

Este proyecto está generando empleo a cinco personas, que se desempeñan como conductores de las carretas, y a la vez están generando ingresos adicionales para el patrimonio particular del beneficiario. Igual que los demás beneficiarios del fondo, el señor Colon Rochez, esta aplicando los conocimientos adquiridos en las capacitaciones que le brindo el Fondo Prosperidad, referente a controles contables y administrativos de la Microempresa.

328 - Hotel Budari

El descanso ideal para el turista aventurero

Código de Proyecto:	328
Nombre del Proyecto:	Hotel Budari
Municipio:	Tela
Nombre del representante:	
Capital Semilla Aprobado:	290,000.00 (Lps)

Maria Eugenia Colon Rochez es la propietaria del Hotel Budari ubicado en la comunidad de La Ensenada en el municipio de Tela. El hotel inició sus operaciones desde el año de 1989 y cuenta con cuatro cuartos y un área de restaurante, cada cuarto tiene su baño privado con agua caliente, abanico y aire acondicionado. Además, cuenta con las bases para edificar más habitaciones, las que su dueña tenía pensado construir poco a poco.

La señora Colon aplicó al Fondo Prosperidad, proyecto financiado por el Banco Mundial, con el objetivo de obtener los medios económicos para construirle mas habitaciones al hotel y mejorar la estructura del la cocina en el restaurante. La contrapartida en equipo y capacidad instalada que se detalló en la solicitud estaba subvalorada, su valor es era mucho mayor, por lo que el comité de aprobación no dudo en aprobar el proyecto. Con el capital semilla aprobado se lograron construir cuatro habitaciones mas y se logro la edificación de la cocina.

"Que puedo decir, en estos días nadie regala dinero. Espero tener los cuartos mas bonitos de toda Honduras, gracias al Fondo Prosperidad."

Este hotel es de vital importancia para la oferta hotelera de La Ensenada , ya que esta zona carece de este tipo de servicio. Antes de someter la aplicación al fondo el hotel solo contaba con cuatro habitaciones, ahora su capacidad se ha duplicado y por ende se han incrementado los ingresos; ademas, con la apertura de la nueva cocina se ha mejorado la calidad y servicio del restaurante.

012 - Luba Ereba

Trabajo en equipo que promueve el desarrollo de una comunidad garífuna

Código de Proyecto:	012
Nombre del Proyecto:	Casa del Casabe (Luba Ereba)
Municipio:	El Porvenir
Nombre del representante:	
Capital Semilla Aprobado:	242,900.00 (Lps)

Luba Ereba es un grupo de doce mujeres garífunas que de dedican a la producción de casabe, que han trabajado desde sus casas por la falta de un taller comunitario. Esta es una organización de una familia extendida originaria de El Porvenir, comunidad garífuna que no está en la playa. Cada una de estas mujeres tiene muchos años de experiencia en la producción de casabe usando procesos tradicionales. Su mercado principal está en La Ceiba en donde hacen los contactos y vende el casabe en porciones pequeñas, con sabor y especies, a los restaurantes, hoteles y escuelas de la zona.

Rosa Martina Miguel Casildo, actuando como representante del grupo comunitario Luba Ereba, aplicó al Fondo Prosperidad con el fin de obtener la ayuda económica para construir un taller comunitario donde fabricar casabe y utilizarlo como herramienta turística para atraer visitantes a observar todo el proceso de fabricación del mismo. Así ellas podran ofrecer una parada turística a los visitantes del Refugio Silvestre Cuero y Salado cuando viajan en el tren. Con el capital semilla aprobado por el fondo se logro construir las instalaciones físicas del taller y una fosa séptica para el control de las aguas de desecho, además se compro todo el equipo necesario para la fabricación de casabe y otros productos derivados de la yuca.

"Procesamos en la fábrica 400 libras de yuca al día, en grupo. Todas podemos trabajar en la fábrica porque ya no tenemos hijos pequeños, varias somos abuelas y tenemos hijas que cuidan a los más pequeños."

La construcción de la fabrica de casabe tiene un impacto directo en 12 familias, cuyo ingreso único depende de la producción de este alimento básico para la cultura garífuna. Según lo estipulan los reglamentos de sanidad del Ministerio de Salud, se tomaron en cuenta todas las condiciones necesarias en que debe funcionar cualquier taller de producción de alimentos, asegurando asi al consumidor, en especial al turista, un producto de alta calidad.

013 - Isery Laruga
Un nuevo amanecer con muñecas danzantes

Código de Proyecto:	013
Nombre del Proyecto:	Iseril Laruga - Nuevo Amanecer
Municipio:	La Ceiba
Nombre del representante:	
Capital Semilla Aprobado:	153,746.00 (Lps)

Isery Laruga, frase garífuna que traducida al español significa Nuevo Amanecer, es el nombre que le dieron un grupo de seis mujeres garífunas a su microempresa, creada con el fin de producir muñecos garífunas danzantes y otras artesanías alusivas a su cultura. Trabajan en casa de Maria Miguel Casildo, presidenta del grupo, donde han montado su taller de costura.

Maria Miguel Casildo, actuando como presidenta del grupo, aplicó al Fondo prosperidad con el fin obtener los medios económicos para adquirir maquinas y equipo de costura moderno para poder agilizar sus procesos de producción y mejor la calidad de sus productos, y ser así mas competitivas en el mercado de las artesanías. Con el capital semilla aprobado por el fondo no solo se compraron maquinas y equipo de costura, también se adquirió inmobiliario para el taller y materia prima.

"Las nuevas muñecas que nos diseñó el Dr. Machi tienen mucha aceptación y se venden en cuanto se exhiben en las tiendas o en las ferias artesanales que visitamos. Esperamos poder continuar con esta actividad y llegar a funcionar como empresa rentable y autosuficiente."

Fondo Prosperidad no solo aporto los medio económicos para desarrollar el taller de Isery Laruga, además proporciono la asistencia técnica y administrativa que les ha permitido llevar sistemas contables, pagarse un sueldo regularmente y fijarse metas de producción y ventas, mejorando así las condiciones de vida de sus familias. Para abastecer sus nuevos pedidos han tenido que contratar a dos empleados hombres para hacer el trabajo de relleno y empaque de las muñecas, mientras ellas continúan elaborando las muñecas, diseñando nuevos modelos y desarrollando toda la parte artesanal para satisfacer la demanda de los turistas que circulan por la zona.

030 - Artesanías Dadi
Tambores musicales con melodías de desarrollo

Código de Proyecto:	030
Nombre del Proyecto:	Artesanías Dadi
Municipio:	La Ceiba
Nombre del representante:	
Capital Semilla Aprobado:	63,800.00 (Lps)

Artesanías Dadi fue concebida en Febrero de 2004 como un centro artesanal comunitario, cuya construcción y equipamiento dio lugar a la elaboración de artesanías identificadas con la región, como ser tambores garífunas, morteros, maracas, incubadoras, collares y otros, además tienen como meta la capacitación y formación de jóvenes en este arte. En sus inicios este grupo comunitario se encontraba haciendo sus tambores y artesanías a la intemperie, en una champa a la orilla del mar, con herramientas rusticas que dificultaban su proceso de fabricación.

Luís Enrique García, en su condición de representante de Artesanías Dadi, aplicó al Fondo Prosperidad, proyecto financiado por el Banco Mundial, con el objetivo de obtener los medios económicos y la asesoria técnica para edificar un taller donde se pudiesen formar jóvenes en la elaboración de artesanías garífunas. Siendo este un proyecto comunitario con mucho potencial de desarrollo, se le aprobó el capital semilla con el cual se construyó una galera que sirve como taller y se compraron equipo, herramientas de trabajo y materia prima. Además se les brindo la asistencia administrativa para que puedan llevar sus registros contables en orden y al día.

"Queremos convertirnos en un sendero cultural artesanal para el sostenimiento, capacitación para mejorar la calidad de vida de todos los involucrados logrando ese propósito poder lograr exportaciones."
La aprobación de este proyecto como beneficiario del Fondo Prosperidad ha mejorado las condiciones de vida de siete jóvenes, se les esta dando la oportunidad de capacitarse formalmente en la elaboración de artesanías garífunas y al mismo tiempo se les ha creando una fuente permanente de trabajo.

111 - Fábrica de Casabe Tres Estilos

Casabe con sabor y estilo

85

Tomasa Guity Palacios es garifuna originaria de la comunidad de Guadalupe, tiene 20 años de experiencia en la elaboración del casabe artesanal y es ella misma maneja su negocio desde la fabricación hasta la comercialización de su producto. Por muchos años esta actividad le ha permitido mantener a su familia, así como de adueñarse del lugar donde se encuentra su taller y de todo el equipo con que trabaja. Fabrica de Casabe Tres Estilos cuenta con una amplia clientela, empezando por los habitantes de la comunidad de Guadalupe, extendiéndose hasta las comunidades de San Antonio , Santa Fe y Trujillo. Los turistas que llegan del interior del país a Guadalupe se convierten en clientes y portavoces del buen producto.

Tomasa aplicó al Fondo Prosperidad con el objetivo de ampliar la cobertura de venta del casabe produciendo con equipo más eficaz. Su intención era además integrarse a la industria turística, mostrando al visitante nacional y extranjero como se fabrica el casabe, alimento que se identifica con la etnia garifuna y que a manera de rito se fabrica con utensilios hechos de materia prima natural. Fondo Prosperidad aportó el capital semilla con el que se logro construir un taller artesanal mas adecuado para la elaboración del casabe y además se pudo comprar un motor para procesar la yuca, mejorando así el proceso y calidad del producto.

"Uno espera estas ayudas con tanta prosperidad, para ayudar. No estamos contentos, sino satisfechos."

Este proyecto es de mucha importancia para la comunidad de Guadalupe, sus habitantes pueden adquirir mas y mejor producto ya que su consumo es parte de su dieta diaria y la expansión del taller ha generado siete empleos permanentes, seis mujeres y un hombre. Además, el nuevo taller es un atractivo para los turistas, donde se les muestra como se fabrica el alimento que ha persistido por mucho años en la comunidad garifuna.

119 - Centro Artesanal Wamege

Serigrafías que delinean un estilo de vida

Código de Proyecto:	119
Nombre del Proyecto:	Serigrafías WAMEGE
Municipio:	Trujillo
Nombre del representante:	
Capital Semilla Aprobado:	164,479.00 (Lps)

Centro Artesanal Wamague es un taller de enseñanza y trabajo para los jovenes de Trujillo. Funciona desde hace tres años y tiene la capacidad de acomodar hasta

20 jóvenes elaborando artesanías y productos de serigrafía, su fuerte son las camisetas estampadas con motivos garifunas. La infraestructura del taller esta en muy buen estado y cuenta con los servicios públicos de agua y energía, y con una fosa séptica. El liderazgo de este grupo de jóvenes esta a cargo de Enrique Gutiérrez, hombre de 39 años de edad, originario de Trujillo y con cinco años experiencia en este tipo productos. El es una persona muy activa involucrada no solo en actividades de jóvenes sino de toda la comunidad.

El Sr. Gutiérrez aplicó al Fondo Prosperidad con el objetivo de poder equipar el taller con mejores materiales y equipo, permitiéndoles así elaborar productos con una mejor calidad ya que no contaban con el equipo necesario para ello. Al ser seleccionado como beneficiario del Fondo Prosperidad, Centro Artesanal Wamague se hizo acreedor a un capital semilla que fue invertido en la compra de equipo de cómputo, un pulpo y un horno para secado, así como de otros materiales y equipo necesarios para mejorar la producción y calidad de sus productos. Ademas, se les proporcionó asistencia técnica y administrativa ayudándoles a mejorar el manejo diario del taller.

"Super alegres, digo yo con tanta solicitud, somos afortunados y es como la lotería. Detrás de una lucha viene una recompensa, he luchado mucho en la comunidad y Trujillo ."

Este proyecto genera directa e indirectamente empleo local, principalmente a los jóvenes de esta zona proporcionándoles una forma sana de ganarse la vida, es un taller de enseñanza que los aleja de los vicios y asociaciones ilícitas, además consume productos locales, promueve la cultura garífuna y sus productos terminados atraen a gran número de turistas nacionales y extranjeros.

157 - Coop. de Mujeres de producción

La Libertad

Unidas por el calor de la leña
Miriam Rufina Amaya es la representante de un grupo de mujeres campesinas de la comunidad de Honduras Aguan, ellas se dedican a la fabricación de pan el que comercializan en su comunidad y en aldeas aledañas. Cooperativa de Mujeres de Producción La Libertad es dueña del terreno donde se encuentra el taller donde tiene un horno tradicional de leña. Esta cooperativa de mujeres panaderas fue organizada por medio de un proyecto de Reforma Agraria.

Cooperativa de Mujeres de Producción La Libertad aplicó al Fondo Prosperidad, proyecto financiado por el Banco Mundial, con la esperanza de poder mejorar su taller y adquirir un horno industrial que les permitiera incrementar su producción. Al ser seleccionadas como beneficiarias del fondo, este grupo de mujeres ha logrado adquirir el equipo necesario para hacer más eficiente la fabricación de pan, entre otros adquirieron, bandejas de acero inoxidable de diferentes tamaños, uniformes para las operarias y un horno electro diesel con capacidad para hornear hasta treinta cazuelas simultáneamente. Además con la asistencia administrativa brindada por medio del fondo han logrado mejorar sus sistemas contables y llevar una mejor administración.

"Es una bendición del cielo.Es un gran impulso para poder trabajar. Pensamos en invertir bien, ya que esta ayuda no se hasta cuando la vamos a poder alcanzar."

Con la incorporación del horno adicional, la producción de la pequeña fabrica ha incrementada considerablemente y los ingresos para las socias es indudablemente mayor, promoviendo asi una mejoría económica para las familias de las beneficiarias.

174 - Casabe Docha

Casabe, pan tradicional garifuna hecho de yuca

Código de Proyecto:	174
Nombre del Proyecto:	Casabe Docha
Municipio:	Santa Fé
Nombre del representante:	Edson Laboriel
Capital Semilla Aprobado:	196,672.00 (Lps)

Macaria Gutiérrez Caballero es la propietaria de Casabe Docha, taller comunitario donde se produce casabe, ella es garifuna originaria de la comunidad de Santa Fe. Durante toda su vida ha trabajado en la elaboración de este producto alimenticio y este ha sido la actividad principal generadora de sus ingresos. Casabe Docha tiene 11 años de haber iniciado operaciones y en los días buenos llegan hasta 20 personas a hacer uso de las hornillas para cocinar el casabe, cuenta con cinco hornillas y mesas para amasar.

La Sra. Gutiérrez aplicó a Fondo Prosperidad con el objetivo de mejorar su taller ya que este fue semidestruido por el huracán Mitch. Era necesario reconstruir por completo el local, construir una pila y comprar una trituradora o amasadora con motor para la elaboración de este preciada y antigua comida. La Sra. Gutiérrez

88

ofrecio como contrapartida para la inversion un terreno que cuenta con los servicios públicos de agua y energía, y una fosa séptica para los desechos líquidos. Con el capital semilla aprobado se logro la reconstrucción del taller, construir una pila y comprar equipo para la fabricación del casabe.

"Es un beneficio que pocas veces se puede conseguir con las instituciones."
Este taller artesanal cuenta ya con una amplia clientela, con las mejorías hechas al taller y los nuevos servicios ofrecidos se esta mejorando la calidad del producto. El taller será utilizado además como atracción turística, mostrándoles a los visitantes un aspecto de la vida diaria de los garifunas, dándoles a conocer todo el proceso en la elaboración de esta comida tradicional. La expansión y mejoras del taller esta generando al menos 18 empleos permanentes.

180 - Hotel y Restaurante Coco Pando

Palmeras de coco amoldadas por la brisa del mar

Código de Proyecto:	180
Nombre del Proyecto:	Hotel y Restaurante Coco Pando
Municipio:	Trujillo
Nombre del representante:	Edson Laboriel
Capital Semilla Aprobado:	270,116.00 (Lps)

Cornelia Suyapa García es la dueña del Hotel y Restaurante Coco Pando, negocio que fue fundado por su padre y cuyo nombre se deriva del cuadro que pintan las palmeras de coco amoldadas a través de los años por la brisa del mar. Coco Pando nace con el fin de crear un lugar para el entretenimiento de la comunidad garífuna, ya que en el pasado eran discriminados por los ladinos de la zona negándoles la entrada a lugares de entreteniendo publico. Hasta el día de hoy Coco Pando sigue siendo la sede de actividades, danzas y tradiciones garífunas. Posteriormente se construyo el hotel que cuenta con aproximadamente 20 habitaciones.

La Sra. García aplicó al Fondo Prosperidad, proyecto financiado por el Banco Mundial, con el fin mejorar la infraestructura del restaurante y de los servicios complementarios que ofrece con sus duchas y sanitarios públicos. Los desembolsos del capital semilla aprobado por el fondo fueron destinados a la construcción de un restaurante típico, se mejoro el área de recepción del hotel y el área de las duchas y servicios sanitarios. Además, como parte de los beneficios adquiridos con el fondo se le ha brindado asistencia técnica y administrativa dándole a esta empresaria las herramientas necesarias para el buen manejo de su negocio.

"No me dieron para equipar el restaurante, pero lo estoy haciendo. Esta es una luz, por año critique esto que no ayudaban, aunque nos fiscalizaran los fondos y de repente llega el Fondo Prosperidad y estamos bien. "

Coco Pando es la casa social de cultura garífuna en Trujillo. Las actividades, danzas y eventos programados a lo largo del año son de atracción tanto para la comunidad local como para los turistas nacionales y extranjeros que visitan la zona. La construcción del restaurante típico, con peculiar diseño, es de gran atracción para el visitante generando más ingresos para el negocio y creando empleos en la comunidad.

183 - Nueva Visión

Una nueva visión de limpieza en la comunidad

Código de Proyecto:	183
Nombre del Proyecto:	" Nueva Vision Limpieza "
Municipio:	Santa Fé
Nombre del representante:	
Capital Semilla Aprobado:	236,000.00 (Lps)

Teofilo Fernández Moreira comenzó por iniciativa propia la recolección de basura en la aldea de Santa Fe, comunidad que carecía de un sistema de tren de aseo forzaba a sus habitantes a quemar la basura o a dejarla tirada. En sus inicios el Sr. Moreira recolectaba la basura de los tambos comunitarios con una carreta jalada por caballos. Su labor era remunerada por la municipalidad quien a su vez le había asignado un solar baldío para el desecho de la basura.

El Sr. Fernández, dueño del tren de aseo Nueva Visión, aplicó al Fondo Prosperidad con la esperanza de obtener lo medios económicos para poderse comprar un tractor para la recoleccion de basura. Fueron dos lo logros obtenidos gracias al captial semilla aprobado por el fondo, se compró un tractor y un troco de segunda mano, y se habilito un relleno sanitario en el solar baldío donde se desecha la basura.

"El tractor ha sido de gran ayuda en el trabajo en comparación de antes."

90

Nueva Visión ya no solo presta los servicios de tren aseo a la aldea de Santa Fe, ha expandido su negocio y recolecta la basura de las comunidades San Antonio y Guadalupe, generando así un empleo permanente, mas ingresos para su negocio, pero sobre todo promoviendo la limpieza en las comunidades donde presta sus servicios, presentando un ambiente atractivo para el turista.

187 - Mi Esperanza, Guia y Pesca

Servicios garantizados con responsabilidad, eficiencia y honradez.

Código de Proyecto:	187
Nombre del Proyecto:	" Mi Esperanza " Pescadores
Municipio:	Santa Fé
Nombre del representante:	Mario Francisco Perez
Capital Semilla Aprobado:	102,834.00 (Lps)

Tomas Rolando García es el propietario de Mi Esperanza, Guía y Pesca, tiene 46 años y es originario de la ciudad de Trujillo. Cuenta con 24 años de experiencia como pescador y conductor de lanchas, a lo largo de los años ha recibido varios cursos de capacitación. Su negocio maneja de manera artesanal la pesca y presta servicios de transporte en lancha. En su casa tiene un anexo que le sirve como centro de operaciones donde tiene un freezer para el almacenamiento del producto de la pesca. El servicio de transporte es muy conocido en la ciudad de Trujillo y en las comunidades aledañas, especialmente en los hoteles locales que utilizan su servicio cuando sus huéspedes lo solicitan.

El Sr. García aplicó al Fondo Prosperidad con el objetivo de mejorar e incrementar su oferta de servicios, ofrecer transporte a sitios turísticos de la zona y ampliar el uso de la lancha a la pesca deportiva y al buceo superficial, para ello necesitaba adquirir un motor para la lancha con mayor capacidad de desplazamiento, y a su vez era necesario dotar de equipo moderno y materiales a la unidad de pesca artesanal para tener mayor rendimiento en esta actividad. Con la entrega de los desembolsos del capital semilla aprobado por el fondo, se logro comprar un motor con mayor potencia, aperos y sondas para pesca y un freezer nuevo, además se compro equipo completo de comunicación.
"Ayuda excelente, no hay ninguna queja. Este año que viene vamos a superar la pesca, vamos a elevar el volumen de mi producto. Yo platico con mi esposa y esto es un sueño. "

Mi Esperanza, Guía y Pesca ofrece servicios que son de gran atracción para el turismo, considerando que con las mejoras hechas a través del fondo se está brindando un servicio nuevo al turista y a la comunidad de la zona. Además, se estan generando tres empleos adicionales para tener un total de ocho empleados permanentes, dos mujeres y seis hombres.

195 - Serigrafix Guillén

Impresiones en tela que reflejan la cultura garífuna.

Código de Proyecto:	195
Nombre del Proyecto:	Serigrafix Guillén
Municipio:	Santa Fé
Nombre del representante:	Kenneth July Brooks Lic. Edson Laboriel
Capital Semilla Aprobado:	198,424.00 (Lps)

Celso Alberto Guillen Mejia es garífuna originario de Guadalupe y por muchos años se ha dedicado a la comercialización de ropa y accesorios garífunas. Como propietario de Serigrafix Guillen el se ha dedicado a supervisar a un grupo de mujeres que trabajan para el haciendo accesorios y prendas de vestir con impresiones de motivos garífunas. Debido a la falta de un taller propiamente montado estas mujeres trabajaban desde sus casas, el les proveía la materia prima, el diseño a fabricar y la maquina de coser si ellas no la tenían. Cada una de ellas esta especializada en elaborar un articulo definido, por su parte la especialización de Celso es la serigrafía y la fabricación de "gounus" vestidos tradicionales de la cultura garífuna.

El Sr. Guillen aplicó al Fondo Prosperidad con el fin de obtener los medios económicos para construir un taller donde sus empleadas pudieran laborar en forma conjunta, y poder así mejorar los procesos de fabricación y la calidad de sus productos. Con los desembolsos del capital semilla aprobado por el fondo, se construyó un taller y se compraron equipo, herramientas y materia prima. Además, se le proporciono la asistencia administrativa para implementar registros de contabilidad.

on la construcción del taller, se ha logrado tener a todas las operarias trabajando bajo un mismo techo, operando como una sola unidad productiva con mejor eficiencia y controles de calidad. En su ultima vista de supervisión el equipo técnico a cargo del fondo pudo comprobar que el beneficiario esta optimizando la mano de obra que contrata y su producción ha incrementando generado un mayor ingreso para el beneficiario y las familias de las mujeres que trabajan para el.

211 - Mariscos Shalom

Pescando oportunidades, procesando mariscos

Código de Proyecto:	211
Nombre del Proyecto:	Mariscos Shalom S. de R.L.
Municipio:	Trujillo
Nombre del representante:	
Capital Semilla Aprobado:	540,000.00 (Lps)

Mariscos Shalom es un grupo de diez pescadores de la Bahía de Trujillo dedicados a la pesca artesanal, entre sus logros profesionales esta el haberse ido a Japón a capacitarse en esta área. Solamente contaban con lanchas pequeñas poder salir a pescar y sus salidas no compensaban los costos que tenían.

Luis Javier Chávez Mejia, en calidad de representante de Mariscos Shalom, aplicó al Fondo Prosperidad con el objetivo de organizar una procesadora de mariscos dedicada a suplir productos empacados en diferentes presentaciones, ofreciendo así otras alternativas de alimentación. Para poder ofrecer este tipo de productos era necesario tener embarcaciones con mayor capacidad de pesca para poder suplir la demanda de materia prima en la procesadora. El fondo aprobó la solicitud y les aporto el capital semilla necesario para abastecer al negocio con dos embarcaciones complemente acondicionadas de acuerdo a las exigencias de su uso, los mismos beneficiaros construyeron una de las embarcaciones "Shalom I" y se compro la segunda.

"Estamos muy contentos con este sueño. Gracias a Dios por esta bendición y gracias al Fondo Prosperidad. Esto es una bendición."

Los desembolsos del capital semilla fueron entregados y administrados por el equipo técnico encargado del fondo, quienes a su ves brindaron al beneficiario asistencia administrativa ayudándole en el manejo de sus sistemas contables. Con la ayuda del Fondo Prosperidad Mariscos Shalom tiene la capacidad de pescar en mayor escala, ofrecer viajes turísticos como actividad complementaria y cuentan con el conocimiento para administrar la planta procesadora de mariscos. Estas herramientas les facilitaran en un futuro cercano montar la planta procesadora de mariscos y ofrecer nuevos productos al mercado.

225 - Restaurante Caribbean Fun

Alegría y comida a la orilla del mar

Código de Proyecto:	225
Nombre del Proyecto:	Restaurante Caribbean Fun
Municipio:	Trujillo
Nombre del representante:	En tramite
Capital Semilla Aprobado:	257,000.00 (Lps)

Maritza Lilian Batiz Martínez es garífuna originaria de Trujillo. Es dueña del Restaurante Caribean Fun, una champa de comida típica y bebida ubicada a la orilla de la playa en la zona viva de Trujillo. Tiene dos empleadas, una que atiende la cocina y la otra que atiende las mesas y el bar.

La Sra. Batiz aplicó al Fondo Prosperidad, proyecto financiado por el Banco Mundial, con el objetivo de obtener los medios economicos para ampliar y readecuar el local que ocupa el Restaurante Caribean Fun. Con los desembolsos del capital semilla aprobado por el fondo se logro la ampliación del restaurante y la compra de equipo de cocina.

estaurante Caribean Fun se ha convertido en un restaurante acogedor y moderno, ofrece dos ambientes climatologicos distintos, uno al aire libre en la champa que se tenia originalmente y otro con aire acondicionado en el local que se construyo. Al expander el negocio se esta generando empleos en la zona y se ha mejorado los servicios en cuanto a calidad, higiene y precios, atendiendo así mejor al turista.

255 - Artesanía Kabalichiga

Artesanías que muestran aspectos naturales de la vida de Trujillo

Código de Proyecto:	255
Nombre del Proyecto:	Artesanía Kabalichiga
Municipio:	Trujillo
Nombre del representante:	
Capital Semilla Aprobado:	20,972.00 (Lps)

Eleuterio Jiménez es garífuna de 49 año de edad, originario de Trujillo, con experiencia de casi 30 años en la elaboración de artesanías en madera tallada. El Sr. Jiménez tiene el taller de Artesanía Kabalichaga en su casa de habitación, de donde luego sale a vender sus productos en diferentes lugares estratégicos de Trujillo . Sus artesanías cuentan ya con una amplia clientela ya que sus piezas atraen la atención del turista.

El Sr. Jiménez aplicó al Fondo Prosperidad con el objetivo de obtener los medios económicos para comprar equipo y herramientas de trabajo, con el fin de incrementar su producción y mejorar la calidad de sus artesanías. Ofreció como contrapartida para este proyecto el equipo con que contaba y las artesanías en su inventario a la fecha de la solicitud. Para la implementación de este proyecto el fondo aprobó el capital de semilla necesario para la compra de equipo, herramientas de trabajo y materia prima.

"Pues hermano es una alegría, para hacer la conquista al mercado. Yo estoy contento, con la ayuda."

Gracias al Fondo Prosperidad, Artesanía Kabalichiga se ha convertido en una gran atracción para el turista y la comunidad, sus artesanías son de muy buena calidad y variedad, consume productos locales y promueve la cultura garífuna. Además, con el incremento en la capacidad de producción se crearon tres empleos permanentes, el del Sr. Jiménez y los de dos ayudantes.

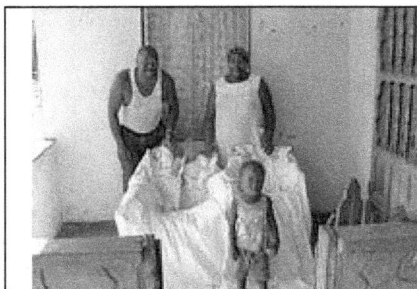

Celso Alberto Guillen Mejia mostrando algunos de los "gounus" que fabrican.

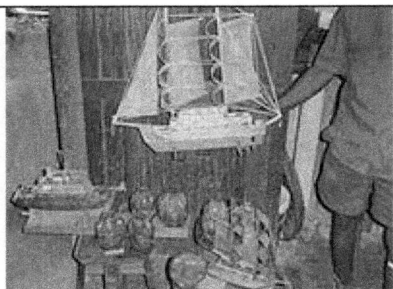

Eleuterio Jiménez mostrando sus artesanías.

	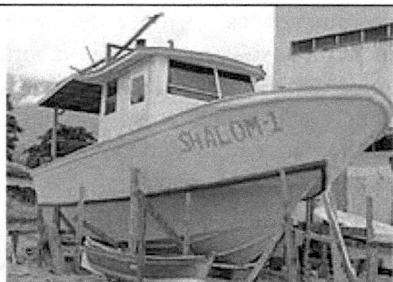
Teofilo Fernández Moreira comenzó por iniciativa propia la recolección de basura	Mariscos Shalom es un grupo de diez pescadores de la Bahía de Trujillo

El Club de Inversión Nuevos Horizontes Celebra Sus Logros del 2005 y se Proyecta hacia el 2006

Promoviendo el Uso Productivo de las Remesas

El Club de Inversión Nuevos Horizontes una organización Hondureña cuyo plan empresarial incluye proyectos para promover la inversión productiva de las remesas como factor de desarrollo, el cual ha llamado la atención de las agencias de desarrollo, se siente honrada en compartir sus logros durante este año, entre los que se destacan:

☐ Haber sido invitados a formar parte de la Comisión de Trabajo Sobre Remesas y Desarrollo, una iniciativa del Dialogo Interamericano con el apoyo del Banco Interamericano de desarrollo.

• Nuestra participación como panelista en el Foro Internacional en Remesas 2005 presentado por el Fondo Multilateral de Inversiones (FOMIN), un fondo especial administrado por el Banco Interamericano de Desarrollo (BID).

☐ Haber servido como asesor financiero a los patronatos de Tornabé y Miami durante la negociación y firma de la Carta de Intención de Venta de Acciones Comunes de la Sociedad Desarrollo Turístico Bahía de Tela S.A. de C. V (DTBT)

☐ Alianza estratégica con la Cooperativa de Ahorro y Crédito Bethex Federal Credit Union del Bronx con miras a fortalecer la transferencia de remesas de sus miembros a través de cooperativas rurales en Honduras.

☐ Establecimiento de una alianza estratégica con La Cámara de Nacional de Turismo Garífuna (CAMANTUG) de la ciudad de Tela, con el objetivo específico de identificar la viabilidad de desarrollo e inversión del Circuito Turístico Costa Garífuna de Honduras.

A medida que la década de los 90s producía evidencia creciente del ensanchamiento de la brecha entre la riqueza y la pobreza en los Estados

97

Unidos, los practicantes de desarrollo comunitario, políticos, y académicos prestaron mayor atención a las estrategias de acumulación de recursos financieros como una herramienta en la lucha contra la pobreza.

El club de inversión Nuevos Horizontes ha estado capacitando a los hondureños residentes en la Ciudad de Nueva York, sobre la disciplina financiera como medio de acumulación de recursos financieros. Las capacitaciones se ofrecen durante la reunión mensual del club. Los socios han recibido instrucciones sobre cómo convertirse en inversores estratégicos exitosos a largo plazo. Además han tenido la oportunidad de reforzar su conocimiento de negocio e inversión a través de seminarios sobre las finanzas personales en temas como: presupuestos, seguro, planificación financiera e impuestos.

En el 2001, la comisión Económica Para América Latina (CEPAL) realizo un estudio sobre las remesas centroamericanas y entre sus conclusiones se destaco el estudiar el uso productivo de las remesas y su potencial como mecanismo auto sostenido de combate contra la pobreza.

CEPAL introdujo un giro muy importante. La promoción del uso productivo de las remesas se había centrado tradicionalmente en las familias receptoras.
El giro fue el reconocer el papel de los emigrantes o de sus organizaciones en los Estados Unidos, como actores clave quienes en los hechos inciden, o bien potencialmente pueden incidir, con las remesas que envían, en la vida económica y social de sus comunidades de origen, o incluso, tal ves de sus países.

Es por eso que durante los últimos dos años Nuevos Horizontes se trazo la meta de afianzar y ampliar su competencia en los asuntos relacionados con las remesas, para jugar un papel predominante en las cuestiones relacionadas con la economía transnacional. Es por eso que entre sus planes para el 2006, se destaca el seguir promoviendo el uso productivo de las remesas. Entre los proyectos para el 2005, se destacan los siguientes:

☐   Participación en la segunda reunión de la Comisión de Trabajo Sobre Remesas y Desarrollo durante el mes de Abril.

☐ Afianzar la relación con el Fondo Multilateral de inversiones y el banco Interamericano de Desarrollo.

• Asistir a los Patronatos de Tornabé y Miami en la constitución del Fideicomiso Garífuna como un fondo de inversión, que tendrá como objetivo invertir en la empresa Desarrollo Turístico Bahía de Tela S.A. de C.V. (DTBT)

☐ Gestionar financiamiento para la participación económica de las comunidades de Tornabé y Miami en el Proyecto Bahía de Tela

☐ Realización de cuatro seminarios sobre oportunidades de inversión en el sector turístico de Honduras, en las ciudades de Boston, Miami, New York y Los Ángeles.

Como parte de su esfuerzo de unir el interés por el desarrollo y la demanda turística, el Club de Inversión Nuevos Horizontes, se ha planteado la meta de orientar parte de las remesas y apoyo comunitario hacia las comunidades de origen a la inversión productiva en el sector turístico en Honduras. Para tal efecto el Club Nuevos Horizontes efectuara un diagnóstico sobre los canales apropiados para efectuar dichas inversiones, conocer las características específicas del mercado y el potencial empresarial de las comunidades, su nivel de interés y capacidad de invertir en Honduras, así como de compartir las experiencias de estas organizaciones en promover el desarrollo social.

Antecedentes
El Club de Inversión Nuevo Horizonte se fundó el 21 de mayo del 2000 por diez hondureños con el objetivo de unir sus recursos financieros para aprender a invertir en la Bolsa de Valores y luego participar en el desarrollo económico de la Comunidad hondureña que Reside en la Ciudad de Nueva York.

Garifunas Make History During Honduran Elections

By Jose Francisco Avila

Hidden in all the political controversy over who would be the next president of Honduras as results of the general elections held on Sunday, November 27th, 2005 were being questioned was a history making event, the election of three Garífunas to the Honduran Congress for the 2006 – 2010 term. They are Dr. Rubén Francisco Garcia Martinez for the department of Cortes, Punta Rock Artist Aurelio Martinez for the department of Atlántida and Dayana Gissell Martinez Burke for the department of Francisco Morazan.

Up to now, there have been no African descendants in the 128-seat Honduran legislature and according to Celeo Alvarez Casildo, president of ODECO *"Garifunas have had no congressional representation since the 1930s when Catarino Castro Serrano was elected."*

The New Legislators

Ruben Garcia Martinez – Was born in the city of Trujillo and is a cardiologist in Honduras' second largest city, San Pedro Sula. His previous political involvement was as Public Health Minister during the presidency of Roberto Suazo Cordoba. During an interview with Diario La Prensa, Dr. Garcia stated the following *"I will work to improve the life conditions of the marginalized groups, among them the garífunas. I come from a Garífuna community and I have a moral commitment to raise the socioeconomic condition of our people and when I say this I am not talking solely about the black communities of Honduras, but all Hondurans, because the law applies equally to all". He believes that a law that could favor all would be that which contributes to local or community development." We must look for laws that favor local development, because many tlaw decrees have been passed but are not implemented. We are going to take those laws that benefit those marginalized groups, out of the drawers"*, said Dr. Garcia. One of the main problems faced by the Garifuna communities is the legal ownership of their lands. According to

100

the well known doctor from San Pedro Sula, the land must be in the hands of its true owners, that is to say those who have lived in them for many years.

Dayana Gissell Martínez Burke is 34 years old and holds a Bachelor of Arts degree in Foreign Languages from the Autonomous University of Honduras and is fluent in six languages: English, French, Italian, Portuguese, Japanese and Spanish. She lost her sight at the age of 15 due to a case a medical malpractice. She has been an activist for the rights of the disabled and is the founder of the Disabled Hondurans Association, as well as president of the National Federation of Disabled Honduran Organizations.

She is familiar with the problems faced by Hondurans like her and the barriers and discrimination they must overcome everyday in school, among family members, the community, places of employments and now in public life. She has participated in various international forums and is currently assisting the United Nations in preparation for the Disabled People International Convention.

Aurelio Martinez – Most people have come to know Aurelio as the great Punta musician that he is, however, for the past four years, Aurelio has served as a City Councilman in Honduras' third largest city, La Ceiba in the department of Atlantida. Among his accomplishments, was the creation of the Ethnic Municipal Services Department, which is staffed by Garifunas, to assit the Garifuna communities of Corozal, Sambo Creek and La Ceiba. During the recent elections, Aurelio was a candidate for the Honduran Senate as member of the Liberal Party and he was elected as one the eight legislative representatives for Atlantida that will make up the 128 seat Honduran Legislature for the 2006 – 2010 period.

Born in 1976 into a family possessing a long and distinguished musical tradition in the small Garifuna community of Plaplaya in Honduras, he was already playing drums at social gatherings at the age of six and picking up his father's guitar as soon as he was big enough to hold it. Inspired by his grandmother and his father, Aurelio gathered a vast repertoire, which later enabled him to develop his playing and his own style.

An original member of the Garifuna All Star Band, Aurelio has taken his Paranda music to stages in France, Japan, USA, Mexico and neighboring Central American countries.

Among his most recent accomplishments, Aurelio, will be the subject of a TV documentary on his life and Garifuna music, being produced by the Spain's Television Network, which will be broadcast globally. The documentary will also include scenes in Belize, where Aurelio is considered a true idol.

Increased African Descendants Participation

According to the document 2005 Honduran Elections published by ODECO, there were a total of 43 people of African descent, as candidates for positions ranging from city councilmen to legislators; among them 16 city major candidates, 16 Legislative candidates, 5 city council candidates and 6 Major Pro-Tem candidates. Furthermore, the Christian Democratic Party presidential candidate Juan Ramon Martinez in a Honduras This Week article presented himself as the only person of African descent to seek the Honduras presidency.

Bernard Martinez the first person of African descent ever to be elected president of a political party, the PINU, the Innovation and National Unity Party in Honduras, did not get enough votes t be elected to the Honduran legislature.

Political Situation

Honduras has enjoyed uninterrupted civilian democratic rule since the military relinquished power in 1982 after free and fair elections. In the November 27th 2005 presidential elections, Liberal Party candidate Manuel Zelaya Rosales defeated his National Party rival Porfirio Lobo Sosa, although neither of the two major parties gained a majority in the 128-member unicameral Congress. For most of this century, the Liberal and National parties have been the two dominant political parties. Both are considered center-right parties, and there appear to be few major ideological differences between the two.

The Honduras National Congress

Honduras is a constitutional democracy, with a president and a unicameral congress elected by separate ballot for 4-year terms. The multiparty

102

political system is dominated by two traditional parties, the Nationalists and the Liberals.

The Honduran Congress is a <u>unicameral</u> legislature. Its members are 128 <u>deputies</u> *(diputados)*, who are elected on a <u>proportional representation</u> basis, by <u>department</u>, to serve four-year terms. Prior to 1997, deputies were elected indirectly, with congressional party strengths determined by the proportion of votes cast for the corresponding candidates in the concurrent presidential election. Since that date, however, separate elections have been held for the legislature and for national and local executives, and the country's deputies have been elected directly.

There's no question that people of African descent are making a difference in the Honduran political scene and after waiting for seventy five years, the Garifuna community of Honduras will finally have representation in the Honduran Congress

Sources: Diario La Prensa, Diario El Tiempo, Diario El Heraldo, 2005 Honduran Election – ODECO, Honduras: Political and Economic Situation and U.S. Relations

Circuito Turistico Mundo Garifuna

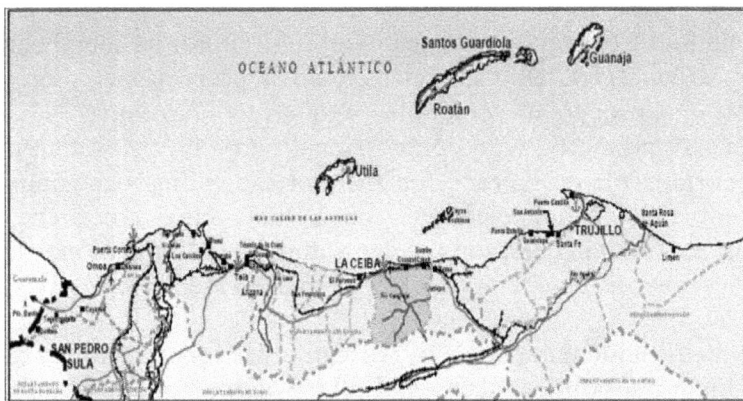

Un Viaje A Traves De La Naturaleza e Historia

La Costa Norte posee una gran diversidad natural como cultural. La historia fascinante y tradiciones de la Cultura Garífuna comienza con sus ancestros africanos, quienes fueron capturados y embarcados al Nuevo Mundo en 1635. El barco lleno de esclavos naufragó en los arrecifes de la Isla Caribeña de San Vicente, los sobrevivientes escaparon y se mezclaron con los indios locales, creando un nuevo lenguaje y una nueva cultura.

En las siguientes generaciones fueron expulsados de la Isla por los Británicos y se establecieron en La Isla de Roatán, en lo que hoy en son Las Islas de la Bahía. Con el tiempo abandonaron la isla reubicándose a lo largo de la Costa Hondureña hasta Belice y Nicaragua.

En la actualidad 80% de los Garífunas viven en Honduras, dispersos en docenas de aldeas como Travesía cerca de Puerto Cortés, Tornabé y Triunfo de la Cruz cerca de Tela, Corozal y Sambo Creek cerca de La Ceiba, Santa Fé y Cristales cerca de Trujillo, y Santa Rosa de Aguan al este de Trujillo.

Escaparon de la brutalidad y destrucción cultural impuesta a la esclavitud. Su lenguaje único, el uso de los tambores, las voces de sus cantos, y bailes

104

exóticos como la **Punta** reviven las tradiciones que tuvieron su origen en África muchos siglos atrás.

Omoa, pequeña población ubicada a orillas del mar ha jugado un papel importante en la historia de Honduras, tanto en la época colonial como republicana. Durante la colonia, fue el puerto más importante en la Costa Atlántica de Centro América, motivo por el cual fue atacada un sin número de veces por los piratas y corsarios. Debido a esto los conquistadores construyeron la **Fortaleza de San Fernando de Omoa**, única en Centroamérica.

Tela, la antigua base de operaciones del consorcio bananero Tela Railroad Company, productores de la mundialmente famosa marca Chiquita.

La Ceiba es más grande y mucho más viva y se da a conocer por el famoso "Carnaval" celebrado en Mayo.

La historia colonial de Honduras comienza en Trujillo en el año 1502,en su cuarto y último viaje al Nuevo Mundo, Colón se convierte en el primer Europeo en tocar tierra Americana. Un sacerdote que formaba parte de su tripulación, celebró la primera Misa en el Nuevo Mundo, en Punta Caxinas.

Otra anécdota referente a Honduras involucra a Cristóbal Colón que luego de haber salido de una tormenta exclamó "Gracias a Dios que hemos salido de estas honduras", de ahí surge su nombre.

La costa norte posee una diversidad natural que iguala su riqueza cultural. Cerca de Tela se encuentra , dentro de las áreas protegidas, el Parque Nacional Jeannette Kawas. Un pequeño viaje en bote desde la aldea Garífuna de Miami nos lleva a través de un bosque de manglares hasta la enorme laguna costera, La Laguna de los Micos. Otro viaje en bote por la bahía y hacia Punta Sal le permitirán explorar escondidas cuevas y playas cristalinas.

Cerca de Tela se encuentra el Jardín Botánico Lancetilla, fundado en 1926 como un jardín experimental por la Tela Railroad Company. Hoy en día,por su tamaño y por la variedad de su flora, constituye el segundo jardín botánico tropical en el mundo, contando con especies endémicas a Honduras y Centroamérica así como de todo el mundo tropical. Una gran variedad de aves han hecho de este paraíso su hogar debido a la abundancia de árboles frutales, por lo que se podrán observar a muchas de ellas.

La Ceiba, nuestra capital eco-turística, es también puente para las Islas de la Bahía. Los buceadores pueden hacer viajes diarios para practicar rafting en los rápidos del Río Cangrejal, escalar en los bosques lluviosos, o explorar los canales de manglares en el Refugio de Vida Silvestre de Cuero y Salado.
El parque nacional Pico Bonito se ha convertido en un signo de La Ceiba por el importante papel que ha jugado como destino ecoturístico en los últimos años, cubre un área de terreno que va desde el nivel del mar hasta

los 8,200 pies sobre el nivel del mar, contando con la mayor variación de altura de Honduras. El visitante podrá apreciar múltiples aves tropicales, entre las que sobresalen los tucanes de pico de navaja y las golondrinas, así como algunos monos cara blanca que habitan la zona.

Una nueva atracción en La Ceiba es el museo de mariposas que ofrece una gran variedad de mariposas de Honduras y de otros 14 países, incluyendo ejemplares de las mas grandes del mundo y las mas brillantes. El museo cuenta con un video en Español, trampas de mariposas, microscopios portátiles y posters describiendo el proceso de captura y conservación de los ejemplares.

Rodeada de naturaleza, llena de historia y cubierta de color caribeño, la costa Garífuna ofrece una diversidad cultural y natural.

Garifuna Coast Tourism Circuit

The Garifuna Coast: A Journey Through Nature and History

Source: Honduras Institute of Tourism

Northern Honduras is a teeming place of black water lagoons, tangled swamps and tropical forests filled with birds. Charming fishing villages and old port towns display the nation's Caribbean character. A point of convergence of habitats and species, of peoples and customs, Honduras's Caribbean coast is a showcase for natural diversity, cultural richness and a remarkable history.

A good place to begin a north coast journey is in any seaside Garifuna village. The Garifuna live off the sea; their dugout canoes bob on gentle waves or are dragged up on the beach when the fishing is done. Women prepare a flat, hard bread made of yuca called casabe, and pan de coco (coconut bread) sold from baskets carried on their heads.

The fascinating history and traditions of the Garifuna people begin with their African ancestors, who were captured and shipped to the New World in 1635. The slave ship wrecked, however, on the reefs of the Caribbean island of San Vicente, and the survivors escaped and mixed with the local Carib Indians, creating a new language and culture. Generations later they were forced off the island by the British and relocated on the island of Roatan in what are today Honduras' Bay Islands. Over time they abandoned Roatan for the mainland, spreading out along the length of the Honduran coast and as far as Belize and Nicaragua.

Today some 80% of the Garifuna live in Honduras in dozens of villages like Traves¡a near Puerto Cortes, Tornabe, and Triunfo de la Cruz near Tela, Corozal and Sambo Creek near La Ceiba, Santa Fe, and Cristales near Trujillo, and Santa Rosa de Aguan east of Trujillo. They escaped the brutality and cultural destruction imposed by slavery. Their unique language, the heavy drum beat and chanting voices of their music, and exotic dances like the punta bring to life traditions forged in Africa centuries ago.

The larger coastal towns are also historically interesting. In Omoa, an 18th century colonial fort was built near the bay to protect the Spanish against threats from land or sea. Beneath its massive walls are dungeons stacked with iron powder jugs, cannon balls and canons. Puerto Cort,s is one of Central America's most important shipping centers, supporting the growing demand of the many new free trade zones in the Sula valley.

Towns like Tela and La Ceiba flourished during the heyday of the banana companies, whose tall, wooden, high ceilinged and tin roofed buildings are still to be found. Tela today is a relaxed coastal town, offering some of the country's finest beaches. La Ceiba is larger and more spirited, and is fast becoming known for its frenzied "Carnaval" celebration in May.

Further east is the charming town of Trujillo, where the silent canons of another Spanish colonial fort still keep watch over Trujillo Bay. A more tranquil, laid-back atmosphere, rainforests, wetlands, Garifuna villages, a Spanish fort and long, long beaches make Trujillo typical of the great diversity of attractions to be found in Caribbean Honduras.

Honduras' Colonial history began in Trujillo, when in 1502, on his fourth and final voyage to the New World, Columbus became the first European to set foot on the American mainland. A priest among his crew gave the New World's first Mass there at Punta Caxinas.

Another Honduras anecdote also involves Columbus, who after first reaching the mainland near Trujillo, sailed east smack into vicious weather. When he finally made it out of the storm, he exclaimed, "Thank God we have made it out of these depths", or in Spanish, "Gracias a Dios que hemos salido de estas honduras". The Spanish word for "depths" is "Honduras", and the name stuck.

The north coast possesses a natural diversity to equal its cultural richness. Near Tela is a remarkable wetland protected area, Jeannette Kawas National Park. A short boat trip from the Garifuna village of Miami through narrow canals that penetrate the dense, tangled roots of the mangrove forest will bring you suddenly to an enormous coastal lagoon, Laguna de Los Micos. Another boat trip across the bay to Punta Sal will let you explore secluded coves and beaches.

Near Tela is the Lancetilla Botanical Garden, a former banana company research station now open to the public. Lancetilla maintains acres of exotic and local fruit and hardwood trees, and a large, rainforest biological reserve. Over three hundred species of birds have been observed at the garden, and there is always something blooming or fruiting in this tiny paradise.

Conveniently, La Ceiba, our eco-tourism capital, is also the gateway to the Bay Islands, and divers can make day trips for rafting the Rio Cangrejal, hiking in the rainforest, or exploring the winding mangrove canals of Cuero y Salado Wildlife Refuge.

The striking profile of Pico Bonito National Park rises abruptly from the coastal plain, almost completely forested to its peak at 8,000 ft. From its narrow, steep-walled canyons emerge dozens of rivers that flow crystal clear out through the pineapple fields and wetlands to the sea.

Increasing altitude transforms its dense lowland rain forest through several life zones into cloud forest. Access deep into the park is difficult, and successful trips to its summit can be counted on your fingers, but a number of river trails offer matchless swimming holes and a fascinating glimpse of the rain forest. High rainfall and steep slopes combine to form elegant waterfalls and spectacular scenery, and contribute to the churning currents of the Rio Cangrejal, offering some of the region's most exciting and accessible whitewater jungle rafting.

The Cuero y Salado Wildlife Refuge is another wetland protected area near La Ceiba. You get there on a narrow-gauge railroad line formerly used by the Standard Fruit Company to haul coconuts; small, flatbed railcars pushed or poled by local residents are your ride in. A canoe trip through Cuero y Salado's lush canals will invariably result in sightings of monkeys, parrots and toucans.

The Tropical Butterfly Farm offers an interesting excursion, where a large, walk-in breading cage houses a variety of butterfly species which flitter among the tropical vegetation. You will be given a fascinating tour of the facility, which explains how the butterflies are bred and raised for export to butterfly houses in the U.S. and abroad. The nearby AMARAS Bird Rehabilitation Center is an interesting place to see many of the endangered wild birds that have recuperated and been rehabilitated for their future release back to the wild.

Surrounded by Nature, alive with history, and splashed with Caribbean color, the Garifuna coast boasts an unequaled natural and cultural diversity. Just beyond the next grove of coconuts there is always something new, or from days long gone, or from very far away.

Garífunas Serán Sujetos y no Objetos de Desarrollo Turístico Hondureño

Serán Accionistas en Desarrollo Turístico Bahía de Tela S.A.

Tegucigalpa– Las Comunidades Garífunas de Tornabé y Miami firmaron hoy una Carta de Intención de Venta de Acciones Comunes de la Sociedad Desarrollo Turístico Bahía de Tela S.A. de C. V (DTBT) durante una reunión en el Salón de Conferencia del Instituto Hondureño de Turismo con la presencia del Ministro de Turismo Thierry de Pierrefeu Midence, Profa. Andrea Valerio, presidente del Patronato de Tornabé, Wilmer Andino, presidente del Patronato de Miami; Marc Olivier, Gerente general de Desarrollo Turístico Bahía de Tela S.A. de C.V (DTBT); Lic. José Francisco Ávila, presidente del Club de Inversión Nuevo Horizonte de la ciudad de Nueva York en su función de asesor financiero de los patronatos, además estuvieron presentes miembros de las comunidades de Tornabé y Miami.

La Carta de Intención confirma la intención del Instituto Hondureño de Turismo de proceder a la venta de 190,000 de sus acciones en DTBT por un valor de un millón de dólares ($1,000,000.00) equivalentes a Lps.19,000,000.00 a la tasa de cambio del mes de Noviembre del 2005, de su propiedad al FIDEICOMISO GARIFUNA. Dicha compra será al valor nominal por acción. Con el objeto de estimular el desarrollo sostenible de las comunidades Garífuna de Honduras.

Los Patronatos de Tornabé y Miami definirán en el Contrato de FIDEICOMISO GARIFUNA los procedimientos que se establecerán y que garantizaran la apertura de la participación de sus conformantes y de

112

los demás conformantes de las otras comunidades Garífunas de Honduras. El contrato de Derechos de Opción de Acciones Comunes de la Sociedad DTBT preverá un periodo de cinco años (2006-2010) para ejercer la compra de las acciones.

De acuerdo a José Francisco Ávila, "la firma de este convenio es un hito histórico que marca el primer día de un futuro brillante para la Comunidad Garífuna de Hondura, ya que *las Comunidades y Organizaciones Garífunas han reclamado ser consideradas como sujetos activos para el desarrollo de la industria del turismo en la Costa Norte de Honduras y no ser mostrada como objeto. La firma de ese convenio nos concede el mayor nivel protagónico, ya que seremos copropietarios del proyecto. El motivo principal de utilizar el vehículo de un fidecomiso, es para proteger a la comunidad de cualquier contaminación política en el futuro. El hecho que el convenio se firma con las comunidades, demuestra la transparencia ejercida en el proceso"*

Una de las inquietudes de los miembros de los medios de comunicación, es si la comunidad Garífuna esta preparada para asumir la responsabilidad de ser socios en el proyecto Bahía de Tela y si tiene la capacidad para cumplir con dicho compromiso. En referencia a dicha inquietud, Ávila comento que la Comunidad Garífuna esta preparada para asumir el reto y tiene la capacidad económica para cumplir con el compromiso, ya que de acuerdo al Estudio *Remesas y Desarrollo:*

Lecciones de la Comunidad Transnacional, los Garífunas hondureños residentes en el extranjero enviaron un récord de 270 millones de dólares a su patria el año pasado y reconocemos nuestro papel como actores claves que podemos incidir, con las remesas que enviamos, en la vida económica y social de nuestras comunidades y nuestra intención es promover el uso productivo de las remesa o sea aquel que va aparejado

113

con el ahorro y la inversión. Además, los Garífunas piensan ponerse en contacto con los organismos de desarrollo multilateral, como el Banco Interamericano de Desarrollo (BID) y el Banco Mundial, para explorar la posibilidad de obtener financiamiento para asegurar la participación de los miembros de las comunidades Garífunas de Honduras.

Además, "El bajo ingreso o el haber sido marginados por mucho tiempo, no debe ser una barrera al avance económico de la comunidad Garífuna Uno de los valores institucionales del club de inversión Nuevo Horizonte de New Cork que preside Ávila, es el compromiso social, mediante el cual están comprometidos a trabajar activamente para promover el bienestar social y económico de la comunidad Garífuna. Parte de ese compromiso incluye recaudar capital de riesgo para elaborar y apoyar propuestas Alternativas de Desarrollo Turístico en las Comunidades Garífunas de Honduras, para impulsar el desarrollo económico de dichas comunidades."

Uno de los objetivos específicos del <u>Plan de Desarrollo Nacional de la Comunidad Garífuna</u> entregado por la Coordinadora Nacional de Organizaciones Negras de Honduras al ex presidente Carlos Roberto Reina el 12 de Octubre de 1997 en Punta Gorda, Roatan, era de *"Promover la participación de los Garínagu como co-inversionistas en proyectos turísticos de sus comunidades y fomentar la creación y fortalecimiento de la micro, pequeña y mediana empresa así como grandes empresas asociativas y cooperativas. La formación económico-social en las comunidades Garífunas se puede clasificar en una categoría de submundo capitalista debido al bajo desarrollo de sus fuerzas productivas, lo que trae como consecuencia la presencia de formas de producción y circulación no capitalista.* Obviamente, la firma de este convenio comprueba que la Comunidad ha surgido del submundo capitalista y ha comprobado que cuenta con el recurso humano que le permitirá salir del subdesarrollo.

114

El contrato de Derechos de Opción de Acciones Comunes de la Sociedad DTBT preverá un periodo de cinco años (2006-2010) para ejercer la compra de las acciones. Esto significa que la Comunidad Garífuna tendrá mejores posibilidades reales para mejorar su condición socioeconómica a corto, mediano y largo plazo, ya que dichas acciones les proveerán garantías reales necesarias para respaldar cualquier transacción financiera y para invertir en el desarrollo de sus comunidades. Estas posibilidades reales, combinadas con la capitalización de sus tierras representan una alternativa económica viable que garantiza la incorporación plena de las comunidades en vías de desarrollo, donde sus habitantes participaran como inversionistas dentro del proyecto de Tela y realizaran diversas actividades que les generarán mayores ingresos.

Las Organizaciones Garífunas de Honduras

Una de las demandas de Organización de Desarrollo Étnico Comunitario (ODECO) del Gobierno de Honduras en el documento Declaración de Tornabé resumiendo la reunión celebrada en la Comunidad de Tornabé, Municipio de Tela, Departamento de Atlántida, el día lunes 12 del mes de enero del año 2004, ha sido seguridad jurídica para las tierras Garífunas, apoyo económico y técnico para desarrollar el Turismo Comunitario, con lo cual las personas se convierten en sujetos con posibilidades reales para mejorar sus condiciones socioeconómicas a corto, mediano y largo plazo.

Referente a la seguridad jurídica, el Ministro Pierrefeu expreso lo siguiente en una carta de respuesta con fecha Enero 15 del 2004: *También compartimos sus inquietudes en cuanto a la seguridad jurídica en materia de tenencia de la tierra, requisito indispensable para cualquier desarrollo turístico promovido por cualquier sector de la sociedad, fuese privado, público, comunitario o étnico. Si bien la atención a la problemática*

115

particular de las comunidades Garífunas no es competencia del Ministerio a mi cargo, tengo entendido que otros Ministerios e instituciones gubernamentales están atendiendo dicha problemática.

ODECO

De acuerdo a un comunicado de prensa publicado por ODECO, El día martes 7 de septiembre de 2004, el Gobierno de la República, le otorgo el Título Definitivo de Propiedad de Tierras a la Comunidad Garífuna de Miami, en el Municipio de Tela, Departamento de Atlántida, por la cantidad de 24 Hectáreas, 98 Áreas, 80.01 Centiáreas, equivalentes a 35 Manzanas de Tierra, como consecuencia de las acciones y gestiones organizativas emprendidas por medio de la Comisión Nacional de Seguimiento al Compromiso de Campaña, demostrándose una vez mas que solamente mediante la lucha organizada se pueden conquistar las reivindicaciones de los pueblos y sectores marginalizados.

Por otra parte, el gerente general de DTBT, comprende que la principal cultura viva de la Costa Norte de Honduras, es la Garífuna y que es sumamente importante que esta juegue un papel protagónico. El ser socio en DTBT, le permite a los Garífunas trabajar con el Instituto hondureño de Turismo en obtener la seguridad jurídica, ya que a DTBT no le conviene que existan invasores en los terrenos aledaños al proyecto.

En el mismo comunicado, ODECO solicita del Gobierno, apoyo económico y técnico para desarrollar el Turismo Comunitario, con lo cual las personas se convierten en sujetos con posibilidades reales para mejorar sus condiciones socioeconómicas a corto, mediano y largo plazo.

Sobre este tema, la carta de respuesta del ministro menciona: *Asimismo, nos parece oportuno aprovechar los nuevos flujos turísticos que generará el Proyecto en referencia, para apoyar proyectos de turismo comunitario que pudiesen concebirse y desarrollarse en la zona de influencia. Dichos proyectos comunitarios deberán necesariamente ser concebidos con una amplia participación de las comunidades involucradas, particularmente las Garífunas. Para ello, me permito reiterar lo manifestado el día de ayer e invitarles a que iniciemos reuniones de trabajo permanente, llevándose a cabo la primera el próximo jueves 22 de enero a las 3:00 p.m. en el Instituto Hondureño de Turismo*

Con el objetivo de fomentar el desarrollo económico de las comunidades Garífunas el Club de Inversión Nuevo Horizonte, ha establecido una relación estratégica con La Cámara de Nacional de Turismo Garífuna (CAMANTUG) con miras a elevar la competitividad de la Micro, Pequeñas y Medianas Empresas (MiPyMEs) Garífunas de la Costa Norte de Honduras, consolidando el desarrollo del Circuito Turístico (CTG) de Honduras, como destino turístico. El propósito es diseñar y comercializar productos, y fortalecer la gestión del sector, como la sumatoria de elementos que definen el destino turístico. Sobre el particular, el gerente general ha expresado lo siguiente: *"Soy del pensamiento además, que al elevar la competitividad de las MiPyMes de esta zona de influencia y la creación de un Circuito Turístico Garífuna, viene no solo a presentar un atractivo turístico de calidad en la Bahía de Tela, sino además a fortalecer la identidad Garífuna; fomentar la creación de oportunidades reales que contribuyan al desarrollo integral de la zona, y por ultimo se impulsarán las capacidades de los actores locales para enfrentar los retos del turismo sostenible..*

OFRANEH

Por su parte, La Organización Fraternal Negra de Honduras (OFRANEH), a través de sus dirigentes Gregoria Flores y Amílcar Colón en un comunicado de prensa, la emprendieron contra el titular de la Secretaría de Turismo, Thierry de Pierrefeu, *a quien no le creen que el proyecto que ha emprendido, denominado Bahía de Tela, llevará desarrollo económico y social a las comunidades negras.*

OFRANEH considera que este proyecto será de inversión extranjera y que en el país aparecerán testaferros diciendo que son los propietarios del proyecto. También criticaron a otras organizaciones garífunas "que se han destacado por su ambigüedad y entreguismo".

La posición de la OFRANEH difiere de la adoptada por la Organización de Desarrollo Étnico Comunitario (ODECO), institución que apoya este proyecto siempre y cuando se incorpore a las comunidades en el proceso de desarrollo como parte integral del mismo.

Participación del Club de Inversión Nuevo Horizonte

El pasado 12 de Octubre del 2004, el Sr. José Francisco Ávila, presidente Club de Inversión Nuevo Horizonte de la ciudad de Nueva York, envió carta al Sr. Thierry de Pierrefeu, Ministro de Turismo felicitándolo por su reciente visita junto a empresarios hondureños y el presidente Maduro a la República Dominicana, con el propósito de concretizar acuerdos para el financiamiento del proyecto de la Bahía de Tela. En dicha carta, en dicha carta, le recordó que en el comunicado de prensa anunciando los logros de dicha visita, menciono *que en el proyecto no sólo participarán empresarios, sino que otros sectores sociales como la comunidad Garífuna; de acuerdo a sus palabras, el anhelo de los Garífunas será cristalizado.*

También le informo en la carta del interés de la Comunidad Garífuna de ser socios en dicho proyecto, así como en el Proyecto de Turismo Costero Sostenible (PTCS) contraído mediante convenio de crédito número 3558-HO el 22 de noviembre del 2001 con el Banco Mundial y el Programa Nacional de Turismo Sostenible (Proyecto HOD195) que será aprobado el próximo 17 de Noviembre por el Banco Interamericano de Desarrollo (BID).

Copia de esta carta fue enviada al Sr. Celeo Álvarez Casildo el 22 de Octubre por correo electrónico a lo que el respondió *"Estimado hermano Francisco: Muchas gracias por mantenernos informados de sus gestiones. Reciba nuestros saludos fraternales."*

Como resultado de dicha carta, se enviaron los siguientes documentos sobre el Proyecto de la Bahía de Tela, Resumen Ejecutivo - Hoja de Inversión - Flujos de Caja del Proyecto. Durante los últimos meses, a partir de entonces el Sr. Ávila estuvo en comunicación directa con el gerente general del Desarrollo Turístico Bahía de Tela, quien en uno de sus comunicados me expreso lo siguiente: *"En seguimiento a la carta enviada el pasado 10 de febrero, en la cual hace referencia a la intención de su representada en invertir en el Proyecto Bahía de Tela, deseo expresarle mi especial interés en incorporar fondos de inversión como New Horizon, en el desarrollo del sector turístico en Honduras. Su iniciativa, de reunir a los patronatos de las comunidades Garífunas de la región de Tela que residen en Estados Unidos, con el propósito de*

118

fortalecer el fondo de inversión, me parece muy acertada, además de ser una herramienta muy eficaz para provocar la re-activación económica en la zona de influencia del proyecto y por supuesto ser participe del capital accionario del Proyecto – Desarrollo Turístico Bahía de Tela."

El presidente del Club de Inversión Nuevo Horizonte, converso varias veces con los dirigentes de los Patronatos de Tornabé y Miami por la vía telefónica acordando realizar una asamblea general con las comunidades Garífunas aledañas a Tela. En el proceso de coordinación, el Sr. Ávila contó con la cooperación del Sr. Rubén reyes, originario de Triunfo de La Cruz y presidente de Wafadaha Uwara una organización Garífuna en la ciudad de Los Ángeles, California, con quienes se reunió el pasado 26 de Febrero por invitación del Sr. Reyes. En un correo electrónico con fecha 27 de Junio, El Sr. Reyes comunico lo siguiente: *"Gracias por las correspondencias remitidas, he leído ambas y estoy contento con los acontecimientos, pienso que ya es una esperanza que se avecina a nuestras comunidades siempre y cuando se mantenga el desarrollo común y la participación justa como factor primordial"*. La Asamblea se realizo el día viernes 19 de Agosto en Tornabé y se contó con la presencia de un representante de OFRANEH.

Como resultado de dicha asamblea, el pasado 22 de Agosto Garífunas de la Región de Bahía Tela acompañados por el Sr. José Francisco Ávila, se reunieron con el Sr. Ministro de Turismo Thierry de Pierrefeu Midence a efectos de identificar los mecanismos adecuados para la participación de las comunidades Garífunas de la Región de Bahía Tela en el proyecto comercial Los Micos Beach & Golf Resort, se alcanzaron los siguientes acuerdos:

1) Se procedió a la entrega por parte de la Secretaria de Turismo de la propuesta para la participación de las Comunidades Garífunas en el proyecto comercial.

2) Acto seguido, las Comunidades Garífunas de la Región de Bahía Tela representadas en esta oportunidad por el Sr. José Francisco Ávila como Asesor, hicieron formal entrega a las autoridades de turismo de su propuesta.

3)   A partir de este hecho y a efectos de agilizar los tramites de negociación, procedió a conformar el Equipo de Negociación, considerando la participación de las siguientes personas:

Por Parte de las Comunidades	Instituto Hondureño de Turismo	Desarrollo Turístico Bahía de Tela. S.A. de C.V.
Reyna Teresa Valerio	Thierry de Pierrefeu Midence	Marc Olivier
Wilmer Andino	Eva Carolina Gómez	Norberto Bográn
Andrea Valerio		
Ricardo Herrera		
José Francisco Ávila		

4)   Los miembros del Equipo de Negociación, serán reconocidos como interlocutores únicos por parte de las instituciones involucradas.

5)   El pasado 12 de Septiembre, el equipo de Negociación llego a un acuerdo por $1 millón en derechos de compra de acciones de la compañía Desarrollo Turístico Bahía de Tela S.A. de C.V. (DTBT).

Dicho acuerdo se basa en los siguientes términos:
a)   Creación en Honduras de un Fideicomiso de la comunidad Garífuna.
b)   Acuerdo en base a un concepto de Contrato de Derechos de Opción de Acciones Comunes de la Sociedad DTBT
c)   Precio al valor nominal
d)   Plazo de compra de 5 años

6)   Reservada a la población Garífuna nacional e internacional.

A su regreso de Honduras a finales de Agosto, el Sr. Ávila se avoco al Sr. Julio Mejia, representantes de las fuerzas vivas de Tornabé residentes en Nueva York y acordaron reunirse el día Lunes 29 de Agosto en la residencia del Sr. Mejia, donde estuvieron presentes otros miembros de la comunidad de Tornabé, entre ellos el Sr. Jorge Tomas Zúniga y el Sr. Alejandro Andino. Durante la reunión, el Sr. Ávila compartió los detalles de su visita a Honduras y ellos le expresaron su agradecimiento por el apoyo brindado a su comunidad. El Sr. Zúñiga luego se comunico con el

Sr. Ávila para programar una reunión de seguimiento el día viernes 16 de de Septiembre y nuevamente el Sr. Ávila compartió su experiencia con las comunidades de Garífuna y todos los presentes expresaron su satisfacción y apoyo a la iniciativa.

El Sr. Ávila se comunicó nuevamente con los dirigentes de Patronatos de Tornabé y Miami, así como con el Instituto Hondureño de Turismo para informarles que sus muchas actividades no le permitirían viajar a Honduras hasta el 15 de Noviembre, por lo tanto se acordó realizar una asamblea con las comunidades, el día viernes 19 de Noviembre en Tornabé y la firma del convenio para el día lunes 21 Noviembre. Debido a las inclemencias del tiempo por el huracán Gamma, que causo que el país se declarara en emergencia nacional, se tuvieron que postergar dichas reuniones y es así como la firma se realiza el día viernes 25 de Noviembre. ¿Qué es Un Contrato de Derechos de Opción de Acciones Comunes?

Un " Contrato de Derechos de Opción de Acciones Comunes" es simplemente una opción de comprar una acción de la empresa a un precio determinado

La valoración de esta retribución en especie será la diferencia entre el valor de mercado o cotización de la acción el día de ejercicio de la opción y el valor nominal para comprar las acciones (valor que estará previamente pactado).
La mayor ventaja de esta opción, es que el beneficiario no asume riesgo financiero alguno, ya que si el precio de la acción aumenta (plusvalía), puede ejercer el derecho de comprar las acciones al precio nominal establecido y venderlas al precio mayor por causa de la plusvalía. Por otro lado, si el precio de la acción disminuye (minusvalía), el beneficiario no tiene que ejercer su derecho de compra.

Desarrollo Turístico Bahía de Tela. S.A. de C.V.

El 27 de febrero del 2003 se constituyó en Tegucigalpa la sociedad mercantil denominada Desarrollo Turístico Bahía de Tela.

121

S.A. de C.V. Su finalidad es promover el desarrollo y ejecución del Proyecto Turístico Bahía de Tela, mediante la urbanización, compra venta, arrendamiento y gravamen de bienes inmuebles, la construcción de infraestructura, planta hotelera y demás actividades conexas, estando suscrito el ciento por ciento de su capital social por el Estado a través del Instituto de Turismo con excepción de una acción suscrita por la Cámara Nacional de Turismo.

Se establece además que mediante la ejecución del proyecto se espera crear el primer centro turístico integralmente planeado con el objeto de consolidar la oferta turística existente y lograr que la región actúe como un centro redistribuidor de corrientes turísticas hacia el resto del país a fin de contribuir con el desarrollo del turismo sostenible mediante la creación de empleos, generación de divisas y el fortalecimiento de la identidad nacional.

Se estima que el proyecto generará ingresos por un monto estimado de 4.5 millones de dólares en mano de obra directa e indirecta durante la etapa de construcción de la infraestructura básica, así como la creación de casi mil puestos de trabajo directos durante la etapa plena de operación del complejo turístico. En general, se estima que habrá una mejoría en la calidad de vida de los pobladores, particularmente de las comunidades de Tornabé y Miami.

Garifunas will be Subjects and Not Objects of Honduran Tourism Development

The Garífuna Communities of Tornabé and Miami signed a Memorandum of Understanding (MOU) for a Stock Option Plan which will allow them to purchase shares of common stock in the Tela Bay Tourism Development Inc. (DTBT) during a meeting at the Honduran Institute of Tourism. In attendance was Honduras' Tourism Minister Thierry Pierrefeu Midence, Andrea Valerio, president of the Tornabé Community Board, Wilmer Andino, president of the Miami Community Board; Marc Olivier, general Manager of Tela Bay Tourism Development, Inc. (DTBT); Jose Francisco Ávila, president of the New Horizon Investment Club of New York City serving as financial adviser for the Garifuna Community Boards, as well as residents of the communities of Tornabé and Miami.

The Letter of intent confirms the intention of the Honduran Institute of Tourism of selling 190.000 shares of stock in DTBT for one million dollars ($1,000,000.00) equivalent to Lps.19,000,000.00 Lempiras using the exchange rate for the month of November 2005, through a GARIFUNA TRUST FUND. The purchase will be at the nominal par value per share, with the objective of stimulating the sustainable development of the Garífuna communities of Honduras.

The Community Boards of Tornabé and Miami will define in the GARIFUNA TRUST FUND Contract the procedures that will guarantee the open participation of their residents and the residents of the other Garífuna communities of Honduras. The Common Stocks Option contract provides a period of five years (2006-2010) to exercise the option.

According to Jose Francisco Ávila, *"the signing of this agreement is a historical milestone which marks the first day of a shining future for the Honduran Garífuna Community since the Garífuna organizations have fought to be considered as active subjects of the tourism industry development in the North Coast of Honduras and not to be shown as objects. The signing of this agreement grants us a leading role, since we will be co-owners of the project. The main reason for using a trust fund, is to protect the community from any future political contamination. The fact that the agreement was signed with the communities, demonstrates the transparency exercised during the process"*

One of the concerns of the members of mass media, is if the Garífuna community is prepared to assume the responsibility of being partners in the Tela Bay project and if it has the financial means to fulfill this commitment. In reference to this concern Ávila commented that *the Garífuna community is prepared to assume the challenge and has the financial ability to fulfill the commitment, since according to the Study Remittances and Development: Lessons of the Honduran Garífuna Transnational Community, the Garífunas residing abroad sent a record 270 million dollars to their native country last year and we recognize our role as key actors who can affect, with the remittances that we send, the economic and social life of our communities and it is our intention to promote the productive use of remittances for saving and investment. Furthermore, the Garífunas plan to get in contact with multilateral development organizations, such as the Inter-American Development Bank (I.A.D.B.) and the World Bank, to explore the possibility of obtaining financing to assure the participation the members of the Garífuna communities of Honduras.*

In addition, "Lower income or having been marginalized for a long time, does not have to be a barrier to the economic advancement of the Garífuna community. One of the institutional values of the New Horizon Investment club of New York which Avila presides over, is social commitment, by which they are committed to work actively to promote the social and economic well being of the Garífuna community. Part of that commitment includes raising capital to elaborate and support Alternative Tourism Development proposals in the Garífuna Communities of Honduras, to promote their economic development.

One of the specific objectives of the National Development Plan of the Garífuna Community delivered by the National Council of Black Organizations from Honduras to then president Carlos Roberto Reina on April 12th 1997 in Punta Gorda, Roatan, was *"To promote the participation of the Garínagu as Co-investors in tourism projects of their communities and to promote the creation and development of micro, small and medium enterprises as well as large associative companies and cooperatives. The economic-social formation of the Garífuna communities can be classified as a capitalist subworld due to the low development of its productive forces, which results in the presence of non capitalist production forms and circulation.* Obviously, the signing of this agreement proves that the Garifuna Community has risen from the capitalist subworld and has proven that it has the human resources that will take it out of the underdeveloped world.

The Stock Option Contract provides a five year period (2006-2010) to exercise the purchase of the stock. This means that the Garífuna Community will have better possibilities to improve its socioeconomic condition in the short, medium and long term, since these shares will provide them real guarantees necessary to endorse any financial transaction and to invest in the development of their communities. These real possibilities, combined with the capitalization of their land represent a viable economic alternative that assures the development of these communities, in such a way that their inhabitants can participate as investors within the Tela Bay project and develop diverse activities that will generate greater income for themselves.

The Garífuna Organizations of Honduras

One of the demands of the Organization for Ethnic and Community Development (ODECO) from the Honduras Government in a document labeled Tornabé Declaration which summarized a meeting held in the Community of Tornabé, Municipality of Tela, Department of Atlantida, on Monday January 12th, 2004, was legal security for the Garífuna lands, economic and technical support to develop Community based Tourism, with which the people become subjects with real possibilities to improve their socioeconomic conditions in the short, medium and long term.

Referring to the legal security issue, Tourism Minister Pierrefeu said the following in a letter dated January 15th, 2004: *"We share your concern as far as the legal security of land possession, an indispensable requirement for any tourism development promoted by any sector of society, whether private, public, communitarian or ethnic. Although the Garífuna communities land issue is not the responsibility of my Ministry, I*

125

understand that other governmental Ministries and institutions are taking care of the problem..

According to a press release published by ODECO, on Tuesday September 7th, 2004, the Government of Honduras, granted Definitive Property Title to the Garífuna Community of Miami, in the Municipality of Tela, Department of Atlantida, in the amount of 24 Hectares, 98 Areas, 80.01 Square meters, as a result of the actions undertaken by the National Commission established to follow up on campaign promises made by President Maduro, demonstrating once again that organized an fight is the only mean for marginalized people achieve their goals.

On the other hand, the general manager of DTBT, understands that the Garifuna culture is the principal living culture of the North Coast of Honduras, and that it is extremely important that it plays a leading role. Being stockholders in DTBT, allows the Grifunas to work with the Honduran Institute of Tourism in obtaining the legal security, since DTBT has a vested interested in not allowing squatters to invade the Garifuna lands bordering the project.

In the same press release, ODECO solicits, support economic and technical support from the Government to develop Community Tourism.

On this subject, the letter from the minister mentions: *Also, it seems opportune to take advantage of the new tourist flow that will be generated by the Project in reference, to support community projects that could be conceived and developed in the zone of influence. These community projects will have to be conceived with an ample participation of the involved communities, particularly the Garífunas. I'd like to reiterate what I mentioned yesterday and invite you to initiate of permanent working meetings, starting next Thursday January 22nd at 3:00 p.m. at the Honduran Institute of Tourism*

To pursue the economic development of the Garífunas communities New Horizon Investment, Club has established a strategic partnership with the National Garifuna Tourism Chamber (CAMANTUG) with the objective a to increase the competitiveness of the Micro, Small and Medium sized Garifuna Companies of the North Coast of Honduras, consolidating the development of Garifuna Tourism Circuit of Honduras, as a tourist destination. The plan is to design and to market products, and strengthen the management of the sector, as the sum of elements that define the tourist destination. On this suject, the general manager has expressed the following: *"I am of the opinion, that by improving the competitiveness of the micro, small and medium sized businesses of this zone of influences and the creation of a Garífuna Tourism Circuit, will not only be a quality tourist attraction in Tela Bay, but will fortify the Garífuna identity; as well as contribute to the creation of real opportunities which will contribute to the integral development of the zone, and lastly, they will improve the capacities of the local actors to face the challenges of sustainable tourism.*

On the other hand, the Organizacion Fraternal Negra de Honduras - Black -Brotherly Organization of Honduras (OFRANEH), through its leaders Gregoria Flores and Amílcar Colon in an official press release, launched an aggressive attack against Tourism Minister, Thierry Pierrefeu, *whom they do not believe that the project that he has undertaken, known as Tela Bay, will translate into economic and social development for the black communities.*

OFRANEH considers that this project will only include foreign investment and there will be people in the country who will lend their names to appear as owners of the project. They also criticized other Garífuna organizations "who have shined by their ambiguity and betrayal".
OFRANEH's position differs from the one adopted by the Organizacion de Desarrollo Etnico Comunitario (ODECO), which supports the project as long as it includes the Garífuna communities as an integral part of the development process."

New Horizon Investment Club's Participation

On October 12th, 2004, Mr.. Jose Francisco Ávila, president of New Horizon Investment Club in city of New York, sent a letter to Tourism Minister Thierry de Pierrefeu congratulating him for his recent visit along with Honduran businessmen and president Maduro to the Dominican Republic, in search of financing for the Tela Bay Project. He reminded him that in the official press release published after the visit, he mentioned that *"Investment opportunities in the Tela Bay project will not only be available to financiers and businessmen, but to other social sectors such* as the Garífuna community; according to his words, the yearning of the Garífunas will be crystallized.

He informed the Minister of the Garífuna Community's interest in becoming stockholders in the Tela Bay project, as well as in the Sustainable Coastal Tourism Project (PTCS) and the National Program of Sustainable Tourism.

A copy of this letter was sent to Mr.. Celeo Alvarez Casildo on October 22 by electronic mail to which he responded *"Dear brother Francisco: Thanks for keeping us informed about your inquiries. Receive our brotherly regards."*

As a result of this letter, following documents on the Tela Bay project were sent, Executive summary - Investment Worksheet- Cash Flows Projections for the Project. During the following months, Mr.. Ávila was in direct communication with the Tela bay Tourism Development general manager, whom in one of his messages expressed the following: *"In response to your letter dated February 10th , in which you make reference to the intention of the organization you represent in investing in the Tela Bay Project, I wish to express my special interest to incorporate investment funds such as New Horizon, in the development of the tourism sector in Honduras. Your initiative, to meet with the members of the Garífuna communities from the Tela region residing in the United States, with the intention to fortify the investment fund, seems right to me, in addition to being a very effective tool to cause the economic reactivation in the project's zone of influence and of course to participate as stockholders in the Tela Bay Tourism Development Project."*

During the next few months, Mr Avila held several phone conversations with the leaders of the Tornabé and Miami Community Boards and agreed to schedule a general assembly with the Garífuna communities in the Tela region. During the coordination of the assembly, Mr.. Ávila counted with the cooperation of Mr. Rubén Reyes, native of Triunfo de la Cruz and president of Wafadaha Uwara a Garífuna organization in the city of Los Angels, California, with whom he met on February 26th, based on an invitation by Mr.. Reyes. In an electronic mail message dated June 27th, Mr. Reyes stated the following: *"Thanks for the messages, I have read both and I am happy with the events, I think that there is hope for our*

128

communities as long as common development is the main objective and the just participation remains the main objective ".

The General Assembly was held on Friday August 19th in Tornabé and there was an OFRANEH representative in attendance.

As a result of the General assembly, on August 22nd Garífunas from the Tela Bay Region accompanied by Mr. Jose Francisco Ávila, met with Tourism Minister Thierry de Pierrefeu Midence with the objective of identifying the appropriate mechanisms for the participation of the Garífuna communities of the Tela Bay Region in Los Micos Beach & Golf Resort, the following agreements were reached:

- The Tourism Minister presented their proposal for the participation of the Garífunas Communities in the commercial project.

- Immediately afterwards, the Garífuna Communities of the Tela Bay Region represented by Mr.. Jose Francisco Ávila as Financial Adviser, made formal delivery to the tourism authorities of their proposal.

Based on these fact and with the intention of expediting the negotiation process, it was decided to identify a Negotiating Team, which was made up of the following members:

For the Garifuna Communities	Honduran institute of Tourism	Tela Bay Tourist Development S.A. of C.V.
Reyna Teresa Valerio	Thierry de Pierrefeu Midence	Marc Olivier
Andean Wilmer	Eva Carolina Go'mez	Norberto Bográn
Andrea Valerio		
Ricardo Herrera		
Jose Francisco Ávila		

The negotiating team members will be recognized as the only spokespersons for the parties involved.

Last September 12th , the Negotiating Team reached an agreement for a $1 million Stock Option Plan to purchase shares in the Tela Bay Tourism Development S.A. of C.V. (DTBT).

The agreement was based on the following terms:

Creation in Honduras of a Garífuna community Trust.

2. A Stock Option Plan to purchase shares in Bay Tourism Development S.A. of C.V. (DTBT
   a. Nominal Par Value
   b. Term: 5 years
3. Reserved for the National and international Honduran Garífuna population.

Upon his return from Honduras at the end of August, Mr.. Ávila contacted Mr.. Julio Mejia, representative of the Active forces of Tornabé in New York an agreed to meet on Monday August 29th at Mr. Mejia's residence, other members from Tornabé were in attendance, among them Mr.. Jorge Tomas Zúniga and Mr. Alejandro Andino. During the meeting, Mr. Ávila shared the details of his visit to Honduras and the Tornabé residents expressed their gratefulness for his support to their community. Mr.. Zúniga later got in touch with Mr.. Ávila to schedule a follow up meeting on Friday September16th and Mr.. Ávila once again shared his experience and all those present expressed their satisfaction and support for the initiative.

Mr. Ávila got in touch with the leaders of the Tornabé and Miami Community Boards, as well as with the Honduran Institute of Tourism to inform them that due to his many activities, he would not be able to travel to Honduras until November 15th, therefore they agreed to schedule a general assembly with communities, on Friday November 19th in Tornabé and the signature of the agreement for Monday November 21st. Due to the inclement weather caused by hurricane Gamma, which led to the declaration of a national emergency, the meetings had to delayed and this why the signing ceremony was rescheduled to Friday November 25th .

What is a Stock Option?

Is a contractual agreement enabling the holder to buy or sell a security at a designated price for a specified period of time, unaffected by movements in its market price during the period.

American corporations frequently issue employee stock options as a form of incentive compensation for their executives. The underlying theory is that an option constitutes an incentive to do what will improve the company's fortunes and thus raise the value of its stock.

Los Micos Beach & Golf Resort

Within the National Tourism Development Strategy, the project has been conceived to provide the country with an element capable of consolidating it´s tourism offer, and to act as a major tourist reception area, acting as a tourism distribution center to the rest of the country. Resulting in improved quality of life of the settlers, particularly of the communities of Tornabé and Miami.

OPERATIONAL PROJECT STRCTURE
The company Desarrollo Turistico Bahia de Tela, S.A. de C.V. in accordance to Legislative Decree 360-2002 through which the Honduran Institute of Tourism (IHT) can form part of a company that is a combination of government institutions and private parties. The company's capital shares will be divided in the following manner:
•51% Honduran Institute of Tourism (IHT) IHT.
•49% Trust Fund
The trust fund was created with the objective of allowing a private majority and more dynamic management.

Nuestra Participación en el Desarrollo Turístico Garifuna

El pasado 12 de Octubre del 2004, su servidor, envió carta al Sr. Thierry de Pierrefeu Secretario de Turismo felicitándolo por su reciente visita junto a empresarios hondureños y el presidente Maduro a la República Dominicana, con el propósito de concretizar acuerdos para el financiamiento del proyecto de la Bahía de Tela. En dicha carta, le recordé al Sr. Pierrefeu que en el comunicado de prensa anunciando los logros de dicha visita, menciono *que en el proyecto no sólo participarán empresarios, sino que otros sectores sociales como la comunidad Garifuna; de acuerdo a sus palabras, el anhelo de los Garifunas será cristalizado.*

También le informé en la carta de nuestro interés de ser socios en dicho proyecto, así como en el Proyecto de Turismo Costero Sostenible (PTCS) contraído mediante convenio de crédito número 3558-HO el 22 de noviembre del 2001 con el Banco Mundial y el Programa Nacional de Turismo Sostenible (Proyecto HOD195) que será aprobado el próximo 17 de Noviembre por el Banco Interamericano de Desarrollo (BID).

Nuestro interés se enmarca dentro de nuestra visión al futuro, a través de uno de nuestros valores institucionales, el compromiso social, mediante el cual estamos comprometidos a trabajar activamente para promover el bienestar social y económico de nuestra comunidad. *Nuestra visión es ser protagonistsa del desarrollo económico de la comunidad Garifuna.* Parte de ese compromiso incluye recaudar capital de riesgo para elaborar y apoyar propuestas Alternativas de Desarrollo Turístico y Habitacional en las Comunidades Garifunas de Honduras, para impulsar, fortalecer y fomentar el desarrollo económico de dichas comunidades.

Como resultado de dicha carta, se me enviaron los siguientes documentos sobre el Proyecto de la Bahía de Tela, Resumen Ejecutivo - Hoja de Inversión - Flujos de Caja del Proyecto. Durante los últimos meses, he estado en comunicación directa con el Sr. Marc Olivier Gerente General del Desarrollo Turístico Bahía de Tela, quien en uno de sus comunicados me expreso lo siguiente: *"En seguimiento a la carta enviada el pasado 10 de febrero, en la cual hace referencia a la intención de su representada en invertir en el Proyecto Bahía de Tela, deseo expresarle mi especial interés en incorporar fondos de inversión como New Horizon, en el desarrollo del sector turístico en Honduras. Su iniciativa, de reunir a los patronatos de las comunidades Garifunas de la región de Tela que residen en Estados Unidos, con el propósito de fortalecer el fondo de inversión, me parece muy acertada, además de ser una herramienta muy eficaz para provocar la re-activación económica en la zona de influencia del proyecto y por supuesto ser participe del capital accionario del Proyecto – Desarrollo Turístico Bahía de Tela."*

Con el objetivo de fomentar el desarrollo económico de nuestras comunidades, propusimos elevar la competitividad de la Micro, Pequeñas y Medianas Empresas (MiPyMEs) Garifunas de la costa norte de Honduras, consolidando el desarrollo del Circuito Turístico (CTG) de Honduras, como destino turístico. El propósito es diseñar y comercializar productos, y fortalecer la gestión del sector, como la sumatoria de elementos que definen el destino turístico.

En referencia a dicha propuesta, el Sr. Olivier comento, *"Soy del pensamiento además, que al elevar la competitividad de las MiPyMes de esta zona de influencia y la creación de un Circuito Turístico Garifuna, viene no solo a presentar un atractivo turístico de calidad en la Bahía de Tela, sino además a fortalecer la identidad Garífuna; fomentar la creación de oportunidades reales que contribuyan al desarrollo integral de la zona, y por ultimo se impulsarán las capacidades de los actores locales para enfrentar los retos del turismo sostenible.*

No cabe duda que en los últimos años, Honduras ha sido representada culturalmente por la cultura Garífuna tanto interna como mundialmente. Esto lo demuestran los siguientes ejemplos:

1. La obra teatral LOUBAVAGU, la cual obtuvo un éxito resonante en Honduras y fuera de sus fronteras. Inclusive recibió un premio como la mejor obra en el Festival de Panamá en 1986.

2. El Ballet Folklórico Garífuna que orgullosamente dirige Crisanto Meléndez y que es auspiciado por la Secretaría de Cultura, el cuál ha rondado el mundo entero poniendo en alto el nombre de Honduras y la cultura Garífuna.

3. La "Punta" ese ritmo cadencioso y sensual que se ubico como un ritmo popular a nivel mundial. La popularidad de este ritmo no sólo enalteció nuestra cultura, sino que también abrió la puerta a los grupos musicales de Honduras en el extranjero como lo demuestra el rotundo éxito de "Banda Blanca en 1991.

4. El proyecto de Punta Sal, que se proponía de diseño acordes con el entorno natural y cultural "Garífuna" de la zona.

A pesar de que todo esto nos ha generado reconocimiento cultural, las utilidades financieras las han logrado otros en muchos casos ajenos a la cultura. Para peor de males, la canalización de los beneficios económicos a nuestras comunidades no se ha realizado.

Ahora se nos presenta una oportunidad de ser participes en el desarrollo turístico de Honduras, ya que dentro de la Estrategia Integral para el Desarrollo del Turismo Costero Sostenible en la Costa Norte, la Estrategia No. 4, se titula Rescate Cultural y de Valores Históricos y explica lo siguiente: *"El patrimonio de la zona esta constituido por culturas vivas, edificaciones históricas y sitios arqueológicos."* Y el inciso 4.1 se titula Rescate Cultural y explica la <u>Situación Actual (Problemática)</u> de la siguiente manera: *"La principal cultura viva de la zona es la Garífuna, la cual reclama ser protagonista en la industria y no ser mostrada como objeto."*

Para lograr nuestro objetivo de ser protagonistas, hemos lanzado la campaña *"1 Millón de Dólares Garífunas"*, mediante la cual buscamos aumentar el fondo de inversión disponible para participar en el desarrollo turístico de la Costa Norte de Honduras.

Consideramos que el proyecto propuesto, va en consonancia con la política de Estado, la cual imprime un importante apoyo al sector turismo, el proyecto pondrá en marcha iniciativas que favorecen al turismo comunitario en un Área de alto valor patrimonial, cultural y natural, lo que genera condiciones  necesarias para el desarrollo sostenible del circuito turístico Garífuna, y que se enmarca en forma global al modelo de desarrollo turístico del Circuito Turístico Garífuna, que define una actuación integral, coherente y regional que revalorizan los recursos naturales y culturales de la etnia Garífuna; por otra parte este proyecto contribuirá a reducir las brechas de inequidad entre hombres y mujeres permitiendo un mayor acceso de las mujeres a los procesos de progreso social y comunitario.

Mediante la puesta en marcha del fortalecimiento a la gestión y promoción turística local, la conceptualización y desarrollo del circuito turístico, la

134

protección y puesta en marcha del patrimonio cultural y la infraestructura social básica, se pretende favorecer un desarrollo sostenible y mejorar la calidad de vida de la población.

Somos creyentes que el bienestar de un pueblo y su participación positiva en los cambios políticos se basa en el poder económico de la comunidad. El poder económico proviene del desarrollo de recursos por individuos con destrezas y habilidades empresariales y no nos queda duda que nuestra propuesta es un modelo ejemplar que contribuirá tremendamente a la realización de nuestros objetivos. También creemos firmemente que para lograr el poder económico, es necesario que explotemos los lazos que unen a nuestra comunidad Garífuna en Honduras con la comunidad Garífuna residente en los Estados Unidos.

Nuestro plan empresarial incluye proyectos para promover la inversión productiva de las remesas como factor de desarrollo de nuestras comunidades, así como inversiones en obras y servicios de impacto social, mediante la combinación de fondos provenientes de distintas fuentes.

Como se podrá observar, nuestros objetivos se dirigen a convertirnos en los líderes de la nueva fase del movimiento de los Derechos Civiles, los *"Derechos Plateados"* o la *Autodeterminación Económica*, al mismo tiempo que reiteramos nuestra confianza, apoyo y cooperación hacia los líderes Garífunas que representan los intereses de la Comunidad en Honduras para que juntos demostremos, que *¡$í Podemos!*

Carta De Interés De Ser Socios En Proyecto Bahia de Tela

12 de Octubre del 2004

Sr. Thierry de Pierrefeu
Secretario de Turismo
Instituto Hondureño de Turismo
Apdo. Postal N° 3261
Col. San Carlos, Edificio Europa
Tegucigalpa, Honduras

Distinguido Sr. Pierrefeu:

El propósito de esta carta es para felicitarle por su reciente visita junto a empresarios hondureños y el presidente Maduro a la República Dominicana, con el propósito de concretizar acuerdos para el financiamiento del proyecto de la Bahía de Tela. En el comunicado de prensa anunciando los logros de dicha visita, Usted menciono que en el proyecto no sólo participarán empresarios, sino que otros sectores sociales como la comunidad Garifuna; de acuerdo a sus palabras, el anhelo de los Garifunas será cristalizado.

Por medio de esta carta le informo de nuestro interés de ser socios en dicho proyecto, así como en el Proyecto de Turismo Costero Sostenible (PTCS) contraído mediante convenio de crédito número 3558-HO el 22 de noviembre del 2001 con el Banco Mundial y el Programa Nacional de Turismo Sostenible (Proyecto HOD195) que será aprobado el próximo 17 de Noviembre por el Banco Interamericano de Desarrollo (BID). El Club de Inversión Nuevo Horizonte se fundo el 21 de Mayo del 2000 por diez socios Garifunas con la misión de unir nuestro capital, esfuerzo, ingenio y capacidad de organización, para planificar medios y maneras de usar el dinero en forma eficiente para el bien colectivo, y provechoso para si mismos.
El capital del Club de Inversión está conformado por las aportaciones de los socios, permitiendo con ello poder participar como inversionistas, con

un portafolio de inversión en la Bolsa de Valores de Nueva York, así como en otros vehículos de inversión. Hasta el 13 de Junio el balance de dicho capital, era de $168,000.

Debido a la incertidumbre del mercado accionario desde el 11 de septiembre del 2001, la mayoría del capital se había mantenido en cuenta correinte. Por lo tanto en noviembre del 2002, los socios tomamos la decisión de diversificar la cartera de inversión invirtiendo en bienes raíces.

Para realizar tal propósito, fundamos la sociedad de responsabilidad limitada New Horizon Real Estate Partners LLC, cuyo propósito es la compra, arriendo, hipoteca, desarrollo, y administración de propiedades de bienes raíces. El pasado 30 de Junio realizamos nuestra primera inversión en bienes raíces, a través de la compra de un edificio de cinco apartamentos en el condado del Bronx de la ciudad de Nueva York. La adquisición de dicha propiedad significa que nuestro club tiene un valor agregado de $526,540 tomando en cuenta el en efectivo en caja. Nuestros planes para el futuro incluyen crear una institución financiera a través de la diversificación de los vehículos de inversión como explorar oportunidades de inversión en Honduras. Uno de nuestros valores institucionales es el compromiso social, mediante el cual estamos comprometidos a trabajar activamente para promover el bienestar social y económico de nuestra comunidad.

Parte de ese compromiso también incluye recaudar capital de riesgo para elaborar y apoyar propuestas Alternativas de Desarrollo Turístico y Habitacional en las Comunidades Garifunas de Honduras, para impulsar el desarrollo económico de nuestra comunidad. Adjunto le hago los borradores de dos propuestas de inversión, que distribuiremos a los inversionistas potenciales para recaudar el capital necesario para la realización de los proyectos previstos.

El bienestar de un pueblo y su participación positiva en los cambios políticos se basa en el poder económico de la comunidad. El poder económico proviene del desarrollo de recursos por individuos con destrezas y habilidades empresariales y no cabe duda que nuestra empresa

138

es un modelo ejemplar que contribuirá tremendamente a la realización de nuestros objetivos. Somos fieles creyentes que para lograr el poder económico, es necesario que explotemos los lazos que unen a nuestra comunidad Garifuna en Honduras con la comunidad Garifuna residente en los Estados Unidos. Nuestro plan empresarial incluye proyectos para promover la inversión productiva de las remesas familiares como factor de desarrollo de nuestras comunidades. Entre estos proyectos podemos mencionar los siguientes:

Remesas para Negocios, mediante el cual capacitaremos, asesoraremos y financiaremos a las personas que están decididas a invertir en negocios las remesas recibidas del exterior. Promoveremos inversiones productivas en pequeñas y medianas empresas, familiares y de otra índole.

Remesas para el Desarrollo Comunitario. Mediante el cual promoveremos entre los remitentes inversiones en obras y servicios de impacto social, mediante la combinación de fondos provenientes de distintas fuentes. Priorizara inversiones en servicios primarios –de salud, educación y en obras de infraestructura-- mediante co-inversiones: privadas y públicas, comunitarias, empresariales, municipales y del gobierno central.

Como podrá observar, nuestros objetivos se dirigen a convertirnos en los líderes de la próxima fase del movimiento de los Derechos Civiles, los "Derechos Plateados" o la Autodeterminación Económica, al mismo tiempo que reiteramos nuestra confianza, apoyo y cooperación hacia los líderes Garifunas que representan los intereses de la Comunidad en Honduras. Esperamos contar con su participación y apoyo para lograr el impulso del desarrollo económico de la comunidad Garifuna de Honduras y estaremos en espera de su respuesta.

 Respetuosamente,

José Francisco Ávila

Carta de Celeo Alvarez Casildo, Al Ministro de Turismo Tierry de Pierrefu-Midence

La Ceiba, Honduras, C. A. 6 de diciembre de 2005.

Señor
Tierry de Pierrefeu
Secretario de Estado en el Despacho de Turismo
Tegucigalpa, M. D. C.

Estimado señor Ministro:
A través de los medios de comunicación nos hemos enterado de supuestos acuerdos mediante los cuales se "convierte a los Garìfunas de Tornabé y Miami, en socios del Proyecto Turístico **"Los Micos Beach & Resorts".**

Como usted sabe señor Ministro, el Complejo Turístico en mención, se está construyendo en base al despojo de las tierras de las Comunidades Garìfunas de Tornabé y Miami, para lo cual se han puesto en práctica diferentes maniobras, incluyendo el engaño. Usted recordará que el gobierno se resistió a reconocerles a las Comunidades Garìfunas su derecho sobre sus tierras, por ejemplo, después de prolongadas reuniones y gracias a que las organizaciones Afrohondureñas actuaron oportunamente, el gobierno accedió a entregarle a la Comunidad Garífuna de Miami, un Titulo Definitivo de Propiedad por aproximadamente 24 hectáreas de Tierra, como diría un antiguo dirigente social hondureño "del lobo un pelo".

También es de su conocimiento señor Ministro, que el Complejo Turístico Los Micos de la Playa, se levanta sobre la violación de la misma Constitución de la República de Honduras y del Convenio 169 de la O.I.T. y quienes se favorecen son las personas que eternamente han mantenido el control político y económico del país, si en esto estoy equivocado le ruego publicar la lista de las personas naturales y jurídicas que están envueltas en este GRAN NEGOCIO.

En las discusiones sostenidas con la participación directa de la dirigencia de base de las Comunidades Garìfunas del sector de Tela, se establecieron al menos dos puntos de partida:

1. Otorgamiento del Titulo Definitivo de Propiedad a favor de la Comunidad Garífuna de Tornabé y que el Gobierno obtendría la suma de 2 a 3 millones de dólares norteamericanos, a favor de las Comunidades Garìfunas de Tornabé y Miami, para que se convirtieran en socias del Proyecto Turístico **"Los Micos Beach & Resorts"**.
2. Apoyar el desarrollo de la infraestructura sanitaria, educativa, vial y de comunicación de las Comunidades Garìfunas del Sector de Tela, así como proveerles de un capital semilla para llevar a la práctica el turismo comunitario o alternativo en manos de las propias comunidades.

No obstante lo anterior, no tenemos conocimiento oficial sobre el cumplimiento de estas condicionantes para las comunidades en mención, aún y cuando el Presidente Ricardo Maduro, firmó un Compromiso de Campaña y consecuentemente se sostuvieron varias reuniones de seguimiento en las cuales usted mismo participó. En tal sentido y haciendo uso del derecho de petición en mi condición de ciudadano hondureño y en representación de la Organización de Desarrollo Étnico Comunitario ODECO, como persona jurídica reconocida por las leyes y el Estado hondureño, me dirijo a usted muy respetuosamente para que en el término

141

razonable, nos conceda información escrita sobre las decisiones relacionadas a la participación de las Comunidades Garífunas en el Proyecto Turístico **"Los Micos Beach & Resorts"**, reservándonos el derecho de realizar acciones futuras en el ámbito nacional y/o internacional siempre en defensa de los derechos comunitarios.

Señor Ministro, usted sabe que la tierra es un recurso valioso, sino el mas valioso después de las personas, ustedes en el poder y desde el poder han demostrado que lo menos que les interesa es ver a los descendientes de Africanos hondureños posesionados y actuando como dueños de las tierras y de los proyectos de desarrollo...la tendencia es que las comunidades vendan sus tierras para que solo participen como empleados de tercera, cuarta o quinta categoría, jamás como dueños. Basta ver el millonario préstamo que los poderosos se han recetado, con bajos intereses, a largísimo plazos y con muchos años de gracia.

Los hechos hablan por si solos, de las aproximadamente 32 mil hectáreas de tierras comunitarias tituladas a favor de los Garífunas, solamente 33 hectáreas se lograron titular en el gobierno nacionalista del Presidente Maduro. Incluso se ha negado a reconocer las tierras tituladas por el mismo Estado hondureño desde el año 2001, por medio del Instituto Nacional Agrario INA, a favor de las comunidades Garífunas de Bolaños, Eastend y Chachahuate.

Agradeciendo su atención y esperando una respuesta oportuna, le saludamos con muestras de consideración.

Atentamente;

Celeo Alvarez Casildo
Presidente ODECO

CC. Patronatos Comunidades Garífunas Sector Tela.
   OFRANEH.
   CONADEH.
   Organizaciones Fraternas en el ámbito nacional e internacional.
   Archivo.

Se entrega Título de Tierras a la Comunidad Garifuna de Miami, Tela

09/07/04
Por: ORGANIZACIÓN DE DESARROLLO ÉTNICO COMUNITARIO

NOTA DE PRENSA

La Organización de Desarrollo Étnico Comunitario ODECO, se complace en informar a las Organizaciones Fraternas nacionales e internacionales, Comunidad Afrohondureña, medios de comunicación, al Pueblo Hondureño en General, lo siguiente:

Que el dia de mañana martes 7 de septiembre de 2004, a partir de las 10:00 a.m., el Gobierno de la República, estará otorgadole el Título Definitivo de Propiedad de Tierras a la Comunidad Garífuna de Miami, en el Municipio de Tela, Departamento de Atlántida, por la cantidad de 24 Hectáreas, 98 Áreas, 80.01 Centiáreas, equivalentes a 35 Manzanas de Tierra.

Después de que el Presidente de la República Lic. Ricardo Maduro Joest, firmara un Compromiso de Campaña con las Comunidades Afrohondureñas el 14 de noviembre del año 2001, y como consecuencia de las acciones y gestiones organizativas que hemos venido emprendiendo por medio de la Comisión Nacional de Seguimiento al Compromiso de Campaña, se está logrando el otorgamiento de este Titulo Definitivo de Propiedad a favor de la Comunidad de Miami, en la conflictiva BAHIA DE TELA, demostrándose una vez mas que solamente mediante la lucha organizada se pueden conquistar las reivindicaciones de los pueblos y sectores marginalizados.

ODECO, reafirma su decisión de continuar ejecutando acciones de incidencia nacional e internacional para que el Compromiso de Campaña firmado con la Comunidad Afrohondureña se cumpla.

Declaración De Tornabe

La Ceiba, 6 de Agosto de 2004.

Junta Directiva ODECO

Por: ORGANIZACIÓN DE DESARROLLO ÉTNICO COMUNITARIO

Nosotros (as) representantes de las Comunidades y Organizaciones Garífunas del Sector de Tela y representantes de las Organizaciones Afrohondureñas que integran la Comisión Nacional de Seguimiento al Compromiso de Campaña, en reunión celebrada en la Comunidad de Tornabe, Municipio de Tela, Departamento de Atlántida, el día lunes 12 del mes de enero del año 2004, para conocer, analizar y definir una posición conjunta sobre la propuesta de venta de la Bahía de Tela, que es patrocinada por el Secretario de Estado en el Despacho de Turismo y se encuentra en el Congreso Nacional para su aprobación en tercer y último debate, ante lo cual declaramos lo siguiente:

2. Las comunidades Garifunas de Honduras, han venido demandando seguridad jurídica sobre sus tierras y territorios. Desde el año de 1996 el Gobierno de la Republica ha asumido varios compromisos para resolver la problemática planteada, sin embargo, no hay soluciones definitivas, mas bien se complican las cosas al paso de los días.

3. El Proyecto Turístico conocido inicialmente como TORNASAL, posteriormente como BAHIA DE TELA y en los actuales momentos se promociona como "Los Micos Beach & Resorts (Centro Turístico Los Monos de la Playa), está siendo vendido por el Gobierno de Honduras por medio del Ministro de Turismo, por la cantidad de 19 millones de dólares, pagaderos en 40 años.

4. Llamamos la atención del pueblo hondureño, en el sentido que el desarrollo de la industria del turismo puede darse sin necesidad de vender el patrimonio nacional, principalmente cuando se trata de estar vendiendo a Honduras al mejor postor, sin importar preceptos Constitucionales como el articulo 107. Existen otras figuras y mecanismos legales y patrióticos para el desarrollo empresarial.

5. Reconocemos que la Comisión de Seguimiento al Compromiso de Campaña es la instancia que representa a las Comunidades al mas alto nivel, en tal sentido desconocemos, desaprobamos y desautorizamos cualquier acción o acuerdo que algún representante del Gobierno haya obtenido en las Comunidades Garifunas valiéndose de la buena fe de sus representantes.

6. La implementación de un Complejo Turístico de competencia nacional e internacional en manos de inversionistas hondureños y extranjeros (sin vender la tierra), deberá estar acompañada de acciones que hagan posible el desarrollo de las comunidades Garifunas del Sector de Tela, para ello el Gobierno de Honduras debería realizar un plan de inversiones en capacitación, infraestructura vial, sanitaria, educativa, en telecomunicaciones, negocios, turismo, etc, en los próximos dos años, a partir del mes de marzo de 2004.

7. Las Comunidades y Organizaciones Afrohondureñas deben ser consideradas como sujetos activos para el desarrollo de la industria del turismo en la Costa Norte de Honduras, en sus diferentes etapas, ya sea de planificación, elaboración, promoción, implementación, evaluación y seguimiento. Es decir, nos oponemos a la idea de que las comunidades Garifunas sean vistas únicamente como atractivos exóticos a quienes los turistas ven bailar y le toman fotografías.

8. Los proyectos turísticos conocidos como "todo incluido", no dejan beneficios a las Comunidades, un ejemplo es el del Complejo Barceló. Esta es la razón por la que demandamos del Gobierno de Honduras, seguridad jurídica para nuestras tierras, apoyo económico y técnico para desarrollar el Turismo Comunitario, con lo cual las personas se convierten en sujetos con posibilidades reales para mejorar sus condiciones socioeconómicas a corto, mediano y largo plazo.

9. Exigimos al Gobierno de Honduras a través del Instituto de Turismo y el Instituto Nacional Agrario el saneamiento y ampliación de las tierras de las Comunidades Garifunas del Sector de Tela; además de emitir y otorgar el Titulo definitivo de propiedad de las tierras reclamadas por la Comunidad de Miami. Estas acciones deberían realizarse en los próximos 6 meses del presente año 2004.

10. Nos declaramos en alerta permanente, a su vez nos reservamos el derecho de llevar a cabo todas las acciones y movilizaciones que sean necesarias en el ámbito local, sectorial, nacional e internacional para la defensa de los históricos y legítimos derechos reclamados.

Dado en la Comunidad Garifuna de Tornabe, a los doce días del mes de enero del año dos mil cuatro.

OFICIO NO.015-ST-04

Tegucigalpa, M.D.C
Enero 15 del 2004

Señor

CELEO ALVAREZ CASILDO
Presidente Organización de Desarrollo Étnico Comunitario
La Ceiba, Atlántida.

Estimado Señor Alvarez:

En relación a la reunión que tuviéramos el día de ayer, tanto con su persona como con un grupo de dirigentes de patronatos de las Comunidades Garífunas y otros representantes de la ODECO, reunión en la que me hicieran entrega de un documento intitulado "Declaración de Tornabé", referente a la Iniciativa de Ley que estamos presentando al honorable Congreso Nacional, a efecto que se autorice un traspaso condicionado de los terrenos en donde se pretende desarrollar el Proyecto Turístico conocido como "Bahía de Tela", me es grato aportarle seguidamente algunas aclaraciones a las inquietudes contenidas en el documento antes referido:

1. Compartimos plenamente el criterio manifestado por ustedes en cuanto a que la industria turística contribuirá significativamente a resolver problemas económicos, sociales, políticos, culturales y ambientales de nuestra sociedad, siempre que dicho desarrollo se realice en una forma sostenible, participativa y equitativa.

146

Precisamente, es ese el modelo de desarrollo turístico que estamos promoviendo en nuestro país y particularmente en el proyecto turístico Bahía de Tela, que programamos se desarrollará en el municipio del mismo nombre.

2. También compartimos sus inquietudes en cuanto a la seguridad jurídica en materia de tenencia de la tierra, requisito indispensable para cualquier desarrollo turístico promovido por cualquier sector de la sociedad, fuese privado, público, comunitario o étnico. Si bien la atención a la problemática particular de las comunidades garífunas no es competencia de el Ministerio a mi cargo, tengo entendido que otros Ministerios e instituciones gubernamentales están atendiendo dicha problemática, particularmente en lo que se refiere a la titulación de las tierras ocupadas por la Comunidad Garífuna de Miami, inquietud manifestada por usted en el Punto 9 de la "Declaración de Tornabé" que me entregaran el día de ayer.

Página No.2

No obstante, este proceso requiere de particular atención y en lo personal me ofrezco, en la medida de mis capacidades y competencias, en brindarles algún acompañamiento al respecto.

3. Si bien es cierto, el Proyecto de Decreto que conocerá próximamente el Congreso Nacional contempla el traspaso de dominio de las tierras antes referidas, dicho traspaso se estaría realizando a una Sociedad Mixta autorizada por el mismo Congreso Nacional de la República mediante Decreto No.360-2002, Sociedad Mixta que pertenece en su totalidad, salvo una acción, al Instituto Hondureño de Turismo, quien es el actual dueño de las tierras. Por lo consiguiente, el Estado de Honduras a través del Instituto Hondureño de Turismo (IHT), quien es el dueño de la Sociedad Mixta "Desarrollo Turístico Bahía de Tela S.A. de C.V." (DTBT), seguirá teniendo pleno control de las tierras en donde se desarrollará el antes mencionado proyecto turístico.

Más importante todavía, es el hecho que dichas tierras se están vendiendo a su valor real, previa evaluación ya realizada por una

147

comisión integrada por el Tribunal Superior de Cuentas, Bienes Nacionales, Ministerio de Finanzas y Ministerio de Turismo. Asimismo, el traspaso del dominio de las tierras, conforme al los Artículos 2, 3 y 4 del Proyecto de Decreto referido, únicamente se perfeccionará (entrará en vigencia) cuando se cumpla con una de las dos condiciones siguientes:

- Que las tierras hayan sido totalmente pagadas por DTBT al IHT

- Que DTBT haya invertido en el Proyecto un mínimo de 30% de las inversiones totales requeridas en la primera y segunda fase de desarrollo, en plazos máximos de 5 años y 10 años respectivamente. Me permito recordarle que este monto de inversión del 30% coincide con la capitalización total prevista para la realización de las fases respectivas, cubriéndose el diferencial del 70% con financiamiento que no requerirá de la garantía del Estado de Honduras.

De no cumplirse con alguna de las dos condiciones arriba indicadas, se aplicará lo indicado en el Artículo 3 del Proyecto de Decreto referido, mismo que transcribo literalmente: "El incumplimiento en los plazos y condiciones establecidas en los incisos (i), (ii) y (iii) del Artículo que antecede, dará lugar a que el Dominio o Propiedad se resuelva de Pleno Derecho en perjuicio de la sociedad mercantil "Desarrollo Turístico Bahía de Tela, S.A. de C.V.", de la Subsidiaria que ésta forme o de la Sociedad Compradora de alguna parte del predio, según sea el caso, revirtiendo

Página No.3

el inmueble "ipso jure", de Pleno Derecho, al dominio del Instituto Hondureño de Turismo".

Este mecanismo garantiza que el Estado siempre mantendrá el control de las tierras y que el objetivo primordial será siempre el que prevalecerá, siendo éste la construcción, desarrollo y puesta en operación del primer centro turístico integralmente planificado, lográndose los beneficios económicos y sociales (generación de empleo, de divisas, capacitación, distribución equitativa, etc.).

La creación de la Sociedad Mixta DTBT y su utilización para el desarrollo del Proyecto, mecanismo que se está usando exitosamente en el mundo entero, permitirá la captación de capitales privados que son necesarios para el desarrollo de dicho Proyecto, ya que por la magnitud de mismo, el Estado no puede costearlo solo. De pretender desarrollar el Proyecto únicamente a través del IHT, dichos capitales privados no podrían captarse, por ser el IHT una Institución Pública y del Estado, imposibilitando prácticamente la realización del mismo.

4.   Otras figuras y mecanismos legales para lograr el desarrollo del proyecto con participación de capitales privados, sin considerar el traspaso de la tierra a una Sociedad Mixta (como el concesionamiento), han perdido mucha vigencia a nivel mundial ya que no responden a las realidades económicas aceptables para los mismos capitales privados.

Aún países como Cuba y Vietnam, hoy en día desarrollan proyectos público-privados, utilizando el mecanismo de la sociedad mixta. Únicamente se consideran eventuales concesiones de largo plazo (99 años) y aún cuando se canalicen a través de Sociedades Mixtas, cuando los desarrollos turísticos se realicen en destinos turísticos "maduros" como Cancún, Cuba, etcétera.   Obviamente, Tela, Atlántida, no puede ser considerada como un destino "maduro", lo que prácticamente le imposibilita poder atraer capitales privados mediante el uso del mecanismo de la concesión.

Asimismo, el mecanismo considerado en el Proyecto de Decreto ante referido, respeta plenamente el Artículo 107 de la Constitución por ser una persona jurídica totalmente hondureña quien estaría adquiriendo el inmueble. Aún cuando a futuro se lograse atraer capitales privados extranjeros, se estaría cumpliendo con el párrafo segundo del Artículo 107 de la Constitución y el Decreto 90-90 que regula la tenencia de la tierra en zonas urbanas por sociedades con participación extranjera . (Artículo 1; Artículo 2 incisos b y c; Articulo 4 y Artículo 7 del Decreto 90-90, Ley vigente desde el 27 de agosto de 1990).

149

Página No.4

5. A efecto de acompañar las inversiones por realizarse en el Proyecto "Bahía de Tela", actualmente se están gestionando recursos de la cooperación internacional con el propósito de preparar toda la zona de influencia de dicho Proyecto. Esto incluye inversiones en infraestructura social como ser aguas servidas, agua potable, vías de acceso, telefonía, escuelas de capacitación en hotelería y gastronomía, equipamiento del hospital, etcétera.- Asimismo, nos parece oportuno aprovechar los nuevos flujos turísticos que generará el Proyecto en referencia, para apoyar proyectos de turismo comunitario que pudiesen concebirse y desarrollarse en la zona de influencia.

Dichos proyectos comunitarios deberán necesariamente ser concebidos con una amplia participación de las comunidades involucradas, particularmente las Garífunas. Para ello, me permito reiterar lo manifestado el día de ayer e invitarles a que iniciemos reuniones de trabajo permanente, llevándose a cabo la primera el próximo jueves 22 de enero a las 3:00 p.m. en el Instituto Hondureño de Turismo.

6. Compartimos el criterio manifestado por ustedes en el Punto 8 de la "Declaración de Tornabé" antes referida, por cuanto el Proyecto "Bahía de Tela" pretende desarrollar un concepto de turismo sostenible **abierto.** Por ello me refiero a que nos alejaremos del concepto "todo incluido" que limita la derrama económica que beneficia a las comunidades locales. Por lo contrario, pretendemos desarrollar un modelo que se dirige a un segmento turístico de mayor poder adquisitivo, deseoso de experimentar vivencias y visitación a las comunidades locales, generándoles mayores beneficios económicos que los habitualmente logrados por el concepto "todo incluido".

Teniendo la esperanza que lo aquí aclarado atiende algunas de las inquietudes manifestadas en la antes citada Declaración, mismas que, en alguna medida, fueron motivadas por información insuficiente en relación

150

a los mecanismos y objetivos por lograrse con el Proyecto "Bahía de Tela", reiteroles estar a su disposición para cualquier otro complemento de información y para iniciar las sesiones de trabajo que se requerirán para asegurar la plena integración de las Comunidades Garífunas a los beneficios socioeconómicos que dicho Proyecto generará.

Sin otro particular, me suscribo de usted.

Muy Atentamente,

THIERRY DE PIERREFEU MIDENCE
Secretario de Estado

Coalición Garífuna USA, Inc. Representada en Reunión con El Presidente Ricardo Maduro

Seguimos marcando la diferencia, formando el futuro brillante para la comunidad Garífuna

22 de Julio del 2005

Nueva York – Después de cerrar con broche de oro su VI Retiro Nación Garífuna 2005 del 1 al 3 de Julio, La Coalición Garífuna USA, Inc., sigue jugando un papel protagónico en la comunidad Garífuna residente en los Estados Unidos. La Coalición se siente orgullosa de haber siso elegida como una de las organizaciones hondureñas de la Ciudad de Nueva Cork, invitadas a participar en la reunión del presidente Ricardo Maduro con los hondureños residentes en los Estados Unidos, a realizarse en Miami, Florida el Viernes 22 de Julio.

La Coalición estuvo dignamente representada por el ingeniero Tomas Alberto Ávila, presidente de Milenio Real Estate Group LLC, afiliada de la Coalición Garífuna USA, Inc. El Ing. Ávila fue fundador y ex presidente del Comité de Acción Política de Rhode Island (RILPAC por sus siglas en Ingles)

Durante la reunión, el Presidente Maduro les informo a sus compatriotas en Estados Unidos, sobre los planes de su Gobierno para brindar asistencia en materia migratoria a través del Comisionado Nacional para las Comunidades de Hondureños en el Exterior, René Becerra Zelaya.

En el encuentro, el lic. Becerra explico sobre la instalación de un centro de llamadas telefónicas que funcionará en Miami, la extensión de una matrícula consular y la apertura de la oficina del Comisionado Presidencial en esa ciudad estadounidense. También anuncio la creación de un fondo económico para las calamidades de los hondureños en Estados Unidos.

152

De acuerdo al ingeniero Ávila, "La participación reciente del Comisionado Presidencial en el VI Retiro Nación Garífuna 2005, fue significativa, y el haber sido invitados a esta reunión, demuestra que la Coalición esta logrando su objetivo de ser protagonistas del desarrollo de la Comunidad Garífuna Transnacional y particularmente, las comunidades Garífunas de Honduras, así como el compromiso del presidente hacia nuestra comunidad."

Durante su discurso en retiro, el lic. Becerra expreso lo siguiente: "Conocer el pasado es la forma idónea de entender el presente y de planear nuestro actuar para incidir en el tipo de futuro que deseamos tener. *En este sentido quiero expresar mi reconocimiento a los organizadores de este evento por su iniciativa de retomar la historia de la nación Garífuna y desde esa perspectiva plantearse cual es su papel en la vida política de nuestra país y la importancia que reviste en la búsqueda de mejores niveles de desarrollo para sus comunidades y en consecuencia para toda la familia hondureña.* Honduras tiene ante si el reto de transformar en oportunidades los logros obtenidos a través del esfuerzo de su población y su gobierno, uno de ellos es la reciente condonación de la deuda externa del país y una mayor distribución del presupuesto nacional hacia áreas prioritarias como la salud y la educación."

Por otro lado, mediante un discurso reciente formalizando la formaliza "gran concertación", el Presidente Ricardo Maduro expreso lo siguiente: "Esta noche quiero formalmente hacer un llamado al pueblo hondureño para iniciar una consulta nacional y una discusión entre todos los sectores representativos de nuestra población, a efecto de que adquiramos un Gran Compromiso con Honduras para invertir de la mejor manera posible los recursos financieros que el perdón de la deuda externa liberará y hará posible que invirtamos en mejorar la condición de vida de los más pobres de nuestro país. Hemos logrado algo que parecía imposible, reducir nuestra deuda externa en cerca de US $2,800 millones equivalentes a una disminución de 0.57 centavos por cada dólar que debíamos a acreedores externos. Un Gran Compromiso con Honduras para no apartarnos de nuestras metas para incentivar la producción, crear capital humano y reducir la pobreza."

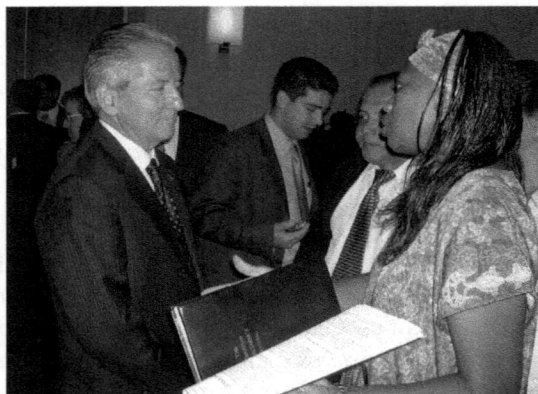

La Coalición Garífuna USA, Inc. desea recordarle al Presidente Maduro, que de acuerdo al Programa de Reducción de la Pobreza Enfocada a Pueblos Indígenas y Negros auspiciado por el Banco Interamericano de Desarrollo (BID) el 10 de junio del 2002. "Aún cuando no han sido publicadas en Honduras estadísticas de ingresos por etnia, los mapas de pobreza muestran claramente que los pueblos indígenas y negros están en regiones de alta pobreza. La totalidad de esta población está por debajo de la línea de pobreza, con un 60% de población pobre y un 40% en condiciones de extrema pobreza.

Entre los factores citados que contribuyen a la pobreza se destacan: (i) las dificultades de comunicación de las Federaciones indígenas y negras con las autoridades locales, lo cual deja a muchas comunidades en condiciones de exclusión y abandono; (ii) la falta de acceso a los servicios sociales básicos adaptados a sus necesidades específicas; y (iii) la falta de oportunidades generadoras de ingreso, carencia de asistencia técnica, financiera y de conocimientos de mercadeo para sus productos.

Además, el proyecto "Marco Conceptual para la Intervención en las Comunidades Indígenas y Negras con el Proyecto Facilitación del Comercio e Incremento de la Competitividad", auspiciado por el Banco Mundial, menciono lo siguiente, "Las condiciones de infraestructura en las comunidades Indígenas y Negras en Honduras, en general, son muy limitadas. Las necesidades prioritarias comunes en los pueblos son básicamente: la construcción y mejoramiento de la red de carreteras, sistemas de agua y saneamiento y de comunicación. De acuerdo al Sr. Rejil Solís, presidente de la Coalición Garífuna, Usa, Inc. "Entre los acuerdos del VI Retiro, los hermanos que nos acompañaron de Honduras, entre ellos, el alcalde Municipal de Limón, solicitaron que la Coalición Garífuna USA, Inc. Influencie sobre el Gobierno Hondureño apoyando el esfuerzo de los alcaldes para la pavimentación de los tramos de carretera Bonito Oriental-Limón, Limón-Iriona-Aguamaría, Santa Rosa de Aguan -Trujillo y Santa Fe, así como el tramo de carretera de Punta Gorda Roatan al monumento de héroe Garífuna José Satuye. Por lo tanto la

154

Coalición hace   un llamado al Gobierno del Presidente Maduro, para que adquiera un Gran Compromiso con el Pueblo Garífuna de Honduras en crear capital humano y reducir la pobreza."

En cuanto a la matricula consular se refiere, no cabe duda que es una necesidad primordial para nuestros hermanos hondureños que viven en los Estados Unidos, en condición de indocumentados. De acuerdo al canciller Mario Fortín solamente en EEUU viven unos 805.000 hondureños, de los cuales 460.000 tienen residencia, 85.000 son favorecidos por el Estatus de Protección Temporal (TPS), mientras que el resto son indocumentados. El director de Asuntos Consulares, Francisco Martínez considera que el fenómeno de la inmigración también es producto de la globalización.

Este fenómeno ha sido reconocido por los organismos de desarrollo y es una de las razones que han agregado en sus agendas, el uso productivo de las remesas como impulso del desarrollo de los países latinoamericanos.   La oficina de Asuntos Consulares de la Secretaría de Relaciones Exteriores de Honduras, reportó recientemente que "Las divisas remitidas desde el exterior se han convertido en la primera fuente de ingresos del país. La coalición Garífuna piensa jugar un papel protagónico dentro la comunidad Garífuna, en la promoción de la matrícula consular en la Comunidad Garífuna, así como educar a nuestra comunidad sobre oportunidades de utilizar las remesas como en forma más efectiva y no solo para el consumo.

La Coalición Garífuna USA, Inc.

La Coalición Garífuna USA, Inc. es una organización no lucrativa, formada por varias organizaciones Garinagu de los Estados Unidos de Norteamérica. La Coalición fue fundada el 9 Mayo de 1998. El 24 de Mayo de 1999 es incorporada como Organización sin fines de lucro bajo las leyes (de Organizaciones sin Fines Lucrativo) del Estado de Nueva York.

 La Coalición fue fundada a raíz de la conmemoración de los doscientos años de la llegada de los Garinagu a Honduras y Centroamérica. Su misión es fortalecer a las organizaciones Garífunas, capacitándoles para que puedan mejor ayudar en sus necesidades a la creciente comunidad Garífuna. Y para así poder obtener mayores porciones de los recursos disponibles.

VI Retiro Nación Garífuna 2005

Acuerdos y Resoluciones y Memoria del VI Retiro de la Nación Garífuna 2005

Fernwood Hotel & Resort
Los Poconos, Pennsylvania
1-4 de Julio del 2005

Acuerdos y Resoluciones

Reunidos en la ciudad de Bushkill, en el Estado de Pennsylvania, Estados Unidos de América se realizo el VI Retiro Nación Garífuna 2005. Las afiliadas fueron representadas así:

Se acuerdan los Acuerdos y Resoluciones siguientes:

1. Integrar la visión sobre el desarrollo turístico de Honduras en los planes hacia el futuro de la Coalición Garífuna Usa, Inc.

2. Promover el desarrollo del Circuito Turístico Mundo Garífuna y extender su alcance a las comunidades Garífunas de Guatemala, Belice y Nicaragua.

3. Educar a nuestra comunidad sobre oportunidades de utilizar las remesas como en forma más efectivas y no solo para el consumo.

4. La Coalición Garífuna USA, Inc. se asegurará de mantener alianzas duraderas y permanentes con las organizaciones y comunidades Garífunas haciendo hincapié en el seguimiento.

5. Solicitar a los ciudadanos(as) Garífunas electos a cargos populares en Honduras, que promuevan una reunión con los representantes de todas las organizaciones Garífunas para buscar alianzas y coordinación entre las organizaciones, con presencia de observadores de la Coalición Garífuna, USA.

6. Apoyar a candidatos Afro descendientes en Honduras con posibilidad de llegar a ocupar "Posiciones elegibles." Así como otros candidatos que genuina y sinceramente apoyan los temas centrales de nuestra comunidad.

7. Fortalecer Las Micro Pequeñas Medianas Empresas (MIPYMES) Garífunas, como piedra angular en el impulso del desarrollo económico Garífuna.

8. Coordinación con la Unidad de Desarrollo Étnico, Municipalidad de La Ceiba para la implementación de los proyectos de acceso en las comunidades Garífuna de Corozal y Sambo Creek con la intervención de la Coalición Garífuna USA, Inc.

9. Intervención de la Coalición Garífuna USA en la asistencia a las personas de la tercera edad.

10. Que la Coalición Garífuna USA, Inc. Influencie sobre el Gobierno Hondureño apoyando el esfuerzo de los alcaldes para la pavimentación de los tramos de carretera Bonito Oriental-Limón, Limón-Iriona-Aguamaría, Santa Rosa de Aguan -Trujillo y Santa Fe, así como el tramo de carretera de Punta Gorda Roatan al monumento de Satuye.

11. Hacer un llamamiento a los organizadores de la Asamblea Afrohondureña para que extiendan invitaciones a la Coalición Garífuna USA, Inc, así como a los Garífunas electos a cargos populares en Honduras.

12. Realizar un seminario sobre oportunidades inversión inmobiliaria en Honduras.

13. Apoyar a la Organización de Damas Limoneñas en Nueva York en el fortalecimiento de patronato pro desarrollo de Limón.

14. Apoyar a la Organización de Damas Limoneñas en Nueva York en la construcción de una funeraria en Limón.

15. Apoyar a la Organización de Damas Limoneñas en Nueva York en la construcción de un mercado comunal par venta de productos agrícolas

16. Realizar anuncios por los canales de cable de los asuntos de la comunidad de Limón.

17. Queda establecido que el próximo Retiro Nación Garífuna será los días Viernes, 30, Sábado, 1 y Domingo, 2 de Julio del 2006 en New York.

Dado en Bushkill, Pennsylvania, a los tres días del mes de julio del año dos mil cinco.

Memoria del VI Retiro de la Nación Garífuna 2005

Los Poconos, Pennsylvania, 1 - 4 de Julio del 2005

Bushkill Pennsylvania – Con broche de oro llego a su conclusión el VI Retiro Nación Garífuna 2005 realizado por La Coalición Garífuna USA, Inc. y sus organizaciones miembras, Ebeners Developers, FODEMA, Milenio Real Estate Group, L.L.C., Mujeres Garinagu en Marcha (MUGAMA), New Horizon Investment Club, Organización de Damas Limoneras en Nueva York, Organización Pro Desarrollo de Aguan (OPDA), Organización Travesía Nueva Ola, Solo Para Mujeres y The Solís Mejia Family Foundation, en el Fernwood Hotel & Resort, Los Poconos, en el estado de Pennsylvania del 1 al 3 de Julio del 2005.

El VI Retiro Nación Garífuna 2005 se concentro en la continua promoción de la armonía y unidad en la comunidad transnacional de la Diáspora Garífuna, enfatizando la visión de la Coalición Garífuna USA, Inc., de ser protagonistas del desarrollo económico de la Diáspora Garífuna, promoviendo la inversión productiva de las remesas como factor de desarrollo de nuestras comunidades . El lema del VI Retiro Nación Garífuna fue Garífunas: Pasado Histórico Futuro Brillante.

En esta oportunidad se contó con la participación de destacados líderes comunitarios como los honorables, Sixto Pastor Ovado, Alcalde Municipal de Limón, el Ingeniero, Tomás Alberto Ávila, Presidente/Propietario de Milenio Real Estate, LLC de Providence Rhode Island, Dr. Tulio Mariano Gonzáles García, Coordinador General del Proyecto Ecosistemas de Honduras, el Lic. Bernard Martínez Valerio, Presidente del Partido de Innovación y Unidad, PINU -SD, la Profesora Elida Herrera en representación de la Asociación de Mujeres Negras de Honduras, la Lic. Miriam Álvarez Solano en representación de la Alcaldía Municipal de la ciudad de La Ceiba, Honduras y la Profesora Dionisia Amaya, Presidente, Solo Mujeres de La Ceiba.

También se contó con la participación del Honorable René Becerra Zelaya, Embajador de Honduras en México y Comisionado Presidencial para las Comunidades Hondureñas en el Exterior, representando al Gobierno del Presidente Ricardo Maduro, así como la profesora Zoe Laboriel Marín, Vicecónsul General de Honduras en la ciudad de Nueva

York y la Sra. Kaye Pyle, Coordinadora para Centroamérica y México de la Fundación Interamericana, Entidad Independiente del Gobierno de los Estados Unidos de Norteamérica.

El VI Retiro se inauguro el viernes 1 de julio con un discurso de bienvenida por el Honorable René Becerra Zelaya, Embajador de Honduras en México y Comisionado Presidencial para las Comunidades Hondureñas en el Exterior, representando al Gobierno del Presidente Ricardo Maduro. Durante su discurso, el Honorable Becerra expreso lo siguiente: "Conocer el pasado es la forma idónea de entender el presente y de planear nuestro actuar para incidir en el tipo de futuro que deseamos tener, en este sentido quiero expresar mi reconocimiento a los organizadores de este evento por su iniciativa de retomar la historia de la nación Garífuna y desde esa perspectiva plantearse cual es su papel en la vida política de nuestro país y la importancia que reviste en la búsqueda de mejores niveles de desarrollo para sus comunidades y en consecuencia para toda la familia hondureña. Honduras tiene ante si el reto de transformar en oportunidades los logros obtenidos a través del esfuerzo de su población y su gobierno, uno de ellos es la reciente condonación de la deuda externa del país y una mayor distribución del presupuesto nacional hacia áreas prioritarias como la salud y la educación. Por otra parte el Sistema de Integración Centroamericana (SICA) ha logrado avances sustanciales como el derogación del arancel Centro Americano en casi un 98% lo que nos permite presentarnos ante el mundo como un área unida y sólida capaz de negociar acuerdos de manera conjunta con otros países, prueba de ello es el Tratado de Libre Comercio Centroamericano CAFTA-DR.

En este contexto Las remesas de los hondureños en el exterior y el destino que se le da a las mismas son factores fundamentales para el desarrollo, el año pasado el total las remesas enviadas a honduras se estima en $1.3 millones, lo que significa cerca del 15% del Producto Interno Bruto (PIB) del país, situándose en la segunda fuente en el ingreso de divisas, es difícil agregar algo mas a esta realidad tan evidente, excepto que es necesario ahora plantearnos en que deseamos que sean invertidas esas remesas que reciben nuestros familiares en Honduras, sin lugar a duda una buena parte de los recurso económicos enviados son destinados a alimentación vivienda, salud y educación, sin embargo más allá de contribuir en solventar las necesidades básicas de nuestros familiares corresponde

160

plantearnos la importancia de que parte de esos envíos sea destinada a inversiones productivas, es decir a crear fuentes de empleo e ingreso que permitan crecer a nuestra población como individuos y como comunidad.

Queremos que se sientan siempre parte de su patria pues ustedes contribuyen a su desarrollo, queremos que sepan que sus decisiones y sus acciones repercuten de manera efectiva en la sociedad en la que conviven sus familiares y amigos. Honduras esta en el lugar en que se encuentra cada hondureño, desde esa perspectiva todos y cada uno de ustedes conforman honduras.

Tener siempre presente nuestras raíces e identidad cultural es fundamental para saber de donde venimos y hacia donde queremos llegar. Finalmente quiero expresarles nuestra profunda satisfacción de encontrarnos con una comunidad Garífuna dinámica y deseosa de contribuir al progreso de su lugar de origen, tuve la oportunidad durante la cena de conversar con unas señoras y el escucharlas me llena de emoción de ver el gran amor que le tienen a nuestra patria y el entusiasmo que tienen en querer resolver los enormes problemas que tenemos, no solo Honduras pero también Ustedes como Comunidad Garífuna tienen todavía problemas aun mayores que nosotros que no somos Garífunas. Pero es con ese entusiasmo con que las escuche hablar a ustedes señores que se resuelven los problemas."

Los siete hábitos de personas Altamente Efectivas

Ese entusiasmo continuo el sábado 2 de julio, con la presentación de la oradora de motivación Lydia Sacaza-Hill, quien compartió su presentación sobre los siete hábitos de personas Altamente Efectivas, basada en el libro por el mismo nombre, escrito por el autor Stephen Covey.
1. Sea Preactivo
2. Comience con la meta en Mente
3. Lo Primero es lo Primero

Estos 3 primeros hábitos son de victoria personal

Los otros cuatro son paradigmas de interdependencia, o de Victoria Publica

4. Piense "Todos Ganan"
    5. Trate Primero de Entender Para luego ser Entendido

161

6.   Sinergia - Principio de Cooperación Creativa

7.   Evalúese - Principio de Balance y auto-renovación

La Sra. Sacaza-Hill, cautivo a la audiencia con su mensaje y forma participativa de conducir su programa.

La Inmigración Hondureña y Su Contribución al Desarrollo de Honduras

Continuando con el programa, la Sra. Marcia Gómez, vicepresidenta de la Coalición Garífuna, USA, presento un reporte sobre la inmigración hondureña, sacando a relucir que el Censo Poblacional de Estados Unidos del 2000 reporta no más de 263,067 emigrantes de origen hondureño viviendo en el país. Pero de acuerdo a los expertos, los datos censales suelen estar por debajo de los reales que se estiman en más de 500,000 tomando en cuenta la población ilegal que suele no participar en el Censo. La Sra. Gómez enfatizo la necesidad de programas de servicios al emigrante hondureño, para poder ayudarles a adaptarse en esta gran nación.

Uso Productivo de las remesas

Seguidamente, José Francisco Ávila, Tesorero de la Coalición Garífuna USA, Inc. y presidente del Club de Inversión Nuevo Horizonte, quien el pasado 30 de Junio participo en el Foro Internacional Remesas 2005 en Washington, DC, presento el tema "Uso Productivo de las Remesas." El Sr. Ávila explico que los más de mil millones de dólares que se reciben anualmente en remesas de los emigrantes hondureños, superan los montos generados en la economía hondureña por cada uno de estos rubros: Turismo, Banano, Café, Madera, Camarones y langostas, e inclusive la Maquila. También explico que los organismos de desarrollo se han interesado en el uso productivo de las remesas, debido a que a pesar de la excepcional importancia de las remesas en países como Honduras, no se puede ignorar la gran incidencia de pobreza.

Este marco de pobreza subyace en las decisiones para emigrar, la falta de expectativas para mejorar los niveles de vida en el país propio, el

162

desempleo y los bajos salarios en estas economías a veces estacionarias y generalmente inequitativas.

Como consecuencia de este marco, la Comisión Económica Para América Latina (CEPAL) introdujo un giro muy importante. La promoción el uso productivo de las remesas se había centrado tradicionalmente en las familias receptoras. Principalmente por medio de créditos para microempresas y otras facilidades, donde existen.

El giro fue el reconocer el papel de los emigrantes o de sus organizaciones en los Estados Unidos, como actores clave quienes en los hechos inciden, o bien potencialmente pueden incidir, con las remesas que envían, en la vida económica y social de sus comunidades de origen, o incluso, tal ves de sus países.

Por uso productivo de las remesas se entiende, en general, aquel que va aparejado con el ahorro y la inversión.

Cuando se habla mejorar el uso de las remesas normalmente se presupone que su impacto económico y social puede ser ampliado. Esto puede significar que aumente el porcentaje de las remesas destinado a inversión o que se mejore en forma sensible la calidad de la inversión o del gasto efectuado con ellas.

Si bien en otro momento se pensaba que las remesas constituían principalmente un medio de subvenir los consumos realizados por los hogares receptores, estudios recientes señalan que también son capaces de estimular la inversión en capital humano, empresas, e infraestructura comunitaria. Por lo tanto, las remesas pueden contribuir a expandir la dinámica del desarrollo socioeconómico.

El Sr. Ávila compartió la experiencia de haber fundado el Club de Inversión Nuevo Horizonte y que dicha organización ha atraído la atención de organismos como el Fondo Multilateral de Inversión del Banco Interamericano de Desarrollo, así como del Dialogo Interamericano, que ven el modelo del club como la repuesta al uso productivo de las remesas. Como resultado de esta experiencia, el Sr. Ávila ha sido invitado a formar parte del Comisión de Trabajo Sobre Remesas, convocada por el Diálogo Interamericano con el propósito de identificar y analizar los desafíos en materia de políticas que plantean para los gobiernos de Latinoamérica y el Caribe, el gobierno de Estados Unidos y las instituciones financieras internacionales la gran magnitud y el rápido crecimiento de los flujos de remesas.

Remesas y Desarrollo: Lecciones de la Comunidad Transnacional Garífuna

Durante esta presentación, José Francisco Ávila, Tesorero de la Coalición Garífuna USA, Inc. y presidente del Club de Inversión Nuevo Horizonte, presento los resultados del Estudio Remesas y Desarrollo: Lecciones de la Comunidad Transnacional Garífuna, el cual fue financiado y apoyado por el DED-Honduras (Servicio Alemán de Cooperación Social-Técnica) y la GTZ (Agencia de Cooperación de Alemania, programa PROMYPE).

De acuerdo al estudio, los Garífunas hondureños residentes en el extranjero enviaron un récord de 270 millones de dólares a su patria este año.

Entre las problemáticas detalladas en el estudio se encuentran las siguientes:

En Nueva York no existe una comunidad Garífuna en el mismo sentido de otros grupos de inmigrantes.
No hay detalles de la capacidad de ahorro de las mismas y mucho menos de la inversión de éstas en proyectos productivos que beneficien a la comunidad.

Pocos Garífunas en Honduras tienen suficiente recursos financieros para hacer uso de productos de ahorro, por lo tanto ninguno especifico los ahorros como una necesidad de la comunidad.

Los Garífunas de Nueva York mencionaron la necesidad de los ahorros pero no mencionaron la forma de lograrlo. Al igual que la mayoría de los inmigrantes, los Garífunas trabajan duro pero tienen pocos recursos y no suelen tener cuentas bancarias.
Muchos de los entrevistados mencionaron proyectos que intentaron establecer bancos comunitarios pero el organizador decidió irse para los Estados Unidos con todo el dinero.

La experiencia de la comunidad Garífuna con el uso de las remesas para proyectos de inversión es limitada. En efecto , la inversión de cualquier tipo ha sido mínima dentro de la comunidad Garífuna.

Sugerencias

Muchos expresaron la necesidad de establecer programas de asesoramiento financiero y sobre la creación de un negocio.

Es importante establecer estos programas de antemano para que los proyectos que se propongan tengan éxito.

Solamente proveyendo adiestramiento y mejorando la capacidad de administración financiera, tanto en el hogar como en las organizaciones, seria posible asegurar el éxito.

Las iniciativas comerciales deben poner los medios de producción en maños de los Garífunas.

De acuerdo al Sr. Ávila, la importancia que nos reviste la condición de emigrante nos ha permitido ubicarnos en las esferas que favorecen la obtención de divisas al país, mismas, que no han sido aprovechadas en materia de inversión, por lo tanto, es nuestra responsabilidad asegurar la promoción de la inversión productiva de las remesas como factor de desarrollo de nuestras comunidades; especialmente aquellos que residimos en la *"Capital Financiera del Mundo."*

En conclusión, el Sr. Ávila exhorto a los presentes a servir como portavoces en concientizar a nuestra comunidad sobre el uso productivo de las remesas y explorar el desarrollo de las comunidades Garífunas a través de su propia población y los poblanos residentes en el extranjero, creando fuentes de empleo, para los habitantes, a través de micro empresas, desarrollo habitacional, y la explotación (en forma sostenible) del rubro turístico. Así como en obras y servicios de impacto social, mediante la combinación de fondos provenientes de distintas fuentes.

Recomendaciones

La coalición Garífuna a través de su afiliada el Club de Inversión Nuevo Horizonte, realizará un diagnóstico de la capacidad organizativa e institucional de las organizaciones de base comunitaria para determinar su capacidad e interés en invertir en proyectos de desarrollo social en sus comunidades de origen

Forjando Alianzas duraderas entre la Comunidad Hondureña y la Residente en el Extranjero

Miriam Álvarez Solaño – Unidad de Desarrollo Étnico de la Municipalidad de La Ceiba.

La unidad de Desarrollo Étnico de la Municipalidad de La Ceiba, fue creada con la finalidad de servir de enlace entre la municipalidad y las comunidades Garífunas de Corozal y Sambo Creek. Hasta 1994 la Municipalidad de La Ceiba no contaba con personal afro descendientes, hasta quela Sra. Margie Dip comenzó el programa, la participación ciudadana, mediante el cual las comunidades aportan una contraparte para el desarrollo de obras.

Una de las dificultades que confronta la Comunidad Garífuna, es que no se acostumbra a tener que aportar una contraparte para realizar obras en sus comunidades, por lo tanto el desarrollo de dichas comunidades esta estancado porque la política de la Municipalidad es que van a ver obras, si la comunidad aporta una contraparte para cubrir los gastos.

La Municipalidad le esta brindando la oportunidad a estas comunidades que se unan al patronato y que habrán una cuenta bancaria para que vayan ahorrando para cubrir una parte del costo de la obra a realizarse. Pero aun así no han podido hacerlo, ya que los residentes de dichas comunidades dicen que ellos son mantenidos por las remesas que les envían sus familiares desde los Estados Unidos y por ende ellos no pueden aportar ni un quinto. Es por eso que estoy aquí en este Retiro, para ver si a través de la Coalición me puedo dirigir a los hijos de Corozal y Sambo Creek residentes en Nueva Cork, para ver de que manera pueden contribuir con el desarrollo de su pueblo para que se puedan realizar las obras. En dichas comunidades no hay alcantarillado y la alcaldía no se siente comprometida de realizar obras ya que no es rentable debido a que no pagan sus impuestos. Otro ejemplo es el hecho de que hace tres años fue aprobada la pavimentación de los tramos de carretera hacia dichas comunidades, pero debido a que los residentes de ambas Comunidades han rehusado aportar su contraparte, dichos proyectos no se han realizado.

Entonces mi objetivo en esta visita, es incentivar a los hijos de Corozal y Sambo Creek, a que contribuyan al desarrollo de su pueblo, porque el próximo año, me gustaría volver al retiro y hablar de los logros que hemos obtenido.

Sixto Pastor Ovado, Alcalde Municipal de Limón, Honduras. Quisiera compartir con Ustedes que nosotros como autoridades municipales, estamos abogando por la descentralización del Estado. Debido que para alcanzar el desarrollo local, es necesario que el estado asuma responsabilidad compartida con las comunidades, y las autoridades para alcanzar ese destino. El Estado siempre ha manejado lo que es la descentralización aunque es concentración. Pero siempre han manejado el temor de traspasar recursos a los municipios con la excusa de que no hay capacidad administrativa para manejar dichos recursos en beneficio del municipio. A través de la Asociación de Municipios de Honduras (AHMUN) portadora del mensaje de las 298 municipalidades de Honduras, le hicimos una propuesta al gobierno, pidiéndole que nos probara como alcaldes, traspasándonos no solo responsabilidades, si no también recursos económicos para invertirlos en nuestros municipios y que a través de ese proceso se haga una evaluación para medir la capacidad de las municipalidades para manejar sus propios recursos en función del desarrollo de si mismas. Para ello entramos a un proceso de de planificación estratégica. Hasta el año pasado, la mayoría de las comunidades Garífuna no tenia una guía o una pauta de trabajo en sus municipalidades, entonces decidimos proponerle al Gobierno que a través del Secretaria de Gobernación y Justicia y el Fondo Hondureño de Inversión Social se buscara un financiamiento para brindar asistencia a los municipios que no tuvieran un plan estratégico de desarrollo y para aquella que lo tuvieran, hacerles una revisión y actualizarlos a la situación política que se esta viviendo actualmente.

Dicha propuesta fue aceptada, se hice la apertura de ofertas a las Organizaciones No Gubernamentales para que pudieran participar como facilitadores en ese proceso y que los alcaldes acompañaran a los facilitadores peor que en todo caso, los actores directos serian las mismas comunidades de los municipios. Se emprendió una tarea muy grande en cada uno de los municipios para asegurar la participación directa de cada comunidad en la identificación de sus problemas y sus necesidades y al final poder sentarnos en una mesa de trabajo y priorizar los proyectos con una visión de 15 a 20 años hacia el futuro. Aquí tenemos a la profesora Elida Herrera de ASOHMUN, la institución ganadora de la licitación para desarrollar este programa en los municipios Garífunas, quien ha sido testigo ocular del proceso de participación ciudadana que se ha querido implementar en nuestras comunidades.

Lamentablemente, nuestras comunidades siguen con la actitud que ya no creen en sus líderes, ni en sus autoridades. Hemos tratado de reivindicarnos con nuestras comunidades para que puedan acompañarnos a diseñar las comunidades o municipio que queremos ver entre 10 a 15 años. Si no lo hacemos hoy pondríamos en riesgo el futuro de nuestras comunidades. Como resultado de todo este esfuerzo, se ha logrado que cada uno de los municipios tenga su plan estratégico y el compromiso es buscarle una viabilidad política para lograr la ejecución de cada uno de los proyectos.

Por otro lado es importante que definamos el perímetro urbano de nuestras comunidades porque la problemática tierra se refleja en algunas comunidades donde existen títulos comentarios, cuando algunas personas que han hecho fuertes inversiones en edificaciones, las cuales no pueden asegurar, porque lo primero que le piden es titulo de dominio pleno de ese bien inmueble. Entonces surgen las frustraciones en nuestras comunidades. A parte de eso el INA continúa titulando territorios que ya había sido titulado anteriormente y por tal motivo no se ha logrado el saneamiento de los títulos emitidos a nuestras comunidades. Creo que una de nuestras tareas en el futuro, debe ser abogar por el saneamiento de los títulos otorgados a las comunidades Garífunas para poder tener acceso a créditos financieros a través de ese patrimonio que tenemos y que si no lo aprovechamos, otros lo aprovecharan.

Otro aspecto que quiero abordar es la cultura de la tributación en las comunidades Garífunas y generalizado en todo el país. Muchos de nosotros tenemos propiedades y cuando la municipalidad establece una taza de impuestos inmuebles, lo primero que decimos es que la municipalidad esta cobrando caro o que se esta inventando impuestos. Es importante entender que dichos impuestos ya están definidos en la Ley de Municipalidad y que son ¡impuestos! O sea que son ¡tasas impositivas! Y nuestra obligación como alcaldes, es hacer que se cumpla con ese pago para cubrir los costos de las obras y los gastos del funcionamiento de la misma municipalidad.

Todos sabemos que ninguna institución puede operar sin recursos. Desafortunadamente nadie quiere retribuirle ese pago a la municipalidad. Creo que es importante que las organizaciones de aquí puedan influenciar en sus familiares en Honduras para que cumplan con esa responsabilidad tributaria. Muchas veces, exigimos más de lo que aportamos. A nuestras comunidades no se les puede hablar de una contraparte, pero exigen que se realicen las obras, se reclaman derechos in haber cumplido con la obligación y es importante entender que los derechos conllevan cumplir con las responsabilidades y obligaciones. Lo lastimoso del caso, es que muchas veces son los profesionales del pueblo los que les instruyen a sus parientes que no paguen los impuestos porque se lo van a robar. Recomiendo que sirvamos de orientadores para educar a nuestra gente sobre la responsabilidad tributaria.

Elida Herrera – Asociación Hondureña de Mujeres Negras (ASOHMUN) – Actualmente estamos asistiendo técnicamente a las mujeres negras que viven en la ciudad capital y San Pedro Sula cuya actividad principal es la elaboración y venta de pan de coco. Durante el Gobierno del Carlos Roberto Reina., logramos obtener un horno industrial que desafortunadamente, no se pudo implementar debido a que ninguna de las participantes era propietaria de su vivienda. Esa idea se diluyo, pero actualmente si están en acción. Recientemente se lanzo un proyecto para trabajar con 70 mujeres para proveerlas la logística que ellas necesitan para su trabajo, incluyendo uniformes, kioscos y vitrinas que protejan su producto.

Este tema, forjando alianzas duraderas es de suma importancia para mi ya que nuestras comunidades nos necesitan. Cada una de nuestras organizaciones tiene sus propios objetivos y es importante que trabajemos en lo que nos compete. Pero cuando se trata de un objetivo común, tenemos que unirnos para coordinar esfuerzo y podamos desarrollar proyectos para el bien de nuestros hermanos.

Nuestra organización ha participado en el desarrollo de cuatro planes estratégicos en nuestras comunidades. Pero ha sido fácil, ya que hemos tenido que luchar con el FHIS para que se nos asignen los proyectos dirigidos a nuestras comunidades. Así podemos hacer lo mismo entre las organizaciones aquí en el extranjero y las que estamos en Honduras, como todos sabemos, en la unión esta la fuerza.

Bernard Martínez Valerio, Presidente del Partido Innovación y
Unidad - Social Demócrata, PINU-SD,

Comenzare por explicar que las alianzas se dan entre iguales y demuestran el respeto y beneficio mutuo. Los intereses comunes es lo que hace posible que nos encontremos en este plantel. Todo lo discutido en este día, refleja la necesidad de sentarnos a discutir nuestros problemas y el respeto mutuo mediante el cual respetamos nuestras formas individuales de trabajar pero que colectivamente definimos estrategias de fortalecimiento y acción que beneficie a nuestra comunidad, de otra forma la alianza no funcionaria.

Admiro el esfuerzo que esta haciendo la Coalición, presentando un nuevo esquema de conducción organizativa en el cual nadie esta sobre nadie, aquí estamos los que tenemos que estar y juntamente para discutir nuestros propios problemas y es posible que no todos concordemos en todo, pero eso es normal, lo anormal seria que saliéramos desunidos pero las diferencias de opinión son normales. La unión no significa que andemos junto agarrados de la maño piqueandonos, si no que a la hora de actuar y defender nuestros intereses, allí tenemos que estar todos defendiendo nuestros propios intereses.

La Coalición tiene que buscar alianzas para poder apoyar a candidatos Afro descendientes en Honduras con posibilidad de llegar a ocupar "Posiciones elegibles." Así como otros candidatos que genuina y sinceramente apoyan los temas centrales de nuestra comunidad.

Dionisia Amaya Bonilla – Solo Para Mujeres de La Ceiba

Comenzaré por compartir con Ustedes las palabras del Obispo auxiliar de San Pedro Sula, Rómulo Emiliani, durante la celebración del 12 de Abril de este año: "Pueblo Garífuna, Ustedes son el nuevo Israel que camina por el desierto buscando liberación y ¿como Ustedes van a llegar a esa liberación? No permitiendo faraones que los dividan. Y ¿quienes van a ser los moisés que conduzcan a este pueblo a la liberación? Ustedes." Y yo les

170

digo a ustedes, nosotros somos los que conduciremos a nuestro pueblo a la liberación.

Recuerdan la historia de la Biblia sobre Joseph a quien los hermanos lo metieron en un poso por envidia, pero luego surgió ileso del poso para convertirse en un rey defensor de su pueblo. Nosotros hemos estado en la misma situación como Coalición Garífuna, como se nos ha criticado pero aquí estamos preparándonos para defender nuestro pueblo "La nueva Israel", ¿si o si? Tenemos que ser audaces y perder el miedo, que es el peor enemigo.

Mi misión es servir a la mujer Garífuna, para que salga de su letargo, durante una entrevista en el Canal 4 de La Ceiba hice el siguiente llamado "Mujer, despierta, si tu eres madre de presidentes, si tu eres madre de soldados que defienden una patria, porque tu vas a ser inferior. Tengo que servir a la mujer para que se valore. El concepto de Solo para Mujeres, es apoyar a las mujeres a educar a sus hijos, porque yo soy pro educación. El objetivo es ayuda las madres solteras con la educación de sus hijos, a través de la donación de útiles escolares. Además capacitaremos a las madres para que puedan valerse por si mismas. Se ha logrado incorporarlas a un programa auspiciado por la OIT a través de la Cámara de Comercio de La Ceiba para capacitar mujeres Garífunas de 15 a 30 años de edad en el área de turismo. El objetivo es sacar a la mujer de su letargo y levantar su autoestima.

Les recuerdo que somos la Nueva Israel, y nosotros somos los responsables de rescatar a nuestro pueblo.

Tulio Mariano González - Coordinador Nacional del Proyecto Ecosistemas de Honduras

Quisiera señalar algunas de las características que tienen las organizaciones hondureñas, donde sea que se encuentren. Si entendemos bien esas características, podemos marchar con mayor rapidez forjando esas alianza duraderas que nos ayudarían bastante para cortar el camino con tantas reuniones que resultan una perdida de tiempo discutiendo cuestiones intrascendentes, mientras tanto n nuestros pueblos aparecen personas desnutridas por cuestión de hambre, enfermos, todavía tenemos personas que mueren durante un parto por no atender un hospital y personas que mueren en un hospital por no tener dinero para ser atendidos en dicho hospital, tenemos problemas de drogadicción y a la par de ellos tenemos dirigentes que no se hablan unos con otros, viviendo en la misma sociedad, en la misma ciudad y a pocos metros de distancia ¿Cuales son esas características?

Realidad Actual

Tenemos Muchos dirigentes comunitarios, pocos lideres con visión integradora, tenemos una fragmentación de organizaciones las cuales por el simple hecho de existir no significan mucho pero el simple hecho de no coordinarse con otras, significan obstáculos para el desarrollo de nuestra comunidad.

Tenemos un liderazgo enfermo, un protagonismo enfermizo e individualista que nos esta haciendo enorme daño. Por ejemplo, si alguien sale entrevistado en un periódico, al día siguiente, otro dirigente tiene que salir diciendo cualquier disparate pero tiene que hacerle la competencia al otro hermano. Esa competencia enfermiza entre nosotros, nos esta haciendo mucho pero mucho daño, queremos pasar por encima de las organizaciones, queremos estar por encima del programa de las organizaciones, queremos ser mucho mas indispensables que la necesidad misma que da origen a la organización.

Ese afán, de protagonismo enfermizo e individualista, esta haciendo mucho daño al interior de nuestras organizaciones y por ende a nuestras comunidades.

Un tercer elemento que vale la pena señalar, es la crisis interna de ciertas organizaciones, por ejemplo la existencia de dos juntas directivas en la Organización Fraternal Negra de Honduras (OFRANEH). Tenemos que hacer algo para ayudar a resolver dicha crisis, ya que no debemos permitir que la OFRANEH se debilite para que las otras organizaciones se fortalezcan, ¡no hay que permitir eso! Hay que ayudarle a reconstruirse, reactivarse y reorganizarse, para que siga siendo la organización que soñaron las personas que se sacrificaron por fundarla.

172

Facilidad de alianzas externas, dificultad de acuerdos internos

Es importante señalar otro gran error que cometemos en Honduras, es mucho más fácil formar alianzas con organizaciones exógenas a las nuestras que tener acuerdos internos en nuestras propias organizaciones. Es mucho más fácil hacer una reunión pomposa en el hotel más caro de Tegucigalpa que hacer reuniones en la aldea más remota donde nacieron nuestros antepasados. Esa doble moral, ese doble discurso, esa hipocresía y porque no decirlo así, ¡esa maldad! Nos esta haciendo mucho daño, debilitando a nuestras organizaciones. ¿Como es posible formar alianzas hasta con organizaciones europeas y no podemos unir dos organizaciones vecinas en La Ceiba. Esta situación es preocupante?

Proceso reconstructivo en marcha

Hay un movimiento dinámico que se esta reconstruyendo y esta en marcha, hay un nuevo liderazgo que esta formándose, La Pastoral Social en Trujillo, La Ceiba, San Pedro y Tegucigalpa, esta jugando un papel muy significativo y hay una serie de organizaciones, hay una docena de organizaciones mas, que no tienen experiencia nacional, ni tienen un liderazgo fuerte individualmente hablando, pero si un liderazgo comunitario, un liderazgo local, que ustedes queridos amigos de aquí de Nueva York, deben de tomarlas en cuenta porque eso les permite a ustedes democratizar la relación y a ellos ampliar su universo y esto seria mutuamente beneficioso.

Ya no debe haber agendas escondidas en nuestras reuniones. Ya no debemos convocar gente humilde desde lugares remotos para que nos vengan apoyar con una firma y una foto abrazando a alguien y después hacer campaña con eso, no podemos continuar con eso, debemos de tener agendas transparentes, limpias, que se sepa donde esta, incluso sin ocultar nuestras divergencias pero sin estar peleando al rededor de las divergencias, hay que dejar un lado nuestras diferencias y construir una agenda de consenso a través de los puntos de coincidencia que tenemos, ya que estos son mucho más grandes que los puntos que nos dividen.

Solidaridad

La solución debe ser solidaria. No podemos continuar viendo el éxito de otro como un fracaso propio. Somos egoístas por naturaleza y el egoísmo de la maldad, esta a medio paso. No podemos seguir por ese camino, debemos de sentir alegría por el éxito de los demás, aun el éxito individual. No importa el éxito familiar, ese éxito debe de servirnos no para morirnos de envidia, si no que nos sirva de ejemplo para igualarlos y de ser posible superarlos. Solo así podremos desarrollar

Ética

Muchos de nuestros líderes tienen una conducta trivalente, piensan una cosa, dicen otra cosa y aspiran de manera diferente. Hay que cambiar esa cosa y nuevamente, compañeros de Nueva York, tienen una oportunidad de colaborar en esa guerra, esa guerra contra la vanidad de nuestros dirigentes. Tenemos que construir organizaciones democráticas internamente. Es fácil pedirle al gobierno que sea democrático, mientras tanto internamente en nuestras organizaciones actuamos de una forma dictatorial, tenemos que ir corrigiendo esta situación.

Unidad

La unidad no es fácil, pero tampoco es difícil. Hay muchas cosas que nos unen, el color de la piel, nuestros orígenes sociales, geográficos, etc. Pero más importante debe de unirnos la coincidencia y el deseo inquebrantable de superación. No es suficiente que todos seamos negros para estar unidos, así como el hecho que alguien no habla Garífuna, no es condición suficiente para excluirlo del trabajo que tenemos que hacer. Nadie debe excluirse de este proceso, todos somos útiles, nadie es indispensable, pero todos somos útiles. La unidad hay que construirla pero también hay que abrir las puertas de nuestras organizaciones.

Autonomía

Por último quiero finalizar diciendo que es importante que logremos la autonomía financiera, gerencial y operativa, ya que si no la logramos, toda esta reflexión seria en vano. Este es uno de los problemas más serios que tenemos en Honduras, ya que no podemos convocar ningún tipo de evento, si no es financiado por un organismo internacional. Por eso yo felicito a los hermanos Ávila por su insistencia en la necesidad de fortalecernos financieramente, porque no podemos ser mendigos internacionales toda la vida.

Nuestras organizaciones tienen que valer por la capacidad de gestión, capacidad administrativa pero fundamentalmente por la capacidad de generar riquezas, hasta ahora solo hemos estado generando pobreza, por eso estamos como estamos. Tenemos 200 años de lamentarnos, no podemos seguir lamentándonos, si queremos ser arquitectos de nuestro propio destino, si queremos ser constructores de un futuro mejor, tenemos que ser de alguna manera autónomos, y la autonomía solamente se puede lograr generando riqueza y nosotros somos capaces, tenemos buenas ideas, buenas iniciativas lo que queremos es el mecanismo y el marco para ponerlo en la practica y las luces que han servido para iluminar este retiro, demuestran que efectivamente podemos, podemos dar pasos gigantescos hacia adelante.

Conclusión

Jesucristo empezó con sus 12 apóstoles para comenzar la revolución más grande que ha habido en el mundo, no esperemos que hayamos tantos, comencemos con los que estamos. Con tres, o seis se puede revolucionar el mundo, podemos avanzar, podemos tener fe en nuestras propias habilidades y otras agencias como la Fundación Interamericana nos puede ayudar. Pero los organismos nos pueden dar millones, pero si nosotros no tenemos la capacidad de generar, de ser honestos, de ser transparentes y de ser dinámicos, ninguna ayuda nos va a sacar del subdesarrollo, solo nuestro propio esfuerzo, solo nuestra propia convicción, nuestra propia decisión puede hacernos prosperar y con el convencimiento que la prosperidad le pertenece a los luchadores y nosotros somos luchadores, creemos y estamos convencidos que podemos y debemos prosperar.

Tierras Garífunas: Su Valor "Oportunidades Dentro del Desarrollo Turístico en La Costa Garífuna"

El ingeniero Tomas Alberto Ávila, presidente de Milenio Real Estate Group LLC, presento un resumen de varios documentos publicados, que documentan las oportunidad que nos presenta el desarrollo turístico de Honduras, así como la problemática que representan los títulos comunitarios.

Como nos beneficia la titulación de nuestras *tierras*

El título de propiedad comunal de unas 25 hectáreas de tierra entregó el Presidente Ricardo Maduro a más de una treintena de familias Garífunas de la localidad de Miami, ubicada en el denominado cabo de Tornabé, municipio de Tela, Atlántida.

Esta titulación les permitirá integrarse a los planes y estrategias de desarrollo turístico que tiene contemplado el presente gobierno a efecto de desarrollar en la región de la Bahía de Tela, el Primer Centro Turístico Integralmente Planeado.

Participación Económica Garífuna

El mismo representa una alternativa económica viable que garantiza la incorporación plena de comunidades en vías de desarrollo como la de Miami, donde sus habitantes podrán realizar diversas actividades que les generarán mayores ingresos.

La comunidad de Miami posee una gran belleza natural, rodeada de hermosas y cálidas playas, con su gente amable que aún conserva sus tradiciones de tiempos ancestrales.[1]

---

[1] Presidencia de La Republica Martes 07 de Septiembre 2004

¿Cuál es el sentido y significado de propiedad y uso común de tierra? Es un recurso que se posee y se opera, en común, por un grupo.

Éstos son grupos corporativos con jurado interno; por quien la propiedad es claramente conocida y entendida, y la utilización tasa del recurso es fijado por el grupo corporativo" *(Guillet, 1995:xiii).*

Las personas Ladinas usan la tierra como propiedad privada, con recursos orientados a un interés de mercado. La tierra para ellos no tiene su ciclo de vida, la tierra no descansa; ellos La sobre explotan.[2]

Problemática

La forma de titularización de las tierras no resuelve el problema de falta de acceso a los recursos financieros.

Los miembros de las etnias no son sujetos de crédito bancario por falta de garantías reales necesarias para respaldar sus préstamos.

Cuando la titulación se da a nivel de comunidad de pueblo, el individuo sigue sin garantía para respaldar un préstamo individual.

Programa de Reducción de la Pobreza Enfocada a Pueblos Indígenas y Negros – 10 de junio del 2002 – Proyecto HO-0197

Participación Garífuna en el Desarrollo Turístico

Proyectos de Inversión de Bienes Raíces que consideren el uso de nuestras tierras, su potencialidad presente o futura.

La elección de los procedimientos constructivos y la factibilidad de financiamiento.

Inversión Garífuna en base a nuestras tierras

---

[2] La Defensa De La Tierra Comunal De Los Garínagu Y La Política Agraria En Honduras Amadeo Bonilla y Parroquia Sico Paulaya

La problemática es nuestra falta de recursos económicos para poner nuestras tierras al mejor uso del mercado.

Recomendación

Se acordó formar un grupo se expertos en bienes raíces entre los miembros de la Coalición, que servirá como asesores a las comunidades Garífunas en la capitalización de sus tierras para que estas puedan respaldar el desarrollo de dichas comunidades.

Proyección hacia el Futuro

Durante su intervención como moderador de este panel, el ingeniero Tomas Alberto Ávila, presidente de Milenio Real Estate Group LLC, expreso que la misma Costa Norte de Honduras donde fuimos abandonados hace 208 años, hoy nos ofrece la oportunidad de un futuro brillante, gracias a la inclusión de nuestra cultura como parte integra del desarrollo turístico que se propagará por la Costa Norte de Honduras.

Al contrario de lo que muchos quisieran hacerles creer, el gobierno ha puesto un Futuro Brillante en nuestras maños con la inclusión de la cultura Garífuna dentro del marco central del desarrollo turístico de Honduras, y quiero exhortarlos a que aprovechemos esa oportunidad Integrándonos al Desarrollo Turístico Hondureño en nuestra Costa Caribeña convirtiéndonos en inversionistas, administradores e impulsores de la creación de capital y riquezas para nuestra próxima generación y para algunos de nosotros para nuestra jubilación.

El Sr. Ávila concluyo presentando la Visión del Desarrollo Turístico de La Coalición Garífuna-USA:
"Para el año 2020, La comunidad Garífuna estará Integrada al Desarrollo Turístico Hondureño en nuestra Costa Caribeña (Costa Garífuna) como inversionistas, administradores e impulsores de la creación de capital y riqueza para nuestra futura generación Garífuna. "
Como parte de la proyección hacia el futuro, el Sr. Ávila anuncio la creación de la empresa Garífuna World, Inc. como el vehículo para asegurar la participación de la comunidad Garífuna de Honduras, en del desarrollo turístico de Honduras.

Con sede en la ciudad considerada como la *"capital del Mundo"*, nos estamos ubicando como el enlace entre el creciente mercado turístico Hondureño y el mercado emisor de mayor influencia sobre el gasto turístico en Honduras, los Estados Unidos de América. Nuestro empeño es de ligar la Diáspora Garífuna a las oportunidades que nos ofrece el desarrollo turístico en la Costa Norte de Honduras.

Garífuna World, Inc.

Visión

La visión de Garífuna World es ser parte activa en el desarrollo sostenible de las comunidades Garífunas, promoviendo el mejoramiento de la competitividad de las mismas, en el sector turismo.

Misión

La misión de Garífuna World, Inc., es atraer mayor número de turistas y divisas en beneficio del desarrollo económico de la región Garífuna a través de una promoción competitiva en el mercado emisor de mayor influencia sobre el gasto turístico en Honduras.

Objetivos

Garífuna World, Inc. tiene como fin contribuir al desarrollo del turismo sostenible Garífuna, entendido como aquél que es responsable y sostenible en términos económicos, ambientales, sociales y culturales. En particular, el plan contribuirá al desarrollo social y económico de las comunidades Garífunas, mediante incrementos en los niveles de empleo, oportunidades de negocios y mejoramiento de servicios básicos. De esta manera se estarán mejorando simultáneamente las condiciones de vida de la población local, aumentando la generación de divisas y conservando el rico patrimonio natural y cultural que sustentan la actividad turística.

Los objetivos específicos son:

a. Desarrollar la oferta turística Garífuna, buscando aumentar la interconexión con los diversos circuitos turísticos existentes y proyectados, con miras a mejorar el posicionamiento de Honduras en el mercado regional centroamericano e internacional.

b. Catalizar la inversión privada Garífuna para convertirla en el principal motor para el desarrollo sectorial, apoyando el desarrollo de empresarios, asociaciones y comunidades locales. Como parte de este objetivo, se anuncio la campaña *"1 Millón de Dólares Garífunas"*, mediante la cual se capitalizara la empresa.

Circuito Turístico Garífuna

Con el objetivo de fomentar el desarrollo económico de nuestras comunidades, proponemos elevar la competitividad de la Micro, Pequeñas y Medianas Empresas (MiPyMEs) Garífunas de la costa norte de Honduras, consolidando el desarrollo del Circuito Turístico Mundo Garífuna (CTG) de Honduras, como destino turístico.

El patrimonio de la costa Norte de Honduras esta constituido por culturas vivas, edificaciones históricas y sitios arqueológicos. "La principal cultura viva de la zona es la Garífuna, la cual reclama ser protagonista en la industria y no ser mostrada como objeto."

El elevar la competitividad de las empresas Garífunas, viene no solo a presentar un atractivo turístico de calidad, sino además a fortalecer la identidad Garífuna; fomentar la creación de oportunidades reales que contribuyan al desarrollo integral de la zona, y por ultimo se impulsarán las capacidades de los actores locales para enfrentar los retos del turismo sostenible.

Consideramos que el proyecto propuesto, va en consonancia con la política de Estado, la cual imprime un importante apoyo al sector turismo, el proyecto pondrá en marcha iniciativas que favorecen al turismo comunitario en un Área de alto valor patrimonial, cultural y natural, lo que genera condiciones necesarias para el desarrollo sostenible del circuito turístico Mundo Garífuna, y que se enmarca en forma global al modelo de desarrollo turístico, que define una actuación integral, coherente y regional que revalorizan los recursos naturales y culturales de la etnia Garífuna; por otra parte este proyecto contribuirá a reducir las brechas de inequidad entre hombres y mujeres permitiendo un mayor acceso de las mujeres a los procesos de progreso social y comunitario.

VIII Retiro Nación Garífuna Honduras 2007

Entre los Acuerdos y Resoluciones del V Retiro Nación Garífuna 2004 se acordó lo siguiente:

Realizar el Retiro Nación Garífuna 2007 en Honduras en Conmemoración del décimo aniversario del Bicentenario de la llegada de los Garífunas a Honduras, los días Domingo, 8 al Sábado, 1 5 de Abril del 2007.

Como seguimiento a dicho acuerdo y para comenzar la planificación, de distribuyo una tarjeta postal invitando a los presentes a reservar la fecha **1– 15 de Abril del 2007** con el siguiente texto al dorso:

Garífuna World, Inc. y la Coalición Garífuna USA, Inc., les invitan aconmemorar 210 Años de un Pasado Histórico y a celebrar el comienzo de un Futuro Brillante en Honduras.

El Sr. José Francisco Ávila, explico que la postal representa el impulso de la campaña de promoción que se lanzara para promover dicho evento y que la intención, es que el evento sirva como impulso de nuestro objetivo de atraer mayor número de turistas y divisas en beneficio del desarrollo económico de la región Garífuna a través de una promoción competitiva en el mercado emisor de mayor influencia sobre el gasto turístico en Honduras.

El VIII Retiro Nación Garífuna Honduras 2007 está diseñado para dar a conocer la cultura Garífuna, y pretende posicionar el Circuito Turístico Mundo Garífuna en el ámbito mundial de destinos turísticos.

Clausura

El Sr. Rejil Solís, presidente de la Coalición Garífuna USA, Inc, expreso su agradecimiento a cada uno de los participantes por contribuir al éxito del sexto retiro Nación Garífuna 2005.

La Coalición Garífuna USA, Inc.

La Coalición Garífuna USA, Inc. es una organización no lucrativa, formada por varias organizaciones Garinagu de los Estados Unidos de Norteamérica. La Coalición fue fundada el 9 Mayo de 1998. El 24 de

181

Mayo de 1999 es incorporada como Organización sin fines de lucro bajo las leyes (de Organizaciones sin Fines Lucrativo) del Estado de Nueva York.

La Coalición fue fundada a raíz de la conmemoración de los doscientos años de la llegada de los Garinagu a Honduras y Centroamérica. Su misión es fortalecer a las organizaciones Garífunas, capacitándoles para que puedan mejor ayudar en sus necesidades a la creciente comunidad Garífuna. Y para así poder obtener mayores porciones de los recursos disponibles.

Consejo Ejecutivo

Rejil Solís	Presidente
Marcia Gómez	Vicepresidente
Hazel Pérez	Secretaria
José Francisco Ávila	Tesorero
Emelinda Blanco	Fiscal

Junta Directiva Central

Ernesto Martinez Organización de Damas Limoneñas en Nueva York

Maria Nieves Benedit MUGAMA, Inc.

José Francisco Ávila New Horizon Inve$tment Club

Hazel Pérez
Organización Pro Desarrollo de Aguán

Emelinda Blanco Organización Travesía Nueva Ola
Lydia Sacaza Hill Solo Para Mujeres

Rejil Solís
The Solis Mejia Family Foundation

182

De frente hacia atrás y de Izquierda a derecha – Domingo Martinez, Sixto Pastor Ovado, Ernesto Martínez, Dionisa Amaya, German Ventura, José Francisco Ávila, Wilfredo Moreira, Marcia Gómez, Marianela Ávila, Sergia Solís-Moreira, Eva Hulse-Ávila, Ctalina Lacayo, Miriam Alvarez, y Alba Solís

Lic. Miriam Álvarez Solano en representación de la Alcaldía Municipal de la ciudad de La Ceiba

Eva Hulse-Avila, Clara Rankin, Dionisa Amaya, Rene Becerra, Zoe Laboriel, Lydia Hill y Carlota Castro

Clara Rankin, Sergia Moreira Lydia Hill, Jose Francisco Avila, Marianela Avila y Dionisa Amaya-Bonilla

184

Parte de la delegacion asistente al Retiro de La Coalición Garifuna-USA 2005 durante la conclusión.

Festejando la clausura del retiro

Entrega de certificados de reconocimiento a expositores del retiro.

2007 Conference
Commemorating a Historic Past and a Brilliant Future

La Ceiba - The Garífuna Coalition USA, Inc. and Garífuna World, Inc., are pleased to announce that the city of La Ceiba, Atlantida in the North Coast of Honduras has been selected to host the 8th Annual Garifuna Nation Conference in April 2007. The magnificent Quinta Real Hotel will be the host Conference Hotel. The conference will be accompanied by a series of activities designed as a genuine _expression of our idiosyncrasy and culture. These activities will include the following:

GariFest - Taking into account that in 2007 Holy Week will be celebrated from April 2nd – 7th and that it represents the national tourist season, the first Garífuna Festival (GariFest) is being planned in alliance with the local Garifuna organizations and entrepreneurs, in order to launch the Garifuna Coast Tourist Circuit. A series of activities will be programmed, as part of our strategic plan to attract a greater number of tourists and foreign currency to benefit the economic development of the Garífuna

186

Coast through a competitive promotion in the largest market for the Honduras tourism industry, The United States of America.

According to a Survey of the Honduran Vacation Habits, published in 2003 by the Honduran Institute of Tourism, 44% of the national vacationers take their vacation during Holy Week and La Ceiba is the favorite vacation spot.

The Commemoration of the 210th Anniversary of the Arrival of the Garífunas to Central America; in alliance with the local Garífuna and Central American organizations.

The Eighth Annual Garífuna Nation Conference, from Friday, April 13th – Sunday April 15th 2007, where we will analyze our historical past, our present reality and visualize a brilliant future for the Garífuna people. The VIII Garífuna Nation 2007 Conference will continue to concentrate its agenda in promoting harmony and unity among the Garífunas, while promoting the Garifuna Coalition USA, Inc.'s vision of being protagonist of the Garifuna Diaspora's economic development.

According to Mr. Jose Francisco Avila, Treasurer of Garífuna Coalition USA, Inc. La Ceiba is part of our historic past since our ancestors are the first settlers of what has become Honduras' third most important city. In his book La Ceiba, its roots and its History, Antonio Canelas Diaz states the following: *"The beginning of the economic boom of La Ceiba begins with the Garifuna maritime commerce in the village of Pueblo Nuevo (presently Barrio La Barra). The Garifunas Arrived in 1810, giving life and movement to the rich Atlantic Coast which had remained dormant and forgotten for over 300 years. In the decade of 1810-1820, the Vincentian blacks started to arrive to the shores of the Cangrejal River in canoes and barges full of merchandise from almost all the Caribbean ports and islands, to be sold in this zone at "give away prices", which was later transferred to Trujillo, Tela, Olanchito and to the interior of the country. The Garifunas opened the first ground routes in the Atlantic Coast, which were known; as "Coast Line Routes"*

During his speech at the VI Annual Garifuna Nation 2005 Conference, the Honorable René Becerra Zelaya Ambassador of Honduras in Mexico and Presidential Commissioner for the Honduran Communities in the United States, representing the Government of President Ricardo Maduro, expressed the following: *"To know the past is the suitable wayto understand the present and to plan our actions to affect the type of future we hope for, that is why I want to express my recognition to the organizers of this event for their initiative to retake the history of the Garífuna nation and from that perspective consider what role they want to play in the political life of our country and the importance that it has in search of the development of your communities and consequently for the whole Honduran family.*

It is from the perspective of our historic past that we have chosen La Ceiba as the host city for our VIII Garifuna Nation 2007 Conference and from that perspective search for better levels of development for our communities as we launch a brilliant future. Said Rejil Solis, president of the Garífuna Coalition USA, Inc.

One of the objectives of the Garífuna Coalition USA, Inc, is to explore the development of the Garífuna communities by our own people along with Garifunas residing abroad, creating employment, through entrepreneurship, and the sustainable development of tourism related enterprises which is why we are counting with the collaboration of the Garifuna National Tourism Chamber (CAMANTUG) and its president Lic. Alan Bernardez, the Garifuna Community Boards of Atlantida and other Garifuna Community organizations such as, Alma Garífuna, Club Solo para Mujeres, Centro Independiente para el Desarrollo de Honduras (CIDH), La Pastoral Garífuna, Departamento Étnico de la Municipalidad de La Ceiba, Gemelos de Honduras, Eminiguini, Iserilidawamari and others.

According to the document *Systematization of the Dialog for the formalization of the regional strategy and plans of action for Sustainable Coastal Tourism,* published by the Honduran Institute of Tourism, "Honduras' positioning in the context of tourist performance at the international level continues to be modest, with $510 by person, just above that of El Salvador and Nicaragua and less than half that of Costa Rica and Panama. In light of this, Honduras has the challenge to obtain a better tourist positioning that will allow it to increase its revenue per visitor, with a positive social and economic impact and with the lowest possible impact on its natural and cultural resources. Just like Costa Rica has managed to position a high value product oriented to take advantage of its natural resources, and Panama to the attraction of businesses visitors, conventions and shopping, Honduras will have to define a market segment that allows it to reach a tourism development paradigm of greater economic efficiency and smaller impact.

According to Black Meetings and Tourism magazine, which tracks the black travel industry, in 2000, there were an estimated 1,600 black conventions and conferences with an economic impact of $5.6 billion in the U.S., vs. 1,500 such events in 1999 where $4.9 billion was spent. Those numbers are conservative because they only include what was spent on things such as hotels, food, and shopping, not others such as airline travel and dollars spent at events and retreats where overnight stays are not required. African American conventions can range in size from 25-30 attendees to 25,000-35,000 participants or more. The average attendance at black conventions is about 300. The average delegate, including those at black conventions, spent about $814 per event in 2000, up from $785 in 1999, according to the International Association of Convention & Visitor Bureaus, a Washington, D.C.-based trade group. In addition, the $80-billion-a-year hospitality industry nets a hefty $6 billion to $8 billion from African American conventions, one of its fastest-growing segments. Therefore and consequently we will contribute to the development of all the Honduran families; said Jose Francisco Avila, treasurer of the Garífuna Coalition USA, Inc.

On the other hand, the irremediable growth of tourism development, which is allowing the flow of tourists of different origins, makes it necessity to create the conditions that allow the Garifunas to take advantage of this situation to create industries, hotels, restaurants, and other companies that favor the development perspective.

Taking into account the accelerated risk of loss of the Garifuna lands, which could lead to the extinction of the Garifuna communities and their expulsion to the cities to join the army of unemployed people, it becomes necessary that we take measures necessary so that the Garifuna people can create their own companies and employment, therefore, collaborating with the nation in affirming the economic, social and cultural development.

The North coast of Honduras' patrimony includes living cultures, historical buildings and archaeological sites. *"The Garífuna Culture is the main living culture of the Honduran North Coast and it seeks to be a protagonist in the industry and not to be shown just as objects."*

During a speech at the General Consulate of Honduras in New York commemorating the 208th anniversary of the arrival of the Garífunas to Central America, Mr. Tomas Alberto Avila, president of Milenio Real Estate Group, LLC said the following *"Today we commemorate our historic past which is a very interesting past, that has been analyzed and is well documented, but I will not concentrate on our history, instead I will concentrate on our Brilliant Future that is represented by the same North Coast of Honduras where we were abandoned 208 years ago, ironically, today those same coasts offer us an opportunity to change the future of our next generation and I want to publicly thank the government of President Ricardo Maduro for including our culture as an integral part of the tourism development that will propagate all along the North Coast of Honduras.*

It is my opinion that the government has placed a Brilliant Future in our hands with the inclusion of the Garífuna culture within the central frame of the tourism development of Honduras, and I would like us to take advantage of that opportunity by integrating ourselves in the Honduran tourism development in our Caribbean Coast by becoming investors, administrators, as well as capital and wealth creators for our next generation and some of us for our retirement.

I invite you so that in 2007 when we celebrate the 210th anniversary of the arrival of the Garífunas to the North Coast of Honduras We have started to implement a strategic plan that will allow us to begin celebrating our

190

BRILLIANT FUTURE at the same time that we commemorate our HISTORIC PAST.

About Garífuna Coalition USA, Inc.
The Garífuna Coalition USA, Inc. is a nonprofit organization, integrated by several Garifuna organizations of the United States de North America. The Coalition was founded on May 9th 1998. On May 24th 1999 it was incorporated under the nonprofit organization laws of the state of New York. Its mission is to fortify the Garífuna organizations, empowering them so that they can better help meet the needs of the increasing Garífuna community in New York City.

Organizations affiliated with the Garífuna Coalition USA, Inc.: Ebenezer Developers, FODEMA, Inc.., Milenio Real Estate Group, LLC, MUGAMA, Inc.., New Horizon Investment Club, Inc.., Solo para Mujeres, SIMA World, Organización de Damas Limoneñas de New York, Inc., Organización de Jóvenes de Funda, Organization Pro Desarrollo de Aguán, Inc. (OPDA), Organización Travesía Nueva Ola, Inc.And the Solis Mejía Family Foundation, Inc.

El Club Damas Limoneñas junto con el Ex Alcalde de Limon Sixo Pastor

191

La Coalición Garífuna en EUA elige junta directiva

San Pedro Sula. La coalición garífuna de Honduras en EUA eligió el sábado 26 de noviembre la junta directiva de las organizaciones que conforman su alianza.

En la juramentación se eligió como presidente de una de las organizaciones garífunas, que se llama Gemelos de Honduras, a Santos Israel Centeno, quien expresó en su discurso inicial: "Me siento muy contento y comprometido en asumir este reto histórico confiando en el todopoderoso para que guíe nuestros pasos hacia la construcción de una ciudadanía digna para el pueblo garífuna".

La coalición garífuna de EUA Honduras es una alianza de organizaciones que tienen como objetivo primordial promover la armonía y unidad entre los garífunas y ser protagonistas del desarrollo económico de su dispersión.

Las organizaciones se han estado reuniendo durante los últimos meses en miras de planificar el Proyecto Honduras 2007, que se realizará en la ciudad puerto de La Ceiba, Atlántida, del 1 al 15 de abril del próximo año.

Incluye actividades como: Festival garífuna Garifest, Conmemoración del 210 aniversario de la llegada de los garífunas a Honduras y Centroamérica, ocho retiro nación garífuna 2007 y la segunda cumbre garífuna.

La alianza está formada por organizaciones como: Alma Garífuna, Centro Independiente para el Desarrollo de Honduras, Cidh, Club sólo para Mujeres, Departamento Étnico de la Municipalidad de La Ceiba, Eminiguini, Gemelos de Honduras, Iserilidawamari, La Pastoral Garífuna, Mundo Afro, La Cámara Nacional de Turismo Garífuna, Camantug Artesanías, Madounu, grupo panadero El Esfuerzo, reciclaje La Floresta, Cabañas, restaurante Colón, restaurante Playas Miramar, Hotel y Merendero Wilson, Artesanías Marios, Hotelito Blanca, restaurante Litos Place, Transportes Turísticos Ruguma, Las Gemelas y Hotel Budari.

Además, la Coalición Garífuna, Ebener Developers, Fodema, Milenio Real Estate Group, Mugama, New Horizon Investment Club, Sima World, Organización de Damas Limoneñas en New York, Organización Pro Desarrollo de Aguán, Organización Travesía Nueva Ola, y The Solís Mejía Family Foundation, y los Patronatos de Tornabé, Miami, Río Tinto, San Juan, La Ensenada y Triunfo de La Cruz.

La junta directiva de la Coalición Garífuna queda conformada de la siguiente manera:

Cargo	Nombre	Organización
Presidente	Santos Israel Centeno	Gemelos de Honduras
Vicepresidente	Miriam Álvarez Frazier	Deto Étnico Ceiba
Tesorera	Dionisia Amaya	Sólo Para Mujeres
Secretaria de Actas	Eudy Nohely Pérez	Alma Garífuna
Relaciones Públicas	Johnny Abel Medina	Alma Garífuna
Consejera	Clara Solano Róchez	Pastoral Garífuna
Consejero Lauro	Agapito Álvarez	Odeco
Consejero	Santos Centeno García	Gemelos de Honduras
Asesor Legal	Mario Marín	Bufete Legal Marín
Asesora Turística de La Ceiba	Carolina Benett	Cámara de Turismo
Asesor Educativo	Fernando Barret	

Antecedentes

La coalición garífuna es una organización no lucrativa formada por varias organizaciones de Estados Unidos, fue fundada el 9 mayo de 1998.

El 24 de mayo de 1999 es incorporada como organización sin fines de lucro bajo las leyes, de organizaciones sin fines lucrativos del estado de Nueva York. Su misión es fortalecer a las organizaciones garífunas capacitándoles para que puedan ayudar en sus necesidades a la creciente comunidad garífuna y para poder obtener mayores porciones de los recursos disponibles.

Afrodescendientes en Nueva York apoyarán a Bernard Martínez del PINU

El dirigente pinuista es el primer garífuna en la historia política de Honduras, elegido como presidente de un partido político

LA CEIBA El Sindicato de Trabajadores Estatales y Municipales de Nueva York, el Consejo Sindical para el Avance del Trabajador Latinoamericano (LACLAA) y el Comité de Acción Política Hondureño Americano (HAMPAC) realizarán un evento para recaudar fondos a beneficio de Bernard Martínez, candidato a diputado del PINU por Atlántida.

Bernard Martínez es el primer afrodescendiente en la historia política de Honduras elegido como presidente de un partido político, el PINU. En la actualidad no existe ningún diputado propietario afrodescendiente entre los 128 diputados que conforman el Congreso Nacional de Honduras.

Las próximas elecciones en Honduras son el domingo 27 de noviembre y Bernard es el afrodescendiente con mayor posibilidad de salir electo diputado propietario por el departamento de Atlántida.

194

La recepción se realizará el jueves 10 de noviembre de 2005 en el salón de conferencias de la D.C. 1707 ubicado en Manhatan entre las calles de Varick y Canal. Entre los invitados a dicha recepción se encuentran líderes políticos, sindicales y comunitarios.

El honorable Adolfo Carrión Jr., presidente del Condado del Bronx, lugar donde radica la mayoría de los hondureños que viven en Nueva York, ha sido invitado a brindar la bienvenida oficial a la capital del mundo.

De acuerdo al señor Raglan George, director ejecutivo de la institución sindical D.C. 1707, dicho sindicato agrupa a más de 30 mil miembros y cuenta con uno de los comités más amplios de acción política del país.

"Nos sentimos muy orgullosos de celebrar este evento para el hermano Bernard Martínez, ya que al revisar su impresionante y comprobado historial de trabajo concluimos que él tiene todas las cualidades para llegar a ser diputado propietario en el Congreso Nacional de Honduras", señaló George.

Apuntó que la intención al formar el comité de acción política fue inyectar en la agenda política de los funcionarios locales y estatales a través de la acción política, cabildeo y educación.

"Esta actividad forma parte de nuestro objetivo de candidatos en Honduras con posibilidad de llegar a ocupar posiciones elegibles y que genuina y sinceramente apoyan los temas centrales de nuestra comunidad", comento José Francisco Ávila, presidente de HAMPAC.

Además de los líderes políticos, sindicales y comunitarios locales, se ha girado invitación a Norman García, embajador de Honduras en Washington; al doctor Manuel Acosta Bonilla, embajador de Honduras

ante las Naciones Unidas, y a Lisandro Rosales, Cónsul General de Honduras en Nueva York.

Sonia Ivany, presidenta de la Seccional de Nueva York del Consejo Sindical para el Avance del Trabajador Latinoamericano, comentó que "nuestra organización siempre ha creído

195

que el poder de una comunidad unida puede superar cualquier obstáculo, por lo tanto decidimos apoyar a Bernard, a sobreponer el gran obstáculo que confronta para llegar al Congreso".

Organizaciones

Entre las organizaciones que han confirmado su presencia y apoyo se encuentran la Coalición Garífuna USA, Inc, Ebener Developers, FODEMA, Inc., Milenio Real Estate Group, LLC, MUGAMA, Inc., New Horizon Investment Club, Inc., Sólo para Mujeres, SIMA World, Organización de Damas Limoneñas en New York, Inc., Organización de Jóvenes de Funda, Organización Pro Desarrollo de Aguán, Inc., Organización Travesía Nueva Ola, Inc. y The Solís Mejía Family Foundation, Inc.

Discurso de Bernard Martínez en Nueva York

Ciudad de Nueva York, Estados Unidos de Norteamérica

Jueves 10 de noviembre de 2005

Visita política para la recaudación de fondos de campaña

Honorable Adolfo Carrión Jr. Presidente de el condado del Bronx.

Honorable Rejil Solís Presidente de la Coalición Garífuna en Nueva York. Honorable Marcia Gómez Vice-Presidenta de la Coalición Garífuna en Nueva York. Honorable Raglan George Jr. Director Ejecutivo del Concejo Distrital 1707. Honorable José Francisco Ávila Presidente del Comité de Acción Política Hondureño Americana. Honorable Sonia Ivana Presidenta del Consejo Sindical para el Avance del Trabajador Latinoamericano. Honorables Miembros del Sindicato de Trabajadores Estatales y Municipales de Nueva York.

Invitados especiales:

Honorable Norman Paz García, Embajador de la República de Honduras en Washintong D. C.

Honorable Doctor Manuel Acosta Bonilla Embajador de la República de Honduras ante las Naciones Unidas.

Honorable Licenciado Lisandro Rosales, Cónsul General de Nueva York.

Señores y Señoras:
Doy gracias primero a Dios por permitirme compartir este gran momento histórico del proceso electoral en nuestro país Honduras de igual manera agradezco al pueblo hondureño residente en los Estados Unidos de Norteamérica; a la comunidad garífuna, así como también, a personas y organizaciones amigas en especial a los presentes aquí esta noche.

He definido mi estrategia política en una frase y que se denomina

197

Ayudenme A Convertirme En Diputado Del Congreso Nacional De La Republica De Honduras.

Estimados amigos y amigas:

En mi condición de Presidente Nacional del Partido Innovación y Unidad – Social Demócrata (PINU), y como candidato a primer diputado propietario por el departamento de Atlántida, me dirijo a ustedes para manifestarles parte de mis preocupaciones con respecto a los derechos humanos y a la actual situación política partidaria que rige el desenvolvimiento de los diferentes poderes del estado frente a los derechos, intereses y aspiraciones de los sectores que conforman la plataforma multi-étnica y pluricultural de la sociedad hondureña.

El próximo 27 de Noviembre de 2005, se realizarán las elecciones generales para conformar un nuevo Gobierno que regirá los destinos de la nación a partir del mes de enero de 2006, por lo tanto, ustedes son conocedores que la conformación de los gobiernos a través de la historia de Honduras, ha sido excluyente, selectiva y hasta discriminatoria, debido a que de forma voluntaria o involuntaria se ha dejado de considerar la participación proporcional y representativa de la totalidad de los pueblos étnicos, particularmente el pueblo afrohondureño.

Esta institución política que oficialmente hoy represento con mucho orgullo, ha entendido el llamado histórico en marcar la diferencia frente a los dos partidos tradicionales (Liberal y Nacional), nuestro pueblo en general espera que los miembros de la comunidad afrohondureña con capacidad, honestidad y militancia ocupen cargos de relevancia como resultado de su participación en elecciones libres y democráticas en representación de esta entidad partidaria, especialmente en los cinco departamentos de mayor presencia negra en Honduras.

Son cinco los partidos políticos legalmente reconocidos en Honduras, que se disputarán el derecho a gobernar a nivel municipal, departamental y nacional, en este caso, el PINU – SD en su formula de diputados al Soberano Congreso Nacional por el departamento de Atlántida, lleva tres ciudadanos garifunas ellos son el ingeniero Pablo Antonio Martínez, la doctora Sonia Maribel Guity y mi persona; en la actualidad la comunidad afrohondureña carece de representación proporcional y participativa dentro de los 128 diputados propietarios que conforman el Poder Legislativo del país.

Quiero ser diputado de la nación, para ser una voz de los pobres y excluidos, y me he propuesto dedicarme por entero a impulsar iniciativas que propicien la

198

participación de la sociedad, el respeto a los derechos humanos, respeto a la seguridad personal y colectiva, al desarrollo económico, social y cultural de las zonas rurales y los sectores marginados de las grandes ciudades. También impulsaré la promulgación de leyes de abierto combate al racismo, contra la discriminación racial, la xenofobia, así como también, contra todas las formas de intolerancia y exclusión.

Quiero que juntos hagamos el milagro histórico. Préstenme su respaldo y su apoyo, a la vez, que toda acción política se convierta en voto a favor del Partido Innovación y Unidad Social Demócrata; particularmente en el departamento de Atlántida en las elecciones del 27 de Noviembre para que me ayuden a construir la nueva Honduras que anhela el 90% de la población hondureña, además, de ser posible deseo que respalden material y económicamente mi campaña para convertirme en Diputado del Congreso Nacional.

Finalmente patentizo ante ustedes y a las organizaciones presentes:

A la Coalición Garífuna USA Inc, Ebener Developers, FODEMA Inc, Milenio Real Estate Group, MUGAMA Inc, New Horizon Invesment Club Inc, Solo para Mujeres, SIMA World, Organización de Damas Limoneñas en Nueva York Inc, Organización de Jóvenes de Funda, Organización pro Desarrollo de Aguán Inc, Organización Travesía Nueva Ola Inc. y The Solís Mejía Family Foundation Inc. mi admiración y respeto por sus logros y alcances para un mundo mejor, sin violencia, sin guerras, sin atraso y miseria, pero sobretodo que nunca nos falte Dios.

¡Muchísimas Gracias amigos, compañeros y hermanos!!!

BERNARD MARTINEZ VALERIO

Presidente Nacional y Candidato a Diputado

PINU-SD

Comité de Acción Política Hondureño Americano y Sindicatos de Nueva York, Realizaron Exitosa Recaudación de Fondos para Bernard Martínez
Hondureños Afrodescendientes en Nueva York buscan incidir en proceso político

11 de Noviembre del 2005

Nueva York El Sindicato de Trabajadores Estatales y Municipales de Nueva York – D.C. 1707, AFSCME (por sus siglas en inglés), el Consejo Sindical para el Avance del Trabajador Latinoamericano, LACLAA (por sus siglas en inglés) y el Comité de Acción Política Hondureño Americano, HAMPAC (por sus siglas en inglés), realizaron un exitoso evento social de recaudación de fondos en la ciudad de Nueva York a beneficio de Bernard Martínez, Candidato a Diputado por el departamento de Atlántida al Soberano Congreso Nacional de Honduras.

Bernard Martínez es el primer afrodescediente en la historia política de Honduras, elegido como presidente de un partido político. En la actualidad, no existe ningún diputado propietario Afrodescendiente entre los 128 diputados que conforman el Soberano Congreso Nacional de Honduras. Las próximas elecciones en Honduras son el Domingo, 27 de noviembre del 2005 y Bernard es el afrodescediente con mayor posibilidad de salir electo Diputado-Propietario del Departamento de Atlantida, de acuerdo a su ubicación en la papeleta electoral.

La recepción se realizo el Jueves, 10 de Noviembre del 2005 en el Salón de Conferencias de la D.C. 1707 ubicado en Manhattan e hicieron acto de presencia lideres comunitarios de la ciudad de Nueva York como , Francisco Ruiz, vicepresidente de Jamalali Uagucha, Inc.; Maria Benedit, presidenta de Mujeres Garínagu en Marcha (MUGAMA); Jacqueline Scott, presidenta de Honduran American Children Fund; Emilio Martínez, presidente del patronato de Triunfo de la Cruz; Martín Bermúdez, presidente de Labuga.com; Tomas Alberto Avila, presidente de Milenio Real Estate group,LLC de Providence, Rhode Island; Berniece Mcfield, la Asociación Hondureña de Boston; Ernesto Martínez, coordinador de la Organizacionde Dama Limoneñas de Nueva Cork y muchos mas.

200

El maestro de ceremonia de la noche fue el Sr. Rejil Solís, tesorero del Comité de Acción Política Hondureño Americano, quien brindo las siguientes palabras de bienvenida: Es un gran placer darles la bienvenida a todos. Para nosotros es un gran honor contar con su presencia en este evento que será bien recordado en nuestra historia.

Enseguida el Sr. José Francisco Ávila en su calidad de presidente del Comité, expreso su agradecimiento a los sindicatos por permitirles realizar el evento en su sala de conferencia. Comento que este es un momento histórico para nosotros como hondureños y aun más para nosotros los afrodescendientes, ya que por mucho tiempo hemos sido prácticamente invisibles en la esfera política.

En 1997, en una entrevista con la revista "Hispanic Magazine," el presidente del Instituto de Política Puertorriqueña Ángelo Falcón, comentó "Hasta hace algunos años, mucha gente no estaba muy consciente del gran número de hondureños que residían en la ciudad de Nueva York. Hubo un incendio en un club social en el Bronx. Eso fue una verdadera tragedia porque murieron 87 personas, y resultó que la mayoría de esa gente eran hondureños. Ésa fue la primera vez que la gente se entero que existía una población de hondureños en la ciudad." No cabe duda cabe duda que hemos llegado muy lejos, concluyo el Sr. Avila.

La Sra Kim Medina, presidenta de la filial del Sindicato DC 1707 se dirigió al publico con las siguientes palabras, Gracias hermana(os) ya que eso es lo que somos, este es un evento histórico para nuestro sindicato, ya que estamos traspasando las barreras de color, pues muchos creen que todos los latinos son de piel clara como yo; ellos no saben que nosotros somos un arco iris humano con varias tonalidades de piel y les quiero agradecer por estar aquí con nosotros esta noche. Me gustaría presentar a otros dirigentes del sindicato que están presentes esta noche, Carolina Washington de la filial 253 y Leona Frederick, presidenta del comité de acción política. Nuestro sindicato siempre ha estado a la vanguardia y Rejil es un gran empleado, por lo tanto se que cuentan con un buen tesorero y le guardo un gran respeto. Les damos la bienvenida a nuestro hogar, y me encanta ver la solidaridad, ya que por lo general nos dividimos por nacionalidades y la verdad es que todos somos de clase trabajadora. Bernard, he conversado con varios de los que te apoyan y todos me dicen que has hecho un gran trabajo en tu país natal y sabemos que tu eres fiel creyente en la familia trabajadora y en eso se basa nuestro sindicato. Te brindamos la bienvenida a nuestra oficina porque has demostrado compromiso a la clase trabajadora como director regional del Departamento de Salud y tu participación social. Apoyamos tu esfuerzo por llegar al congreso nacional de Honduras y estamos convencidos que lo lograras y estamos seguros que darás lo mejor de ti, como siempre lo has hecho. Nuevamente te brindo la bienvenida ye esperamos que te sientas como en tu propio hogar y esperamos que siempre que vengas a Nueva York, nos visites.

En representación de la oficina del presidente del condado del Bronx, Sr. Adolfo Carrión, Aurea Mangual comento que era un privilegio brindarle la bienvenida a Bernard Martínez de parte y le deseamos mucho éxitos en su carrera política en Honduras y estamos seguros que saldrá avante. Felicito a la comunidad hondureña, la cual sigue creciendo en todos los condados pero estoy convencida que la cuna de los Garifunas, es el Bronx. Nuestra oficina esta en contacto constante con Jamalali Uagucha y su presidenta, Maria Máximo. Recuerdo cuando los Garífunas comenzaron a congregarse en al Parque de Kelly y realizaban lo que catalogo como celebraciones culturales. Le deseamos mucho éxito y estamos seguros que saldrá triunfante en su anhelo por llegar al Congreso Nacional de Honduras.

La presencia de la Sra. Aurea fue significativa, ya que el Comité de Acción Política Hondureño Americano, HAMPAC fue fundado en el 2003, como consecuencia de que el mes de septiembre de ese año una semana antes de realizarse el Séptimo Desfile Hondureño-Centro Americano, los organizadores del mismo tuvieron que acudir al presidente del Condado del Bronx, Adolfo Carrión, Jr. para evitar la cancelación del desfile, porque el departamento de policía de la Ciudad de Nueva York no otorgo el permiso requerido alegando la carencia de la documentación requerida y la tardanza en someter la solicitud para el permiso. El Sr. Pablo Gómez, presidente del comité organizador del desfile presentaron copias de documentos relacionados con el desfile-incluyendo la solicitud del permiso fechada abril del 2003.

Desafiando la presión de la administración de Carrión, el Departamento de Policía declinó otra vez el permiso citando limitaciones de personal y un número inusual de otros acontecimientos programados para el mismo día en el Bronx. El Presidente Carrión tuvo que hablar con el alcalde Michael Bloomberg quién ordenó que se permitiera que el desfile se realizará y que se proporcionarán los 15 oficiales de policía requeridos para el desfile y el festival de música y comida hondureña que siguió en el parque de Crotona. "Fue muy frustrante correr de un funcionario a otro sin ningún resultado pero perseveramos y pudimos finalmente reunirnos con el presidente del Bronx y lograr nuestro objetivo" dijo Rejil Solís, presidente de la Coalición Garifuna USA, Inc.

Irónicamente, apenas un día antes, Miguel Estrada el abogado Hondureño, nominado por el presidente Bush para Juez del Tribunal de Apelaciones en Washington, retiró su candidatura. El abogado hondureño de 41 años fue víctima de una feroz oposición en el Senado, donde los demócratas pusieron en marcha todas las tácticas dilatorias permitidas por el sistema legislativo, para impedir su confirmación.

Según el Sr. Ávila estos dos acontecimientos fueron un rudo despertar entonces él y el Sr. Solís decidieron que esto no le sucedería otra vez a su gente. Por lo tanto, él se reunió con la Cónsul General de Honduras, Antonieta Máximo, la Coalición Garífuna USA, Inc. y la Federación de Organizaciones Hondureñas de Nueva York (FEDHONY), El Comité del Desfile Hondureño-Cetro Americano y consulto con Tomás Alberto Ávila, presidente del Comité de Acción Política Latino de Rhode-Island (RILPAC, siglas en Inglés) para buscar maneras y estrategias de evitar que esta situación se repita. Fue a través de estas discusiones, que llegó a la conclusión que era necesario llenar el vacío político existente en la comunidad Hondureña de Nueva York y un comité de acción política independiente era la mejor alternativa. Para el 2006, el Comité tiene planificado convocar una asamblea con los líderes de las comunidades de hondureños mestizos y Caribeños en búsqueda de la integración de la Agenda de la Comunidad Hondureña Residente en Nueva York a la agenda estatal y local así como la del próximo gobierno de Honduras..

Bernard Martinez

10/11/2005

Bernard Martínez, Kim Medina, presidenta del Sindicato 1707 y Rejil Solís, presidente Tesorero del Comité Hondureño de Acción Política.

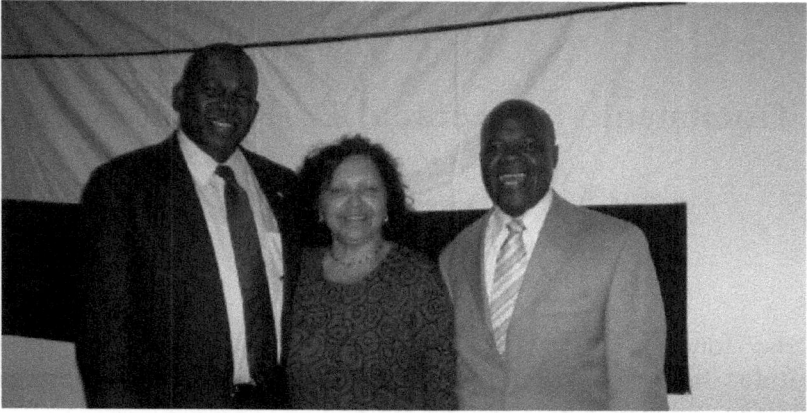

Bernard Martínez, Aurea Mangual, representante de la Oficina del Presidente del Condado del

Bronx, y Francisco Ruiz, vicepresidente de Jamalali Uagucha, Inc.

Programa Nacional de Turismo Sostenible (PNTS)

Documento Conceptual De Proyecto (Dcp)

HONDURAS
4 DE OCTUBRE 2004

I.   **DATOS BÁSICOS**

País: Honduras

Título del proyecto: Programa Nacional de Turismo Sostenible (PNTS)

Número del proyecto: HO-0195

Fecha del Esquema: Marzo 2004

Equipo de Proyecto:

Robert Kaplan, Jefe División Recursos Naturales y Medio Ambiente (RE2/EN2); Sergio Ardila (RE2/EN2), Jefe Equipo Proyecto; Michèle Lemay (RE2/EN2), Nadine Schiavi (RE2/EN2), Daniel Shepherd (FOMIN), Juana Salazar (RE2/SC2), José Luis Irigoyen (RE2/SC2), Andrés Navia (RE2/SC2), Edwin Mateo Molina (COF/CHO), Olga Falck (COF/CHO), Teresa Aparicio (COF/CHO), Javier I. Jiménez Mosquera (LEG/OPR2)

Prestatario:

Organismo ejecutor:

Plan de   Gobierno de Honduras

Secretaría de Turismo (SETUR)

BID: (FOE)   US$35.000.000

financiamiento: Local: US$ 9.000.000

Total: **US$44.000.000**

Período de Ejecución:

PTI:

SEQ:

Fechas tentativas: 4 años

Si califica, por criterio geográfico
Si califica.

Comité de Préstamos	Enero 2005
Directorio Ejecutivo	Marzo 2005

II. Marco De Referencia

A. El sector

2.1 El sector turismo ha venido ganando importancia rápidamente en la economía hondureña y tiene potencial para continuar haciéndolo en el futuro. Según estimaciones disponibles del Banco Central, los ingresos por turismo alcanzaron US$373 millones en 2003 (comparado con US$115 millones en 1996), ocupando el tercer puesto en términos de ingresos de divisas después de la maquila y las remesas. El empleo total en el sector alcanzó 84.940 en 2003 y las cifras de empleo directo e indirecto doblaron las de 1996, siendo ésta una muestra clara de su dinámico crecimiento y su potencial para contribuir al desarrollo y a la generación de ingresos en diversas zonas del país. Las perspectivas de crecimiento del sector son buenas, particularmente a la luz de los esfuerzos actuales para integrar circuitos con el resto de Centroamérica. La Organización Mundial de Turismo (OMT) ha proyectado incrementos del orden de 3,8% para el período 1995-2020. El potencial de este mercado se evidenció en el año 2002, año negativo para el turismo nternacional en el cual se registró un descenso de 4% de las llegadas turísticas, a pesar de lo cual el mercado centroamericano mostró un resultado positivo, el cual se repitió nuevamente en 2003 con un crecimiento de 4,2% al tiempo que el continente americano mostraba una caída de 2,1 % con relación al año 2002[1].

2.2 Honduras recibió en el año 2002 aproximadamente 550.000 visitantes, siendo la propia región centroamericana el principal mercado emisor con un 52% del total, seguido por Estados Unidos con el 23% y Europa con el 8,7% del total. El elevado número de turistas procedentes de Estados Unidos está relacionado en buena medida con los vínculos que mantiene la emigración hondureña a EEUU con su país de origen. Al examinar el motivo de las visitas se observa que los centroamericanos llegan a Honduras, en su mayoría, por motivos profesionales (49,2%), en tanto que los europeos (67,4%) y los norteamericanos (36,4%) llegan fundamentalmente para realizar actividades de ocio y pasar sus vacaciones, motivo en el que se destacan claramente los europeos por encima del resto.

2.3 Los turistas europeos y los norteamericanos son los que muestran una mayor estadía media (16 y 14 días respectivamente), y los centroamericanos la menor (6 días). Los norteamericanos son los turistas que más divisas dejan (US$873 por visitante), seguido por los europeos (US$585 por visitante), en tanto que los Centroamericanos dejan la menor cantidad de divisas (US$311 por visitante).

2.4 Las principales modalidades de turismo en el país son: i) Cultural, en la cual Copán es el sitio más representativo, siendo a la vez el principal destino turístico de Honduras, superando los 130.000 visitantes/año; ii) Deportiva, en la cual las Islas de la Bahía, segundo destino turístico de importancia en el país, constituyen uno de los destinos principales para la práctica de buceo en el ámbito internacional por el atractivo de sus arrecifes coralinos y ecosistemas; iii) Otras modalidades o segmentos de mercado tales como turismo de aventura, cruceros y negocios.

2.5 La proyección internacional del país es significativa únicamente para un número limitado de destinos hondureños, particularmente las ruinas mayas de Copán y las Islas de la Bahía, que constituyen en la actualidad los dos referentes más destacados al momento de identificar a Honduras como destino turístico.

2.6 Al analizar los flujos actuales, Honduras muestra cifras aceptables en términos de viabilidad económica para los segmentos de buceo en las Islas de la Bahía y turismo cultural en el centro arqueológico de Copán. Sin embargo, es importante destacar que el comportamiento de estos flujos evidencia la existencia de corredores o circuitos turísticos potenciales que podrían desarrollarse, en parte con base en estos dos destinos, y mejor aún complementados con productos/destinos adicionales.

B. Organización institucional

2.7 La Secretaría de Turismo (SETUR) es la entidad gubernamental responsable de diseñar las políticas para promover al sector. El Instituto Hondureño de Turismo (IHT), adscrito a SETUR, es el ente operativo, encargado de ejecutar todas las acciones públicas que SETUR considera necesarias para fomentar y desarrollar el sector, las cuales demandan un activo trabajo de coordinación con el resto del aparato público estatal. El IHT, creado ante Decreto Legislativo No. 103-93 del 27 de mayo de 1993, tiene como órgano regulador al Consejo Nacional de Turismo, que está conformado por el Ministro de Turismo, quien lo preside, el Ministro de Gobernación y Justicia, el Ministro de Obras Públicas, Transporte y Vivienda y tres miembros del sector privado nominados por la Cámara Nacional de Turismo de Honduras.

2.8 Con el fin de promover el desarrollo sectorial el gobierno ha establecido el Gabinete Nacional de Turismo, encargado de la coordinación interinstitucional y de establecer prioridades para las inversiones públicas orientadas al sector. Por su parte, SETUR, buscando descentralizar su accionar, ha conformado las Comisiones Municipales de Turismo. Estas comisiones operan ya en 56 municipios, con financiación del IHT, alcaldías y comunidades, y trabajan activamente en fortalecimiento institucional, promoción de pequeñas obras de infraestructura y gestión de proyectos turísticos locales.

2.9 El sector privado está institucionalmente organizado a través de numerosas organizaciones, las cuales a su vez se agrupan en la Cámara Nacional de Turismo. Entre las principales organizaciones se destacan: la Asociación Nacional de Hoteles y Afines de Honduras (AHAH), la Asociación de Operadores Turísticos de Honduras (OPTURH), la Asociación Hondureña de Líneas Aéreas (AHLA), la Asociación Hondureña de Rentadores de Vehículos

(AHRVE), y la Cooperativa de Transporte y Turismo de Honduras (COTATYH).

2.10 Existe un sinnúmero de organizaciones locales formadas alrededor de pequeños negocios y actividades relacionadas con el turismo (artesanías, comerciantes, etc) y organizaciones comunitarias y étnicas (Maya-Chortí y Garífunas) que son de gran relevancia para el sector en algunas zonas del país.

C.   Estrategia del país en el sector

2.11 El Gobierno de Honduras ha seleccionado el sector turismo como uno de los cuatros pilares del crecimiento económico del país. La información disponible sobre la demanda y mercados claves (cultural, aventura, naturaleza, cruceros, etc.) permite concluir que existe buen potencial para obtener aumentos importantes en los próximos años en las llegadas turísticas, lo cual puede conducir a mejorar la generación de divisas, la creación de empleos y la diversificación de las economías locales, particularmente en regiones que ofrezcan una concentración de atractivos y buen acceso, tal como la costa norte.

2.12 SETUR ha establecido como una meta nacional el desarrollo turístico sostenible, esto es, que sea equitativo, socialmente y ambientalmente responsable y orientado a mejorar la calidad de vida de las poblaciones locales. Para ello, ha generado una visión clara de largo plazo para el sector, ha propuesto las bases de una estrategia de desarrollo y, con apoyo del Banco, ha contratado la formulación de la Estrategia Nacional de Turismo Sostenible (ENTS), la cual será objeto de un amplio proceso de consulta con empresarios y organizaciones locales, incluyendo sondeos de concertación con todos los pueblos indígenas y afro-hondureños dentro de las zonas de influencia del Programa de acuerdo a la Convención 169 de la OIT, de la cual Honduras es país signatario. La ENTS será la base para diseñar un programa nacional coherente de inversión, pública y privada, dirigido a mejorar la posición competitiva del país en el contexto internacional, maximizar los impactos sobre el desarrollo local y preservar la base natural y cultural que son sustento de la actividad. El gobierno es consciente de que para mejorar la posición competitiva en el sector se requiere que las regiones con el mejor potencial de crecimiento estén preparadas para satisfacer la demanda de servicios y productos de calidad, manteniendo la estabilidad del contexto social y la calidad ambiental.

2.13 A pesar de ser el único país en la región centroamericana que cuenta con seis tipos de atractivos claves (arqueología, naturaleza/aventura, playas, arrecife, ciudades coloniales, culturas vivas) Honduras tiene orientado el posicionamiento de su marca *"Honduras, Un país pequeño, tres grandes mundos "*, hacia los productos de naturaleza, arqueología y playas. Dado que sus principales productos actuales lo constituyen la arqueología y el arrecife, la orientación general de la estrategia busca el posicionamiento de otros atractivos (playa, naturaleza, ciudades coloniales y culturas vivas) y la diversificación de los productos ya potenciados. Por las características innatas de los dos productos principales actuales, sujetos además a una restringida capacidad de carga, se están desarrollando estrategias diferenciadas del resto de la región para la puesta en valor de los nuevos atractivos. Algunas de las principales acciones que se planea introducir son:

2.14 **Turismo cultural:** Se busca consolidar la posición de Copán como uno de los principales atractivos de toda la región del Mundo Maya. En este sentido, a pesar de que en términos de parque arqueológico, Copán es un producto maduro, se busca disminuir la presión sobre su capacidad de carga a través del desarrollo del nuevo sitio arqueológico Río Amarillo. Asimismo, se espera convertir a Copán en un centro de distribución turístico mediante la construcción de un pequeño aeropuerto regional.

2.15 **Turismo de naturaleza/geoturismo:** se considera que puede ser ofrecido como producto complementario a sol y playa. Estudios existentes indican que existe un recurso turístico de calidad en las áreas protegidas nacionales pero con grado de madurez incipiente. En 2003 el IHT desarrolló la estrategia de promoción de turismo científico, académico, voluntario y educacional (SAVE, por sus siglas en inglés), en colaboración con George Washington University. Esta estrategia busca certificar la calidad de los atractivos nacionales mediante la acreditación académica y científica de los productos, dando a conocer las oportunidades de conocimiento que ofrece el destino.

2.16 **Turismo de sol y playa:** se planea desarrollar un Centro Integralmente Planeado (CIP) en Bahía de Tela con suficiente infraestructura y oferta de alojamiento para servir como "punto de distribución" hacia otros circuitos turísticos. La estrategia es atraer "turismo de sol y playa" y ofrecerle actividades de "interés especial" como producto complementario. Los componentes principales del CIP de Bahía de Tela, que se espera se desarrollarán en un plazo de 5 a 7 años, incluyen el proyecto hotelero Los Micos[2], un muelle de cruceros, incorporación de las áreas protegidas al turismo regional y acciones complementarias de desarrollo regional (vías, infraestructura básica, desarrollo urbano, manejo ambiental, fortalecimiento institucional) necesarias para garantizar su sostenibilidad. SETUR espera desarrollar el muelle de cruceros a través de una concesión a una empresa privada especializada (los estudios respectivos se están financiando con recursos de preinversión de un préstamo del Banco), y las acciones complementarias de desarrollo regional se planea financiarlas en su gran mayoría con recursos concesionales que se están gestionando con el Gobierno de Italia. El primer proyecto del CIP a desarrollar será el proyecto hotelero Los Micos, para lo cual SETUR/IHT ha creado la empresa gestora de capital mixto, público-privado, Desarrollo Turístico Bahía de Tela (DTBT). El gobierno ha considerado indispensable su participación activa en este proyecto, el cual viene promoviendo el país hace un buen tiempo, tanto por la necesidad de mantener una supervisión sobre aspectos ambientales y de manejo del uso del suelo, como por el hecho de que los niveles de riesgo percibidos por los inversionistas que requiere el proyecto, derivados de ser un proyecto "green field" en un segmento de mercado de

212

escaso desarrollo en un país de alto riesgo, han impedido en el pasado su despegue.

2.17 La orientación estratégica del IHT es promover un turismo de bajo impacto que genere un impacto económico local positivo. Sin embargo, el deterioro de algunos de los sitios turísticos del país y el que podría inducirse de no tomar medidas concretas para prevenirlo, representan un reto significativo. Por ello, el IHT busca mejorar su capacidad de planificación y generar mecanismos que permitan definir y regular la capacidad de carga de los atractivos del país, con un enfoque tanto en la adecuación de la capacidad física de los sitios para recibir visitantes, como en la introducción de planes de manejo/uso público y el fortalecimiento institucional.

2.18 Con el propósito de maximizar los impactos económicos locales, en todos los desarrollos previstos se busca incorporar productos adicionales de primera calidad que permitan desarrollar oportunidades de negocio para las poblaciones locales. Así por ejemplo, alrededor de los desarrollos en Copán se buscará promover negocios asociados con la artesanía, etno-turismo de base comunitaria y otros semejantes, y mediante un programa de capacitación técnica adecuado, generar productos turísticos asociados con naturaleza y arqueología.

D. Estrategia del Banco en el país

2.19 La estrategia del Banco para Honduras busca apoyar los esfuerzos del gobierno para poner en práctica la Estrategia para Reducción de la Pobreza (ERP), la cual tiene como objetivos: i) acelerar el desarrollo económico sostenible mediante el mejoramiento de la competitividad; ii) aumentar las capacidades productivas de la población con menor ingreso; y iii) fortalecer la capacidad institucional y la gobernabilidad del país, apoyando el proceso de descentralización y el desarrollo económico local. El Programa que se propone es consistente con la estrategia del Banco y con la ERP ya que promueve el mejoramiento de la competitividad del turismo, identificado como uno de los pilares del desarrollo económico nacional. Para maximizar el impacto de desarrollo local, el Programa contempla la promoción de actividades productivas asociadas y mecanismos de apoyo al desarrollo de la participación del sector privado y la sociedad civil en el sector.

2.20 El Banco tiene varias operaciones (préstamos y cooperaciones técnicas) en ejecución relacionadas con el PNTS, entre las cuales se destacan el Programa de Manejo Ambiental Islas de la Bahía-fase II (PMAIBII) (1113/SF-HO), el Programa de Fomento a la Competitividad (1125/SF-HO), el cual incluye al turismo como uno de los sectores clave, y varias cooperaciones técnicas, incluyendo: una cooperación técnica en ejecución para el Manejo de Areas Protegidas en un Contexto de Turismo Regional en la Costa

Norte (ATN/SI-8649-HO), cuyos resultados serán incorporados en la ENTS y se usarán en la preparación esta operación.

Otros proyectos e iniciativas relacionados

2.21 Otros proyectos e iniciativas relacionados en ejecución incluyen: i) el proyecto de Turismo Costero Sostenible en la Costa Norte (US$5 millones), financiado por el Banco Mundial, en el cual se ha utilizado planificación participativa para diseñar una estrategia de turismo costero, se ha fortalecido la capacidad de planificación turística de municipalidades costeras y se apoya el desarrollo empresarial; ii) el programa de desarrollo regional para el Valle de Copán, en ejecución mediante un proyecto del Banco Mundial (US$12 millones), y iii) varios proyectos pequeños de cooperación bilateral.

E. Estrategia del Programa

2.22 El Programa propuesto se orienta a apoyar la estrategia del gobierno nacional descrita anteriormente para promover el desarrollo sectorial. En particular, con el Programa se busca consolidar y hacer más efectiva y eficiente la labor que realiza SETUR en dos campos. De un lado, como coordinador de la acción pública, tanto nacional como local, en beneficio del desarrollo del turismo, y del otro lado, como catalizador de la inversión privada, tanto nacional como internacional, buscando convertirla en el principal motor del desarrollo sectorial. Estas acciones deberán contribuir a mejorar la competitividad del país en este sector en la región centroamericana, pero es fundamental garantizar que el desarrollo que se genere sea responsable y sostenible en términos económicos, sociales, ambientales y culturales.

III. El Programa

A. Objetivos

3.1 El Programa tiene como fin contribuir al desarrollo del turismo sostenible en el país, entendido como aquél que es responsable y sostenible en términos económicos, ambientales, sociales y culturales. En particular, el Programa contribuirá al desarrollo social y económico de regiones del país con potencial turístico, algunas de las cuales coinciden con zonas de menor desarrollo, mediante incrementos en los niveles de empleo, oportunidades de negocios y mejoramiento de servicios básicos. De esta manera se estarán mejorando simultáneamente las condiciones de vida de la población local, aumentando la generación de divisas y conservando el rico patrimonio natural y cultural que sustentan la actividad turística.

3.2 Los objetivos específicos del Programa son:

a. Desarrollar y diversificar la oferta turística hondureña, buscando simultáneamente aumentar la interconexión entre los diversos circuitos turísticos existentes y proyectados, con miras a mejorar el posicionamiento de Honduras en el mercado regional centroamericano e internacional.

b. Atender prioridades de inversión pública identificadas en la ENTS, compuestas principalmente por creación/mejoramiento de bienes públicos (protección del patrimonio natural y cultural), servicios básicos y capacitación laboral, que den sustento al desarrollo del sector en zonas con potencial turístico, mejorando simultáneamente las condiciones de vida de las poblaciones locales.

c.   c. Catalizar la inversión privada para convertirla en el principal motor para el desarrollo sectorial, buscando, de un lado, atraer inversionistas internacionales de reconocida calidad y experiencia, y del otro, apoyando el desarrollo de pequeños y medianos inversionistas, así como empresarios, asociaciones y comunidades locales.

B.   Estructura y descripción del programa

3.3   El Programa estará estructurado en dos componentes: i) Inversiones públicas de apoyo al desarrollo del turismo sostenible, y ii) Fomento de la inversión privada en el sector.

1.   Inversiones públicas de apoyo al desarrollo del turismo sostenible (US$20,5 millones)

3.4 Este componente financiará acciones que realizarán entidades públicas nacionales ylocales, coordinadas por SETUR. Estas acciones tienen como fin catalizar el desarrollo de zonas con potencial turístico y se organizan en dos sub-componentes que se reflejarán en la ENTS.

3.5 **Proyecto de Turismo Sostenible Mundo Maya – PTSMM-HO (US$15,5 millones).** El sub componente PTSMM-HO hace parte del Programa regional Mundo Maya, que ya ha sido diseñado utilizando un esquema participativo, y cuyos aspectos técnicos, ambientales, económicos y financieros han sido analizados a través de varios estudios realizados en los últimos dos años. El PTSMM-HO prevé una serie de inversiones estratégicamente planificadas e interdependientes que tienen como fin consolidar dos *clusters* turísticos en las regiones de Copán y Omoa, que a su vez se convertirán en elementos esenciales para el desarrollo socioeconómico de sus áreas de influencia. El Proyecto considera inversiones integradas tendientes al desarrollo del turismo cultural, ecológico y de aventura, buscando a su vez fortalecer la identidad y cultura de las poblaciones vecinas a través del apropiamiento del Proyecto y sus beneficios. El PTSMM-HO se inserta tanto en la ENTS como en el plan de desarrollo turístico de la región del Mundo Maya, en el cual las inversiones en Honduras desempeñan un papel central, particularmente por la relación con los circuitos turísticos que integran a Belice y Guatemala.

3.6 Los clusters turísticos en Honduras se seleccionaron en torno a la restauración y puesta en valor de dos importantes estructuras que hacen parte del patrimonio cultural de la nación. Por una parte, el sitio arqueológico de Río Amarillo, donde la restauración arqueológica se combina con obras de vías de acceso, agua y saneamiento, y energía (US$1,52 millones), infraestructura de visitantes (US$0,37 millones), capacitación e iniciativas productivas/microempresas en las comunidades de La Castellona, La Pintada, y Río Amarillo (US$0,15 millones). Cerca al sitio Río Amarillo se prevé la construcción de un pequeño aeródromo para naves de max. 50 pasajeros (US$9,3 millones), que facilitará la consolidación del circuito regional y el acceso al parque arqueológico Copán, entre otros. Por otra parte, se prevé la puesta en valor de la Fortaleza de Omoa (US$2,1 millones), que se complementa con un conjunto de actividades de capacitación e iniciativas productivas (microempresas y servicios turísticos) con las comunidades Milla 4, San Marcos y el Paraíso (US$0,15 millones). Las inversiones, en su conjunto, ofrecen las bases para un producto de turismo cultural y natural comprehensivo y sostenible, y se espera que los principales beneficiaros sean las poblaciones locales.

3.7 **Otras inversiones de la ENTS (US$5.0 millones).** Las inversiones de este subcomponente apoyarán proyectos y líneas de acción del sector público (entidades nacionales, regionales y municipales) identificadas, analizadas y avaladas en la ENTS. Las iniciativas que surjan durante los estudios y consultas para acordar la ENTS serán atendidas con reglas de operación semejantes a las de un programa de obras múltiples, derivadas de un análisis técnico, ambiental, económico y financiero de una muestra de los proyectos de la ENTS. Estos planes serán confirmados a través de un amplio proceso participativo de consultas con las comunidades, los gobiernos locales y las organizaciones empresariales existentes. Las acciones a considerar podrán incluir el mejoramiento de servicios públicos básicos (agua potable, saneamiento), transporte, creación o mejoramiento de bienes públicos locales a través de acciones tales como manejo de áreas naturales protegidas, restauración y puesta en valor de sitios arqueológicos o históricos de interés, mejoramiento urbanístico de poblaciones con atractivos arquitectónicos, culturales, arqueológicos, y similares.

2.   Fomento de la inversión privada en el sector (US$19,7 millones)

3.8 Este componente financiará acciones encaminadas a dinamizar la participación del sector privado en el sector, tanto de inversionistas capaces de desarrollar proyectos de tamaño significativo, como de pequeños y medianos empresarios y organizaciones comunitarias que enfrentan dificultades para financiar sus proyectos. Las acciones a realizar se han organizado en dos sub-componentes.

3.9 **Infraestructura básica interna del proyecto Los Micos (US$14,5 millones).** Los recursos de este sub-componente serán utilizados por SETUR para financiar la infraestructura básica interna del proyecto Los Micos. Específicamente, financiaría las calles vehiculares internas y vía de acceso al poblado vecino de Miami, conformación del terreno, alcantarillado sanitario y pluvial, redes de distribución de agua potable, energía eléctrica y teléfono, y la infraestructura de agua potable, saneamiento y mejoramiento urbano para los poblados garífunas de Tornabé y Miami, ubicados en la vecindad inmediata del proyecto. Esta inversión constituirá un aporte del Gobierno a la empresa pública DTBT, la cual actúa como empresa gestora del proyecto hotelero. DTBT promoverá las inversiones hoteleras propiamente dichas a través de

218

diversos mecanismos de asociación con inversionistas privados (fondos especializados que aportarán capital, operadores hoteleros, otros inversionistas), y en el proceso se irá transformando para convertirse en una empresa con mayoría de capital privado. En la actualidad se están terminando los estudios de estructuración financiera de las inversiones hoteleras y recreativas con una Banca de Inversión, los cuales producirán un plan de financiamiento que permita conseguir los recursos de capital y deuda necesarios para llevar a cabo la primera etapa del proyecto.

3.10 **Fondo de Fomento al Turismo - FFT (US$5,2 millones).** El Fondo de Fomento al Turismo, que se diseñará como parte de los estudios de la ENTS, ofrecerá apoyo financiero a pequeñas y medianas empresas (PyMEs) del sector turismo y de sectores directamente vinculados con él (restaurantes y proveedores de hoteles, empresas que prestan otros servicios relacionados tales como mantenimiento, lavandería) y a empresas encadenadas directamente con el sector turismo tales como fabricantes de artesanías. Como parte del FFT se prevé la incorporación de una facilidad de apoyo a microempresas, con sus propios criterios de elegibilidad. Se sabe que existe una demanda otencial en este segmento, en particular en las áreas de Copán y Omoa en donde se han hecho estudios específicos al respecto. La expectativa inicial es que dicho Fondo será un esquema de financiamiento compartido ("matching grants"). Sin embargo, durante los estudios de diseño que se están ejecutando se explorarán otros posibles esquemas incluyendo préstamos y esquemas de recuperación contingente, utilizando para ello las lecciones aprendidas de la operación de instrumentos similares existentes en otros países. El FFT operará siguiendo un *Reglamento Operativo* que se diseñará buscando garantizar transparencia en la asignación de recursos y un análisis riguroso de las propuestas.

C. Costo y financiamiento

3.11 El cuadro siguiente presenta una distribución preliminar de los costos estimados del programa y la fuente de financiamiento. Estos costos serán estimados con mayor precisión en los estudios que están en marcha para terminar la preparación del programa.

3.12 El Gobierno aspira a obtener un financiamiento de BCIE por US$7.0 millones para el proyecto Los Micos, el cual complementará los recursos nacionales para completar la contrapartida local.

IV. Ejecución Del Programa

A Prestatario, y organismo ejecutor

4.1 El prestatario del Programa será el Gobierno de Honduras a través del Ministerio de Finanzas y el Ejecutor será la Secretaría de Turismo a través del Instituto Hondureño de Turismo (IHT).

B Ejecución y administración del proyecto

4.2 La coordinación, administración y supervisión del Programa, serán responsabilidad del IHT a través de una Unidad Coordinadora de Proyecto. La Unidad será la instancia de interlocución con el Banco y coordinará todas las actividades del Programa, incluyendo la preparación de los Planes Anuales de Ejecución y demás planes, informes financieros y administrativos elaborados requeridos por el Banco. La Unidad será el ente coordinador con las demás entidades co-ejecutoras. 4.3 Para el diseño de la estructura de ejecución se está teniendo en cuenta la experiencia existente en la ejecución del Programa PMAIB II (1113/SF-HO) buscando, de un lado, garantizar que los dos programas (PMAIB II y PNTS) puedan operar de manera efectiva, y de otro lado, generar una estructura que consolide y optimice el uso de los recursos humanos y financieros conforme a la política del Gobierno.

4.4 Los estudios institucionales que se están llevando a cabo han propuesto preliminarmente el organigrama de la Unidad Coordinadora del Proyecto (UCP) que se presenta en el anexo 1, el cual indica la estructura básica de la UCP y su ubicación en el IHT. La estructura incluye dos Gerencias

Técnicas Operativas (una para el PNTS y otra para el PMAIB II) con personal idóneo para manejarlos, una Gerencia Administrativa que apoyará los dos programas, y un Gerente General que supervisará la marcha de los dos programas en sus aspectos técnicos, administrativos y operacionales. El personal técnico del PMAIB II en Roatán se mantendrá con sus funciones existentes y actuará como la Gerencia Técnica Operativa para el PMAIB II. A su vez, se mantendrá y fortalecerá la actual área de administración financiera del PMAIBII, convirtiéndola en una Gerencia de Administración y Finanzas que apoyará los dos proyectos. Adicionalmente, se fortalecerá la Gerencia de Planificación y Desarrollo de IHT con la creación de una Unidad de Supervisión y Evaluación (ver sección sobre seguimiento y evaluación) que cubrirá estas necesidades de los dos proyectos.

4.5 La nueva Gerencia Técnica Operativa del PNTS será responsable de coordinar, asesorar y supervisar, mediante convenios de ejecución interinstitucional, la ejecución de los componentes y subcomponentes que desarrollarán las entidades coejecutoras del PNTS, entre ellas: SOPTRAVI, IHAH, FHIS, DTBT, y otras.

4.6 Para la ejecución del primer componente (inversiones públicas), se están elaborando planes de acción, los cuales se reflejarán en los convenios entre SETUR y las entidades coejecutores, las cuales serán responsables de los procesos de licitación, contratación y supervisión de la ejecución de las obras. Los convenios aclaran las responsabilidades en términos de ejecución, operación y mantenimiento. Para coordinar las actividades en la Gerencia de Planificación del IHT, se incorporará un especialista de alto perfil técnico para que siga todas las actividades del Proyecto Mundo Maya. Los convenios incluirán los requerimientos de recursos humanos y financieros para garantizar que estas entidades pueden realizar sus tareas de seguimiento y vigilancia de la marcha de los contratos. Se prevén convenios con las siguientes instituciones públicas: i) SOPTRAVI para la construcción del aeródromo de Río

Amarillo y la carretera de acceso a La Castellana y al sitio arqueológico; ii) FHIS para los servicios de agua y saneamiento en La Castellana, el sitio arqueológico y el aeródromo; iii) IHAH para las inversiones en el sitio arqueológico y la fortaleza de Omoa; iv) ENEE para la ampliación de la red eléctrica en la Castellana, el aeródromo y el sitio arqueológico.

4.7 En los estudios en marcha se analizará una posibilidad alternativa, que consistiría en suscribir convenios marco al inicio del Programa con las principales entidades que participarán en la ejecución del primer componente, los cuales definirán de manera precisa procedimientos sencillos que permitan ejecutar subsecuentemente los proyectos que harán parte del componente.

4.8 Los estudios en marcha para terminar los diseños del PTSMM-HO permitirán definir que entidades u organizaciones serán responsables de la operación y mantenimiento de las obras y la forma como se financiarán estas actividades. En principio, se espera que la Dirección de Transporte Aéreo de SOPTRAVI se encargará de dar mantenimiento al Aeródromo de Rió Amarillo y financiará los costos de operación mediante el cobro de tarifas, los cuales podría ser necesario complementar en los primeros años con recursos del Estado. Para el caso de agua y saneamiento, el FHIS será el responsable de plantear los mecanismos de operación y mantenimiento del sistema de agua y saneamiento que se instalará en la comunidad La Castellona, los cuales podrían operar mediante una Junta de Agua, siguiendo la experiencia exitosa en ese sentido existente en Honduras. Para el caso de la vía de acceso a La Castellona, la Dirección de Carreteras de SOPTRAVI la incorporará dentro del Fondo de Mantenimiento Vial Hondureño y el mantenimiento del nuevo sitio arqueológico será responsabilidad del IHAH.

4.9 Las obras en el proyecto Los Micos incluidas en el segundo componente serán contratadas por DTBT y los términos del traspaso de recursos se definirán mediante un convenio SETUR-IHT/DTBT. Para la operación del Fondo de

Fomento al Turismo se están analizando varios esquemas en términos de eficiencia y resultados. Una alternativa consiste en contratar mediante concurso una firma o una entidad especializada (tal como FIDE) para manejar la etapa de elegibilidad y el proceso de otorgamiento de los proyectos y la supervisión. Esta firma u organización podría manejar también la parte financiera haciendo los pagos a los beneficiarios finales de los proyectos. Alternativamente, la entidad especializada se dedicaría exclusivamente a la parte de selección, otorgamiento y supervisión de subproyectos, mientras que la administración financiera de contabilidad y pagos a los beneficiarios la hará la UCP.

4.10 El equipo de proyecto revisará la conveniencia de estos esquemas durante el análisis y si es del caso propondrá otras alternativas que mejoren la efectividad de los proyectos, faciliten su ejecución posterior y aseguren la sostenibilidad de mediano y largo plazo. La ejecución del Programa se regirá por un manual operativo en el que se consignarán todos los procedimientos relevantes, y por los convenios establecidos con los diferentes niveles de gobierno y las organizaciones comunitarias.

V. Impacto sobre el Desarrollo

A.   Beneficios

5.1 El programa tendrá un impacto directo en el mejoramiento de las oportunidades económicas para el país, especialmente las partes de la economía vinculadas con el sector turístico. Los beneficios del Programa pueden agruparse en tres grandes categorías principales. En primer lugar, y al nivel más agregado, el crecimiento del sector turístico producirá un aumento significativo en la generación de divisas, empleo e ingreso familiar en las zonas beneficiadas. En segundo lugar, las poblaciones locales obtendrán beneficios directos de la infraestructura que se construya (servicios de agua y saneamiento, electricidad, manejo de desechos sólidos, transporte, comunicaciones) y podrán disfrutar también los bienes públicos locales que proveerá el proyecto. En tercer lugar, se espera que el programa contribuya significativamente a garantizar la sostenibilidad financiera y ambiental del manejo de una porción significativa de las áreas naturales protegidas del país y de la zona arqueológica de Río Amarillo.

C   Resultados esperados

5.2 Los resultados serán estimados en los siguientes estudios económicos y financieros que se están realizando: i) evaluación económica del proyecto Los Micos, ii) evaluación económica y financiera del PTSMM-HO, iii) análisis económico y financiero de la muestra de proyectos de la ENTS que se seleccionarán para el diseño del primer componente. Los principales indicadores, incluyendo indicadores de impactos sociales, serán consignados en el marco lógico del Programa.

D   Clasificación PTI/SEQ

5.3 El Programa clasifica como una operación dirigida a mitigar la pobreza y como una operación que promueve la equidad social, como se describe en los objetivos claves para la actividad del Banco contenidos en el Informe del Octavo Aumento General de Recursos.

B.   Impactos sociales y ambientales

5.4 El Programa podría tener impactos sociales y ambientales importantes, tanto positivos como negativos. Impactos positivos tales como la valorización de áreas protegidas naturales/ arqueológicas, el mejoramiento de su sostenibilidad financiera, y la creación de mecanismos de participación local en el sector turismo, que resultarán tanto de las inversiones públicas en manejo de recursos naturales como del apoyo a iniciativas privadas en ecoturismo y a alianzas del turismo con la investigación científica. Igualmente, se prevén impactos socio-ambientales positivos por el mejoramiento de los servicios básicos en comunidades aledañas a las inversiones turísticas tales como La Castellona en Copán, Miami y Tornabé en Bahía de Tela. Los impactos negativos potenciales, si no son mitigados o si no se incorporan medidas preventivas, podrían resultar en cambios y pérdidas significativas en términos de calidad ambiental (contaminación de aguas superficiales y costeras, pérdida de integridad de áreas protegidas, pérdida de biodiversidad) y procesos sociales no deseados, en especial afectar negativamente la participación comunitaria basada en equidad de género y el empoderamiento comunitario del Programa.

5.5 Para analizar en detalle estos impactos, durante la preparación del Programa se está siguiendo un procedimiento estructurado que incluye dos Evaluaciones Ambientales Estratégicas (EAE) y Evaluaciones de Impacto Ambiental (EIA) de proyectos específicos. Las EAE en preparación cubren: i) el sector turismo como un todo en Honduras, incluyendo el análisis de los impactos de varios escenarios de crecimiento particularmente en Copan, Islas de la Bahía y Bahía de Tela; ii) una EAE a nivel regional para el PTSMM. La estrategia ambiental y social del Programa está basada en los lineamientos y recomendaciones de estos análisis.

5.6 El conjunto de obras de infraestructura para el Proyecto "Los Micos Beach and Resort" en Bahía de Tela y el Aeródromo de Río Amarillo son las inversiones que necesitan análisis de impactos más profundos. Los EIA se han iniciado para ambos proyectos, cumpliendo los requisitos de la Secretaría de Recursos Naturales y Ambiente (SERNA) expresados en el reglamento del Sistema Nacional de Evaluación de Impacto Ambiental (SINEIA), incluyendo un proceso amplio de socialización de los análisis con las comunidades afectadas en las zonas de influencia.

5.7 En lo que se refiere al Proyecto "Los Micos Beach and Resort", el borrador del EIA puesto a disposición del público el 15 de julio 2004, ha identificado impactos negativos potenciales como cambios en los ecosistemas presentes dentro de la zona de influencia directa, incluyendo el corredor biológico que conecta el Parque Nacional Jeannette Kawas, un sistema de humedales de importancia internacional reconocido

225

como sitio RAMSAR. El Plan Maestro incluirá como medidas preventivas y de mitigación lineamientos paisajísticos, arquitectónicos así como apoyo a la gestión de las áreas protegidas en la zona de influencia. Además, se prevé profundizar el análisis de los impactos indirectos tales como los asociados a la migración utilizando los resultados del estudio socioeconómico del proyecto. Otros aspectos especiales a ser profundizados en la preparación de los diseños finales son: i) se debe contar con una fuente de agua potable capaz de garantizar un suministro adecuado tanto para el Proyecto como para la ciudad de Tela y demás zonas urbanas que la compartan, ii) se deben tener alternativas para el tratamiento y la disposición de efluentes, tanto del Proyecto como de zonas vecinas, en particular Tela Nueva. Otras fuentes de contaminación dentro de la zona de amortiguamiento serán objeto de estudios detallados. Así mismo, se han identificado varios aspectos socio-culturales que deben ser tenidos en cuenta, tales como: i) las preocupaciones de las poblaciones vecinas por los posibles riesgos a la tenencia de sus tierras dada la fragilidad de sus títulos, ii) divergencias en términos de concepción del desarrollo local y del desarrollo turístico, y iii) la necesidad de incluir procesos de participación de comunidades garífunas. El borrador del EIA propone un plan de gestión preliminar que presenta las medidas de control ambiental específicas para las fases de diseño, construcción, operación y mantenimiento de cada obra. Se prevé elaborar el plan de gestión definitivo después del dictamen oficial de la SERNA y la publicación del informe final del EIA

5.8 En lo que se refiere al Aeródromo de Río Amarillo y las obras para La Castellona, el borrador del EIA puesto a disposición del público el 6 de septiembre 2004, identifica: i) riesgos de inundaciones dado la proximidad de los Ríos Blanco y Amarillo y el estado de degradación de las cuencas arriba del sitio; y ii) el posible deterioro de las estructuras y sitios arqueológicos en la zona de influencia del proyecto como resultado del aumento del flujo de turistas. Además, se ha identificado la necesidad de ampliar la participación de los gobiernos y organizaciones locales en el proyecto (incluyendo la mancomunidad Chortí y las comunidades indígenas Maya-Chortí, cuyo hábitat se encuentra dentro de la zona de influencia del proyecto). El EIA incluye un inventario de las posibles medidas y recomendaciones generales que serán diseñadas e incluidas en el plan de gestión. Como medida adicional, se está elaborando el plan de manejo y uso público para la protección del patrimonio cultural y natural del sitio arqueológico Río Amarillo.

5.9 En cuanto a las otras acciones a ser financiadas como apoyo a la ENTS (Componente 1 y componente 2-FFT), las inversiones se identificarán como resultado de un amplio proceso participativo en seis regiones del país. Aunque el análisis está en proceso, las inversiones de infraestructura básica o de servicios turísticos públicos se espera que serán en su mayoría de pequeña escala. El estudio de factibilidad de la ENTS incluye el análisis ambiental y socio-cultural de una muestra de proyectos prioritarios identificados durante las consultas regionales. No se prevén impactos ambientales o sociales significativos dado el tipo y tamaño de las inversiones y la alta participación de los involucrados en la selección y diseño de las mismas. Tanto las inversiones del sector público como las que apoyará el FFT estarán sujetas a procedimientos ambientales y socio-culturales, los cuales se incorporarán en el Manual Operativo del programa.

5.10 En resumen, la estrategia ambiental y social del Programa se basa en análisis y acciones a tres niveles: i) estratégico para identificar impactos regionales y desarrollar lineamientos para un turismo sostenible); ii) EIA de obras especificas; y iii) procedimientos ambientales para el manejo de las inversiones del programa de obras múltiples y el FFT. Dentro de este contexto se prevé incluir los siguientes elementos: i) el requisito de incorporar en los diseños finales de las obras de infraestructura medidas preventivas y de mitigación para los proyectos específicos y de considerar sus costos en los convenios y contratos para la ejecución; ii) una estrategia de comunicación social y participación fundamentada en la equidad de género e inclusión social de las comunidades afectadas tanto en la ejecución como en el monitoreo del Programa; iii) un mecanismo de auditoria ambiental independiente; iv) integración de indicadores ambientales y sociales, elaborados en concertación con las comunidades afectadas, en el sistema de seguimiento y evaluación de los resultados e impactos del Programa; y v) fortalecimiento institucional de la UGA de SETUR y las UGA municipales para asegurar el cumplimiento a los planes de gestión ambiental.

VI. Aspectos Especiales Y Riesgos

6.1 El financiamiento que el Gobierno de Honduras espera obtener de BCIE deberá ser en términos concesionales, a efectos de cumplir con los requisitos de la iniciativa HIPC en la que participa el país. BCIE ha informado que establecerá en los próximos meses las condiciones financieras que puede ofrecer dependiendo de su disponibilidad de recursos blandos. Así mismo, BCIE ha informado que de contar con la información básica requerida podría aprobar el financiamiento antes del fin de este año. Durante la misión de análisis del proyecto se revisará en detalle el estado de este financiamiento, y si se considera que no es posible concretarlo se ajustará el tamaño de la contrapartida y de los componentes, para que manteniendo la restricción presupuestal se obtenga el mayor impacto de desarrollo.

6.2 De otra parte, se ha terminado ya la identificación y análisis preliminar de las inversiones complementarias del CIP (ver párrafo 2.16). Los resultados de estos trabajos, realizados por la Cooperación Técnica Italiana, serán presentados próximamente al Gobierno Italiano, y se espera que el financiamiento pueda ser ratificado a inicios del año 2005.

6.3   Se han identificado los siguientes riesgos principales.

a.   Complejidad de la operación. El Programa es complejo pues requerirá ¡la participación de un buen número de entidades públicas como coejecutoras. Este riesgo está siendo mitigado de varias maneras. De una parte, se está utilizando la experiencia de SETUR en la ejecución exitosa de otros programas con el Banco. De otra parte, se está diseñando una

228

estructura descentralizada de ejecución que asigne responsabilidades a entidades capaces de asumirlas, introduciendo en los convenios respectivos recursos para que éstas puedan llevar acabo las tareas requeridas.

b. Riesgo de que se concreten las inversiones privadas hoteleras y en facilidades de recreación del proyecto Los Micos, las cuales debe gestionar DTBT. Para mitigar este riesgo se está haciendo una estructuración cuidadosa del plan financiero, y dicionalmente se prevé establecer en el contrato préstamo un vínculo entre los desembolsos del Banco para este subproyecto y la obtención de los aportes de capital y el endeudamiento requerido para financiar dicha infraestructura. La forma precisa de esta condicionalidad se establecerá con base en los resultados del estudio que está diseñando la estructuración financiera y el plan de financiamiento del proyecto.

c. Riesgo de que el proyecto Los Micos no genere en el futuro los flujos turísticos esperados, tanto hacia la bahía de Tela como hacia otros circuitos turísticos nacionales, que se consideran necesarios para garantizar la sostenibilidad financiera del proyecto y los impactos benéficos para el desarrollo local y nacional. Para mitigar este riesgo se está haciendo un diseño cuidadoso del proyecto utilizando consultoría de alta calidad, y se está buscando obtener que los inversionistas privados, que son los que enfrentarán los riesgos comerciales por las inversiones hoteleras y recreativas, sean de la más alta calidad y reconocida experiencia en el ámbito internacional.

d. Ciclo político en el país. Para mitigar los riesgos inherentes a una operación que se aprobará al comienzo de un año electoral, se está buscando que la estrategia de desarrollo turístico que sustenta el Programa sea producto de un amplio proceso de consulta y consenso con todos los agentes sociales relevantes. Los proyectos con mayor visibilidad han sido estudiados durante un buen tiempo y se están previendo procesos de consulta específicos en los casos más significativos (aeródromo de Río Amarillo y proyecto Los Micos).

VII. Estado De Preparación

7.1 Varias de las inversiones previstas han venido siendo estudiadas por varios años, en particular las acciones incluidas correspondientes al Programa Regional Mundo Maya y las del Proyecto en Bahía de Tela; y para completar la preparación del programa se están utilizando recursos de tres cooperaciones técnicas (una de Japón y dos de España) así como recursos del Banco provenientes de una PPF y dos préstamos en ejecución (preinversión y competitividad (1073/SF-HO y 1125/SF-HO), complementados con recursos del país. La preparación está siendo coordinada por una Unidad para la Preparación del proyecto (UPP), la cual se transformará para constituir la Unidad Ejecutora del Proyecto. Esta Unidad se encarga de la contratación y supervisión de la gran mayoría de las consultorías con el apoyo del equipo de proyecto. El Banco a su vez ha contratado, en estrecha coordinación con el equipo técnico de SETUR y la UPP, tres consultorías claves (estructuración financiera del proyecto Los Micos, diseño del FFT y del programa de obras públicas en apoyo al sector, y el análisis institucional para el diseño de la ejecución del proyecto).

Decreto No. 314-98
La Gaceta del 23 de abril de 1999

Reformado mediante Decreto No 194-2002,
La Gaceta del 05 de junio de 2002

AÑO CXXV TEGUCIGALPA, M.D.C., HONDURAS VIERNES 23 DE ABRIL DE 1999 Y LAS REFORMAS DEL MIÉRCOLES 5 DE JUNIO 2002

PODER EJECUTIVO

EL CONGRESO NACIONAL

CONSIDERANDO: Que la fuerza destructiva con que el Huracán y Tormenta Tropical Mitch atacó al país, ha traído como consecuencia graves daños a la base económica de la nación, particularmente en sectores, que como el agrícola, requerirán de un largo ciclo de recuperación,

CONSIDERANDO: Que se requieren de acciones estratégicas que viabilicen la recuperación económica del país y alivien la urgencia de captación de divisas necesarias para financiar las labores que demanda el proceso de recuperación.

CONSIDERANDO: Que dentro del espectro de los sectores productivos de la actividad turística de encuentra en condiciones de operatividad inmediata, al haberse conservado en noventa y dos por ciento (92%) de su infraestructura y el noventa por ciento (90%) de la oferta de atractivos turísticos naturales y culturales del país.

CONSIDERANDO: Que para estimular un mayor ingreso de corrientes de visitantes internacionales y por ende una mayor captación de gasto turístico en moneda dura, se requiere de mayor inversión en la construcción de infraestructura hotelera y de servicios turísticos complementarios.

CONSIDERANDO: Que con vistas de permitir una participación más equitativa de las comunidades receptoras de turismo, es necesario crear mecanismos de financiamiento que permitan el desarrollo de empresas y actividades turísticas a nivel nacional.

CONSIDERANDO: Que aunado a los esfuerzos orientados a estimular el crecimiento de la demanda turística, debe planificarse el desarrollo de servicios competitivos que permitirán la movilización de las corrientes de viajero hacia los destinos nacionales.

POR TANTO:

D E C R E T A:
La siguiente.

LEY DE INCENTIVOS AL TURISMO

TITULO 1

DE LA NATURALEZA Y OBJETIVOS
CAPITULO 1

OBJETOS Y PROPÓSITOS

ARTÍCULO 1.- La presente Ley tiene como objetivo primordial propiciar el desarrollo de la oferta turística del país, mediante el otorgamiento de incentivos fiscales que viabilicen una mayor participación de la inversión privada nacional y extranjera en el proceso de desarrollo de productos turísticos, creando facilidades para lograr la generación de empleo, la inversión, ingreso de divisas y tributos al Estado.

ARTÍCULO 2.- Se considera el turismo como una actividad económica interrelacionada con el desarrollo cultural y social de la sociedad hondureña de utilidad pública y de prioridad nacional.

La Secretaría de Estado en el Despacho de Turismo será la autoridad competente para conocer todos los asuntos relacionados con la presente ley.

ARTÍCULO 3.- El turismo estará orientado a procurar el desarrollo sustentable, con el objeto de traer visitantes que produzcan el menor impacto posible en sus recursos naturales y culturales, y, que beneficien al máximo a las comunidades receptoras del mismo.

ARTÍCULO 4.- La presente Ley pretende establecer en el país una planta de servicios turísticos de alto nivel y de competitividad en procura de aumentar la oferta de servicios y atractivos, para lograr potenciar los recursos existentes a favor de la sociedad hondureña.

TITULO II
DE LOS INCENTIVOS

CAPITULO I

DE LAS EXONERACIONES Y BENEFICIARIOS

ARTÍCULO 5.- Los incentivos que otorga esta Ley consisten y se regulan por las reglas siguientes:

1) Exoneración del pago de Impuesto Sobre la Renta por diez (10) años a partir del inicio de operaciones. Esta incentivo será otorgado exclusivamente a proyectos nuevos, entendiéndose como tales, aquellos establecimientos turísticos que inicien operaciones por primera vez y que no impliquen ampliación, remodelación, cambio de dueño, cambio de nombre, razón o denominación social o cualquier otra situación similar;

2) Exoneración del pago de impuestos y demás tributos que cause la importación de los bienes y equipos nuevos necesarios para la construcción e inicio de operaciones de los proyectos enmarcados en las actividades enumeradas en el Artículo 8 de esta Ley. Se exceptúan los insumos, repuestos, equipo de construcción, armas, municiones, amenidades, alimentos, bienes fungibles y productos tóxicos;

3) Exoneración del pago de impuestos y demás tributos que cause la importación de todo material impreso para promoción o publicidad de los proyectos o del país como destino turístico;

4) Exoneración del pago de impuestos y demás tributos que cause la importación para la reposición por deterioro de los bienes y equipos, durante un período de diez (10) años, previa comprobación.

5) Exoneración del pago de impuestos y demás tributos que cause la importación de vehículos automotores nuevos, como: Bus, pick-up, panel, camión y los que adquieran las arrendadoras de vehículos automotores, todos para el uso exclusivo en el giro del negocio y previa evaluación de la actividad, tipo de establecimiento, capacidad, magnitud y ubicación; y,

6) Exoneración del pago de impuestos y demás tributos que cause la importación de aeronaves o embarcaciones nuevas y usadas, para el transporte aéreo, marítimo y fluvial, siempre que reúnan los

requisitos de seguridad, comodidad y calidad, así como las condiciones técnicas de operación para su utilización en el giro específico del turismo.

ARTÍCULO 6.- Los comerciantes individuales o sociales establecidos o existentes cuyo giro se encuentre en el marco de las actividades turísticas estipuladas en el Artículo 8, podrán gozar de los beneficios contenidos en el Artículo 5 numerales 2), 3), 4), 5), 6) de la presente Ley, siempre que presenten los respectivos proyectos de ampliación, remodelación o reposición, a ser calificados por la Secretaría de Estado en el Despacho de Turismo.

ARTÍCULO 7.- Por excepción, se exonerará del pago de impuestos de bienes inmuebles Municipal para proyectos de rescate patrimonial y de conservación natural, previo dictamen favorable de la Municipalidad correspondiente y del Instituto Hondureño de Antropología e Historia o de la Secretaría de Estado en los Despachos de Recursos Naturales y Ambiente, según corresponda.

ARTÍCULO 8.- Los beneficiarios de los incentivos estipulados en el Artículo 5 de la Ley, serán los comerciantes individuales o sociales cuya actividad o giro este vinculada directamente al turismo y presten los servicios turísticos siguientes:

1) Hoteles, albergues, habitaciones con sistema de tiempo compartido o de operación hotelera;

2) Trasporte aéreo de personas;

3) Transporte acuático de personas;

4) Centros de recreación. Se excluyen los casinos, clubes nocturnos, centros de juego de maquinitas, video, tragamonedas o similares, salas de cine, televisión, televisión por cable y similares, clubes privados, billares, gimnasios, saunas y similares (SPA), café Internet, discotecas, centros de enseñanza bajo cualquier modalidad, fundaciones y cualquier otro no vinculado al turismo;

5) Talleres de artesanos y tiendas de artesanía hondureña exclusivamente, se excluye los talleres de carpintería, ebanistería, balconería, enderezado, pintado, joyería y cualquier otro no vinculado al turismo;

6) Agencias de Turismo receptivo;

7) Centros de convenciones; y,
8) Arrendadoras de vehículos automotores para los vehículos destinados al giro estricto del negocio.

Todos los prestadores de servicios turísticos deberán estar ubicados en zonas y lugares de interés turístico, de acuerdo a calificación del Instituto Hondureño de Turismo y su actividad o giro deberá enmarcarse dentro de la moralidad y buenas costumbres.

Las disposiciones reglamentarias que sean necesarias para la correcta aplicación de este Artículo, determinarán los requisitos que deben reunir los beneficiarios por cada tipo de prestador de servicios turísticos, ello comprende la clasificación, registro y control.

ARTÍCULO 9.- Sin perjuicio de lo establecido en la Ley de Procedimiento Administrativo, los interesados en acogerse a los incentivos previstos en esta Ley, deberán presentar ante la Secretaría de Estado en el Despacho de Turismo, una solicitud que describa ampliamente el proyecto a desarrollar, adjuntando los documentos siguientes:

1) Testimonio de Escritura Pública de constitución de sociedad o de declaración de comerciante individual, inscrita en el Registro correspondiente;

2) Testimonio de Escritura Pública de propiedad del terreno en el que desarrollará el proyecto, inscrita a favor del comerciante individual o social peticionario;

3) Contrato de arrendamiento del local comercial, en su caso;

4) Estudio de Factibilidad del proyecto;

5) Plano topográfico con el cuadro de rumbos, distancias y área del terreno en el que se desarrollará el proyecto, con firma responsable y timbres de conformidad a la ley respectiva.

6) Planos de la obra a realizar, con firma responsable y timbres de conformidad a la ley respectiva;

7) Cronograma de inversión y ejecución de la obra;

8) Evidencia de disponibilidad financiera para ejecutar el proyecto;

9) Constancia de inscripción en el Registro Nacional de Turismo; y,

10) Listado de bienes y equipo a importar con su respectiva nomenclatura, adjuntando copia electrónica en la que se encuentra el listado referido.

La Secretaría de Estado en el Despacho de Turismo remitirá la solicitud junto con los documentos acompañados al Instituto Hondureño de Turismo el que, para emitir su dictamen, requerirá del peticionario además de lo antes indicado, datos generales del desarrollador del proyecto y consideraciones sobre el impacto ambiental y cultural según sea el caso, emitidas por la Secretaría de Estado en el Despacho de Recursos Naturales y Ambiente y la Secretaría de Estado en los Despachos de Cultura, Artes y Deportes. Para su Resolución la Secretaría de Estado en el Despacho de Turismo exigirá la correspondiente Licencia Ambiental.

ARTÍCULO 10.- En caso que el proyecto se realice en el casco histórico de una ciudad, población o en un sitio donde se detecten vestigios arqueológicos, se requerirá, además, la opinión del Instituto Hondureño de Antropología e Historia.

ARTÍCULO 11.- Una vez recibida la solicitud junto con la documentación a que se hace referencia el Artículo 9, la Secretaría de Estado en el Despacho de Turismo, requerirá las opiniones y dictámenes legales y técnicos que sean necesarios y practicará las inspecciones del caso, debiendo emitir la Resolución correspondiente dentro del término que para tales efectos establece la Ley de Procedimiento Administrativo.

ARTÍCULO 12.- Emitida la Resolución favorable en la que se autoricen los beneficios, el interesado solicitará la dispensa correspondiente a la Secretaría de Estado en el Despacho de Finanzas debiendo adjuntar la Resolución de autorización.

Si debido a la complejidad y magnitud del proyecto, no es posible para el interesado presentar de una sola vez la lista completa de los bienes a importar con dispensa, podrá hacerlo en forma parcial, en cuyo caso la Secretaría de Estado en el Despacho de Turismo resolverá, previo análisis, lo procedente.

ARTÍCULO 13.- Todos los interesados en aplicar a los beneficios que establece la presente Ley, presentarán en la misma solicitud, el proyecto turístico, para su aprobación.

ARTÍCULO 14.- Si al término de tres (3) años de emitida la Resolución de autorización del proyecto y de otorgados los incentivos correspondientes, no ha iniciado su operación, el interesado podrá solicitar una renovación de autorización hasta por un año, explicando los motivos que le han impedido iniciar la prestación de los servicios; de no hacerlo, la autorización y los beneficios que se derivan de la misma caducarán de pleno derecho.

CAPITULO II

DE LAS SANCIONES

ARTÍCULO 15.- Si se constata el desvío de bienes o el uso indebido de los mismos y cualquier acto doloso que constituya defraudación fiscal en perjuicio del Estado, la Dirección Ejecutiva de Ingresos (DEI), aplicará a los prestadores de servicios turísticos responsables, las sanciones que establecen el Código Tributario, el régimen aduanero y las demás leyes aplicables.

ARTÍCULO 16.- Sin perjuicio de lo dispuesto en el Artículo anterior, la Secretaría de Estado en el Despacho de Turismo, en caso que los beneficios otorgados no se utilicen para los fines que establece la presente Ley, podrá aplicar las siguientes sanciones:

1) La cancelación de la Resolución respectiva sin responsabilidad para el Estado y la consiguiente pérdida del derecho del beneficiario para acogerse nuevamente a los incentivos que otorga la presente Ley; y,

2) Cierre del establecimiento en el caso de determinarse violaciones a lo establecido por la presente Ley.

TITULO IV

DISPOSICIONES GENERALES

CAPITULO I
DISPOSICIONES FINALES Y TRANSITORIAS

ARTICULO 17.- Conceder a los extranjeros con residencia legal en aquellos países con que Honduras tiene convenios de ingresos sin visa, los mismos derechos reconocidos a los ciudadanos de esos países.

En los casos no contemplados en el párrafo anterior, se instruye a las Secretarías de Estado en los Despachos de Relaciones Exteriores, Gobernación y Justicia, y Seguridad, para que en un plazo no mayor de noventa (90) días al entrar en vigencia la presente Ley, se emitan las disposiciones que faciliten el ingreso de turistas al país.

ARTÍCULO 18.- Sin perjuicio de lo establecido en ésta y otras leyes, los contribuyentes de otras actividades económicas que no se beneficien de los incentivos a los que se refiere el Artículo 5 de esta Ley, podrán deducir hasta un quince por ciento (15%) de la renta neta gravable correspondiente, por concepto de inversión de sus utilidades en proyectos nuevos, de remodelación o ampliación de

Centros de Convenciones y Hoteles, por un período de diez (10) años.

La Secretaría de Estado en el Despacho de Turismo en conjunto con la Secretaría de Estado en el Despacho de Finanzas, emitirán las disposiciones reglamentarias que sean necesarias para la correcta aplicación de este Artículo.

ARTÍCULO 19.- Reformar el literal ch) del Artículo 5 de la Ley del Instituto Hondureño de Turismo, contenida en el Decreto No. 103-93 del 27 de mayo de 1993, el que deberá leerse así:

ARTÍCULO 5.- Será competencia del Instituto Hondureño de Turismo, aplicar las leyes siguientes, en lo que se refiere a sus atribuciones en el área de turismo.

a) ....;
b) ....;
c) ....;
ch) Ley de Incentivos al Turismo;
d) ....;
e) ....;

ARTÍCULO 20.- Las personas que a la entrada en vigencia de la presente Ley, gocen de los beneficios que otorga la Ley Constitutiva de la Zonas Industriales de Procesamiento para Exportaciones (ZIP) y Zonas Libres Turísticas (ZOLT) y el Reglamento al capítulo IV-A de la misma, continuarán disfrutando de los beneficios hasta su vencimiento.

ARTÍCULO 21.- Derogar el Decreto No. 84-92 de fecha 29 de mayo de 1992 y el Decreto No. 98-93 de fecha 27 de mayo de 1993 referentes a la Ley Constitutiva de las Zonas Industriales de Procesamiento de Exportaciones (ZIP) y Zonas Libres Turísticas (ZOLT), así como el Acuerdo No. 188-96 de fecha 17 de octubre de 1996, que contiene el Reglamento al Capítulo IV-A de la Ley de las Zonas Industriales del Procesamiento para Exportaciones (ZIP) y Zonas Libres Turísticas (ZOLT).

Las solicitudes que a la entrada en vigencia de la presente Ley se encuentre en trámite de amparo de la Legislación que se deroga, se resolverán conforme a la misma hasta la finalización del trámite.

ARTÍCULO 22.- El Poder Ejecutivo por medio de las Secretarías de Estado en los Despachos de Turismo; y, Finanzas, emitirán el reglamento relativo a esta Ley, dentro de un plazo de noventa (90) días contados a partir de la fecha en vigencia de esta Ley.

ARTÍCULO 23.- El presente Decreto entrará en vigencia a partir de la fecha de su publicación en el Diario Oficial La Gaceta.

Dado en la ciudad de Tegucigalpa, Municipio del Distrito Central, en el Salón de Sesiones del Congreso Nacional, a los dieciocho días del mes de diciembre de mil novecientos noventa y ocho.

Congreso aprobará venta de la Bahía de Tela por $19 millones

El Congreso Nacional aprobará la venta de 447 manzanas de tierra en la Bahía de Tela por un monto superior a los 19 millones de dólares, pagaderos en 40 años, a un consorcio nacional.

El área será adquirida por la empresa "Desarrollo Turístico Bahía de Tela".

La Cámara Legislativa sólo autoriza la operación de compra-venta, puesto que el organismo estatal responsable y gestor de la transacción es el Instituto Hondureño del Turismo que rectora el ministro del ramo, Thierry de Pierrefeu Midence.

El proyecto de decreto fue introducido a la Cámara Legislativa en la sesión del pasado 30 de noviembre, al cual se le dispensaron dos debates para su aprobación.

Ante los cuestionamientos de la oposición se determinó suspender la discusión para discutirlo y aprobarlo en tercero y último debate en la próxima sesión del Legislativo.

Diputados liberales, pinuistas y udeístas reconocieron la importancia del proyecto, pero advirtieron que al aprobarlo se violenta el artículo 107 de la Constitución de la República, que prohíbe la venta de predios a extranjeros o compañías internacionales a 40 kilómetros de zonas costeras.

Sin embargo, el diputado nacionalista Oswaldo Ramos Soto externó lo contrario al afirmar que la sociedad a la cual se le venderá el inmueble aludido está constituida totalmente por inversionistas hondureños.

Factor Clave Para Detonar Turismo

En la exposición de motivos, el proyecto enviado por el ministro de Turismo justifica la venta del inmueble al argumentar que por muchos años el Proyecto Bahía de Tela ha sido y sigue siendo identificado como el factor clave para lograr detonar de manera significativa el desarrollo turístico nacional.

Esto porque el proyecto fue concebido con premisas de orden social, ambiental y económicas, de manera tal que pueda funcionar como un centro redistribuidor de corrientes turísticas hacia otros destinos de la nación.

En 1997, apunta el funcionario, el Congreso Nacional aprobó mediante Decreto No. 222-97, con fecha 17 de diciembre, el convenio suscrito entre el Instituto Hondureño de Turismo y la sociedad mercantil denominada Inversiones Bahía de Tela, S.A., con la finalidad de impulsar el desarrollo del proyecto. No obstante, precisa, la sociedad mercantil Inversiones Bahía de Tela, S.A., no cumplió con lo convenido.

Explicó que partiendo de la prioridad que el actual gobierno ha otorgado al desarrollo de la actividad turística en el ámbito nacional, el 27 de febrero del 2003 se constituyó en esta ciudad la sociedad mercantil denominada Desarrollo Turístico Bahía de Tela. S.A. de C.V.

Su finalidad es promover el desarrollo y ejecución del Proyecto Turístico Bahía de Tela.

La entidad está capitalizado en su totalidad por el Estado de Honduras, a través del Instituto Hondureño de Turismo, reservándose únicamente una acción a favor de la Cámara Nacional de Turismo.

La sociedad mercantil requiere de un terreno para ejecutar las obras de infraestructura turística para el desarrollo del proyecto en mención. En atención a esta necesidad, apunta la exposición, se solicita al Congreso Nacional la aprobación de la presente Iniciativa de Ley mediante la cual se autoriza al Instituto Hondureño de Turismo a traspasar un lote de terreno de su propiedad a favor de dicha sociedad mercantil.

Inmueble no podrá ser traspasado

El primer artículo del proyecto expresa lo siguiente: Artículo 1. "Autorizar el traspaso de dominio bajo el título de compraventa a plazo de un inmueble de 311.85 hectáreas, propiedad del Instituto Hondureño de Turismo, según consta en Instrumento Público No. 51, autorizado por el notario Juan Carlos Pérez Cadalso el 30 de octubre del año 2003, e inscrito bajo el No. 23 del Tomo 361 del Registro de la Propiedad y Mercantil de Tela, departamento de Atlántida.

El inmueble se encuentra ubicado entre el mar Caribe, la laguna de Los Micos y entre las aldeas de Tornabé y la Laguna Quemada, sobre el que se levantó el plano topográfico en escala 1:5000, cuyas colindancias son: al norte: de la estación "01" a la "60" playa del mar Caribe. Al sur y al este; de la estación "60" a la "34", comunidad garífuna de Tornabé. Al oeste: de la estación "34" a la "04", pantano en tierras nacionales y de estación "04" a la "01" propiedad de la Empresa Nacional Portuaria. "El área del polígono es de 3,118,517.13 metros cuadrados o sea 311 Has. 85 As. 17.13 Cas., equivalentes a 447.28 manzanas.

242

Dicho inmueble deberá ser traspasado a favor de la sociedad mercantil "Desarrollo Turístico Bahía de Tela, S. A. de C.V.", por el precio de diecinueve millones ciento treinta y ocho mil quinientos setenta y dos dólares de los Estados Unidos de América (US$ 19,138,572.00) y, en su defecto, a un precio no inferior del establecido para cada franja del terreno por la comisión de avalúo oficial integrada al efecto, pagadero en un plazo de cuarenta (40) años, contados a partir del otorgamiento de la escritura de traspaso respectiva, con su valor nominal en dólares de los Estados Unidos de América, a una tasa de interés del 2.5% anual; con la posibilidad de que los primeros cinco (5) años, en que únicamente se amortizarán intereses, puedan ser capitalizados como parte de las aportaciones del gobierno de la República, a través del Instituto Hondureño de Turismo, en la ejecución del "Proyecto Turístico Bahía de Tela".

El precio referido será pagadero en anualidades iguales a partir del sexto año, inclusive, más los intereses respectivos, computados sobre los saldos insolutos".

El segundo artículo señala: "Por tratarse de un inmueble afecto a un fin específico, la escritura de traspaso que al efecto se realice deberá establecer que dicho inmueble no podrá bajo ningún respecto ser susceptible de traspasos a terceras personas, ya sean naturales o jurídicas, si no es con el único y exclusivo fin de llevar a ejecución una de las etapas o fases que el diseño general del proyecto comprende de conformidad con los lineamientos y especificaciones técnicas del mismo.

Por tanto, en atención a lo prescrito en el Artículo 1 del Acuerdo 312, de fecha 29 de noviembre de 1982, mediante el cual se hizo la Declaración de Zonificación Turística Nacional; y los Artículos 1 y 2 del reglamento para el traspaso de títulos al Estado de bienes inmuebles en las zonas de turismo, contenido en el Acuerdo 136, de fecha 26 de marzo de 1981; y con fundamento en los artículos 613, 697, 702 y 70-7 del Código Civil, relativos al dominio y a las formas de tradición de bienes, respectivamente; deberá verificarse a favor de la sociedad mercantil "Desarrollo Turístico Bahía de Tela, S.A. de C.V.", la tradición de dominio bajo condición resolutoria sobre el inmueble descrito en el artículo que antecede, bajo el título de compraventa a plazo.

10 años de plazo para la inversión

El proyecto también establece las consideraciones siguientes:

(i) La tradición dominical deberá efectuarse bajo el único y exclusivo fin de servir como medio que garantice la ejecución total del "Proyecto Turístico Bahía de Tela", mediante la incorporación de socios inversionistas en la Compañía Holding, o bien, mediante la creación o formación de subsidiarias en las que participe la Holding para el desarrollo de alguna etapa o fase del proyecto, o a través de la venta de partes o fracciones del predio en las que se vayan a desarrollar dichas etapas o fases del proyecto general.

(ii) Para la ejecución del proyecto general, la sociedad mercantil "Desarrollo Turístico Bahía de Tela, S.A. de C.V.", contará con un plazo máximo de diez (10) años contados a partir del otorgamiento de la escritura de traspaso respectivo, para ejecutar una inversión de al menos un treinta por ciento (30%), del monto total de inversión correspondiente a la etapa o fase de que se trate, o de la totalidad del proyecto general, en su caso; inversión que corresponderá a la infraestructura básica del proyecto, en atención a la estructura financiera requerida para garantizar la plena ejecución del mismo.

(iii) Para la venta parcial o fraccionamiento del predio para ejecución de una etapa yo fase específica del proyecto general, la sociedad compradora contará con un plazo máximo de cinco (5) años contados a partir de la respectiva venta o fraccionamiento, para ejecutar una inversión de al menos un treinta por ciento (30%), del monto total de inversión correspondiente a la etapa o fase de que se trate; inversión que corresponderá a la infraestructura básica del proyecto específico, en atención a la estructura financiera requerida para garantizar la plena ejecución del mismo.

Artículo 3."El incumplimiento en los plazos y condiciones establecidas en los incisos (i), (ii) y (iii) del artículo que antecede, dará lugar a que el dominio o propiedad se resuelva del pleno

244

derecho en perjuicio de la sociedad mercantil "Desarrollo Turístico Bahía de Tela, S.A. de C. V.", de la subsidiaria que esta forme o de la sociedad compradora de alguna parte del predio, según sea el caso, revirtiendo el inmueble "ipso jure", del pleno derecho, al dominio del Instituto Hondureño de Turismo.

En el evento de hacerse efectiva la cláusula resolutoria, deberá considerarse como única responsabilidad del Instituto Hondureño de Turismo la devolución de los abonos al precio de compra que hubiere desembolsado la sociedad compradora sobre la fracción del inmueble de que se trate, debiéndose proceder de inmediato una vez notificada por escrito la decisión respectiva, a recuperar el bien inmueble cedido bajo condición resolutoria, sin requiriese para ello de procedimiento judicial alguno.

Artículo 4. "La tradición operada bajo la condición resolutoria antes mencionada, solamente será efectiva y consolidante del dominio o propiedad sin restricción alguna en favor de la sociedad compradora, cuando la fase o etapa del proyecto turístico, o la totalidad del proyecto general, según el caso, haya sido ejecutado de conformidad con lo estipulado en los incisos (ii) y (iii) del artículo 2.

Por tanto, el supuesto generador del ejercicio de la Cláusula Resolutoria se considerará superado y consolidará el dominio a favor de la sociedad adquirente, quedando esta última habilitada de pleno derecho, una vez cancelada mediante acta notarial la Cláusula Resolutoria Expresa, para gravar con hipoteca el bien inmueble de que se trate.

Artículo 5. "No obstante lo estipulado en los artículos que anteceden, siendo que el objetivo básico de estas contrataciones que se efectuarán con socios del gobierno central e inversionistas extranjeros y/o locales, es asegurar la efectiva ejecución del Proyecto Jurídico Bahía de Tela, se autoriza al Estado de Honduras, a través del Instituto Hondureño de Turismo, a incorporar una cláusula en la escritura de traspaso que al efecto se realice, que le permita hacer cesar, ya sea en forma total o parcial, los efectos de la cláusula de salvaguarda establecida a su favor en dicho instrumento mediante los condicionantes involucrados en la Cláusula Resolutoria

Expresa, de manera tal que se posibilite la constitución de gravamen hipotecario sobre una fracción o parte del terreno requerido para el desarrollo de una de las fases o etapas del proyecto general, a favor de una o más entidades financieras de primera línea que otorguen el financiamiento para su ejecución.

Por tanto, el Estado de Honduras, a través del Instituto Hondureño de Turismo, deberá establecer los requisitos que deba reunir el operador turístico interesado en el desarrollo total o parcial del referido proyecto, el cual, de cumplir con dichos requerimientos, podrá solicitar la autorización por parte del Instituto Hondureño de Turismo para constituir el gravamen hipotecario sobre la fracción o parte del predio concerniente a la etapa o fase del proyecto general a ser desarrollada, a favor de la o las entidades financieras que otorguen el financiamiento".

Dialogo Gobierno-Comunidades Afrohondureñas En Seguimiento Al Compromiso De Campaña Del

Lic. Ricardo Maduro

3 DE MARZO 2004

Objetivo: Dar seguimiento a los 16 puntos contenidos en el compromiso de campaña y presentar en forma resumida los avances.

Agenda Tentativa

1. Palabras de Bienvenida por el Ministro de la Presidencia Doctor Luis COSENZA Jiménez

2. Palabras Introductorias por el Lic. Celeo Álvarez Coordinador de la Comisión de Seguimiento por las Comunidades Garifunas

3. Informe de Avances

➢ Situación de Saneamiento, Ampliación y Titulación de Tierras
Lic. Thierre de Pierrefeu Ministro de Turismo
Lic. Erasmo Portillo Ministro-Director INA

➢ Secretaria de Educación- Avances Proyecto Intercultural Bilingüe dirigido a las Comunidades Afrohondureñas
Lic. Suyapa Dilwoth Coordinadora del Programa PRONEEAAH

➢ Secretaría de Salud-Comunidades atendidas con el programa de VIH-SIDA Dr. Arturo Gutierrez Director Red de Servicios.

- Secretaria de la Presidencia- Comunidades atendidas por Escuela Saludable   Lic. Dalila Pinel Directora Escuela Saludable

- ENEE- Informe sobre Donación de Transformadores a Comunidades Garífunas y presupuesto Ing. Ángelo Botazzi Ministro-Director ENEE

- Empresa Nacional Portuaria Proyecto Conversión de voltaje Travesía-Bajamar   Dr. Luis   Cosenza Ministro de la Presidencia

- FUNDEVI- Situación de Estado de Programa de Viviendas en Santa Rosa de Aguan.   Ing. Otto Flores e Ing. Sergio Amaya Director FUNDEVI

- Construcción de Puente   Lic. Rafael Álvarez Banco Centroamericano de Integración Económica

4. Acciones en Proceso

- áreas Turística y Nuevas Inversiones en el marco del Proyecto Nuestras Raíces
  Lic. Thierry de Pierrefeu Ministro Secretaria de Turismo
  Lic. Leoncio Yu Way- Ministro Director FHIS

5. Puntos Varios
   - Contratación de analista de la UNAT
   - Creación de Comisión Contra la Discriminación Racial, el Racismo, la Xenofobia y las Formas Conexas de Intolerancias.

6. Comentarios y Compromisos

7. Cierre de la reunión

Listado de participantes (ver anexo 1)

DESARROLLO DE LA REUNION

Después de las palabras de bienvenida del Ministro de la Presidencia Dr. Luis Cosenza y de las palabras introductorias del Lic. Celeo Álvarez como coordinador vocero de la Comisión de Seguimiento, se procedió a dar paso al tercer punto de la agenda que se refiere a Informe de avances

Situación de Saneamiento, Ampliación y Titulación de Tierras

El Dr. Cosenza le cede la palabra al Lic. Tierry de Pierrefeu Ministro de la Secretaria de Turismo: quien se refiere al proceso de titulación de tierra de la Comunidad de Miami que es una de las prioridades exigencias de las comunidades afrohondureñas, este proceso comienza comenzó con un censo para verificar el área ocupada por la comunidad y el número de familias que viven en la misma, el que fue realizado por personal del INA, de Turismo y representantes de organizaciones Garìfunas. En este proceso se identifico que el área poblacional ocupada asciende a 3.5 hectáreas equivalente a 5 manzanas, sin embargo llegaron a la conclusión que esta es una ocupación actual y que no toma en consideración la expansión de la comunidad, que para efectos de titulación se quedaría muy corto considerar solamente las 3.5 hectáreas ocupadas actualmente. Por ello y sobre la base de la medición de tierra que se hizo de toda la franja en donde esta ubicada la comunidad de Miami y que llega hasta La Barra, se concluye que el área que conviene titular y que esta disponible asciende a 23 hectáreas que viene siendo igual a 34 manzanas y estas las que realmente se titularían.

Lo que sigue es dar seguimiento al procedimiento ya que existe un expediente para titulación de Miami en el INA hay que retomar esta solicitud de titulación de estas 23 hectáreas para darle solución a mas tardar en un plazo no mayor de 6 meses a partir de la fecha. El Ministro de Turismo advirtió que existen mecanismos que hay que seguir ya que estas tierras pertenecen a la Empresa Nacional

Portuaria y hay que realizar el traspaso al INA y luego de esta a la Comunidad de Miami.

Lic. Erasmo Portillo aclara que la falta de titulación de tierra de la comunidad de Miami se debe a que no había existido voluntad política para dar seguimiento al traspaso de la Empresa Nacional Portuaria al INA, sin embargo de ahora en adelante se procederá a remedir los predios.

El Dr. Cosenza manifestó que según ley constitutiva de la ENP estas tierras no pueden ser traspasadas al INA como una donación, si no mas bien como una compraventa por parte del Estado de Honduras, lo que implica conseguir los recursos necesarios para hacer efectivo este proceso. Sin embargo por ordenes del Sr. Presidente se están corrigiendo errores del pasado y sé esta marcando un hito histórico mostrando así la voluntad política.

Don Celeo Álvarez pidió que se le explicara a los presentes como esta la situación de los Cayos.

El Dr. Cosenza manifestó haber estado en comunicación con la Fundación que existe en los mismos y que aparece como dueña de los cayos Cochinos y en referencia a los cayo Chachahuate la fundación se comprometió ha ayudar a localizar al Sr. Griffin que aparece como dueño.
Por otra parte el señor Ministro aporto que el caso de los Cayos Cochinos es muy especial, que él ya ha estado en conversación con las personas de la Fundación Cayos Cochinos que son los que poseen el título del Cayo Bolaños, y el señor Griffin que es un persona natural a la cual no conoce y que también se declara como propietario de los cayos Chachaguate y Eastend, que espera poder tener una reunión con ambas partes para tratar el tema y que miraba disposición de parte de la Fundación para resolver el problema y que lo que mas le preocupaba a ellos era el tema de la conservación.

Acerca de la inscripción de los títulos de propiedad de las comunidades de Cayo Bulaño, Eastend y Chachahuate:
El lic. Erasmo Portillo, comentó que el INA interpuso un recurso de amparo el 20 de febrero por este caso y que por los momentos lo que

se ha hecho es hacer una inscripción preventiva de los títulos en el Registro de la Propiedad en Roatan

Don Celeo solicito al INA por escrito todas las gestiones que esta institución ha realizado en pro de este caso en particular.

El Ministro Erasmo Portillo se comprometió enviar nota de estas gestiones y copia de la nota de remisión al Dr. Cosenza Ministro de la Presidencia.

El Dr. Cosenza pidió cambiar la agenda debido a que el Sr. Ministro de Turismo tenía asuntos pendientes que atender, por tal razón se pasó al punto de acciones en proceso.

Áreas Turísticas y Nuevas Inversiones en el Marco del Proyecto Nuestras Raíces

El Ministro de Turismo se refirió a la matriz distribuida con anterioridad a los miembros de la reunión (ver anexo 2), manifestó solo querer enfatizar algunas actividades que ya se han realizado en materia de capacitación a las comunidades afrohondureñas y el proceso de identificación de agilidades productivas, microempresas y proyectos de turismo comunitario que se ha estado llevando en esta materia, ya se estableció una marca garifuna que fue seleccionada por las mismas comunidades.
El Ministro aclaro que con esto estamos cumpliendo el compromiso de lograr la plena integración de las comunidades a los beneficios de turismo y al desarrollo turístico que están por darse en el litoral Atlántico, se sabe que hay un recurso cultural que ha sido desperdiciado (costumbres, música, idioma etc.) Lo que no quedaba claro era como integrar todos estos recursos a este desarrollo, logrando siempre mantener su autenticidad.

Para este proceso se han gestionado dos fuentes de financiamiento:
- Proyecto Turístico Costero Sostenible.- La Secretaria de Turismo ha creado el Fondo de Prosperidad para cubrir las necesidades garifunas en $ 807,000 mil (ochocientos siete mil dólares) que equivalen a

Lps. 14.5 millones (catorce punto cinco millones de lempiras) . Este fondo pretende beneficiar pequeños empresarios, ONGs, de las comunidades que han identificado con nosotros proyectos que merecen ser aprobados.

Para este proceso es necesario crear un mecanismo de formalismo para las personas que se van a beneficiar, estamos tratando de dividir 50 % de oportunidades para empresas ya constituidas, un 30% para empresas por constituirse y un 20 % para nuevos esfuerzos y el objetivo es que después de un proceso todas las entidades queden legalmente constituidas y tengan un marco legal que le permita perdurar durante el tiempo.

Este mecanismo funcionara con un apoyo de hasta $ 30,000. mil por proyecto que deben ser recibidos como un fondo semilla y se les pide una contraparte de 33%, este será un esfuerzo en común que permitirá denotar estos proyectos que ya han sido identificados en forma conjunta.

- Programa Nuestras Raíces.- Fondo Hondureño de Inversión Social FHIS que ha generado Lps. 23 millones (veinte y tres millones de lempiras) destinados a las comunidades afrohondureñas y otros Lps. 8 millones (ocho millones de lempiras) para negros habla inglesa lo que totaliza Lps. 31 millones (treinta y un millones de lempiras), y estos recursos serán destinados a proyectos de infraestructura comunitaria como ser escuelas, hospitales y también a proyectos productivos dirigidos a sectores generadores de riqueza.

Entre los dos fondos tenemos Lps. 45.5 millones (cuarenta y cinco punto cinco millones de lempiras) para apoyar proyectos de infraestructura y proyectos productivos en las comunidades Garifunas que conjuntamente hayamos identificado con el FHIS y la Secretaria de Turismo.

Antes de que los recursos del fondo de prosperidad estén listos, tenemos que haber identificado aquellos proyectos que pueden beneficiarse de este apoyo, ya se han comenzado las reuniones en la

252

zona de Trujillo, donde existe una presencia desde hace varios meses. En esta zona de Trujillo se han identificado 53 proyectos de los cuales 50 son de las comunidades garifunas, este mismo procedimiento se duplicara en las otras comunidades en los próximos días, a fin de tener listo el paquete de proyectos para el mes de junio.

El Ing. Leoncio Yu Way Ministro Director del FHIS considera que es importante enfatizar que el programa Nuestras Raíces inicio con un recurso de $ 10 millones y que gracias a las gestiones ante el Banco Mundial realizadas por el Sr. Ministro de la Presidencia este monto se aumento a $ 15 millones, además comento sobre la evolución de la quinta etapa del Programa a raíz de las solicitudes de las comunidades para pasar de un programa generador de empleo temporal a generador de proyectos perdurables que vienen a dejar un patrimonio fuerte en las comunidades y que servirá a futuras generaciones.

El deseo del FHIS es que los recursos sean manejados por las comunidades a través de un fideicomiso. Un tercer punto al que se refirió el ministro de FHIS es la necesidad que este proyecto tenga como brújula el Plan Estratégico de Desarrollo para pueblos Indígenas y Negros de Honduras el que contempla todos los rasgos, patrones culturales etc. Y donde se tiene una visión de lo que cada pueblo desea tener a 10 o 15 años, lo que nos indica una vez mas que este gobierno es respetuoso de las características de cada pueblo.

El Ministro del FHIS explica todo el procedimiento que han seguido en la obtención de la quinta fase del proyecto Nuestras Raíces.

El lic. Celeo recordó la ultima solicitud echa por la comisión en la reunión en la Secretaria de Turismo sobre la participación real en el denominado Proyecto Bahía de Tela y sobre el papel protagónico que debería tener las comunidades de Miami y Tornabé. La solicitud va encaminada en que el Gobierno de Honduras pueda dar una participación efectiva y no solamente como observadores o personas pasivas que van a ver pasar la nave del desarrollo y el progreso, el señor Celeo pidió como una propuesta formal la incorporación de estas comunidades como socias del proyecto con la participación por parte del Gobierno con 2 o 3 millones (dos o tres millones de dólares).

Ministro de Turismo: Aclaró que precisamente para no dejar las comunidades como espectadoras si no mas bien como participantes de esta propuesta se les ha incorporado en el Proyecto de Turismo Comunitario donde el Estado los apoyara con algunos recursos, con capacitación y con acompañamiento hasta llevarlos al punto donde las mismas comunidades tengan control de su destino y tengan una efectiva participación económica en el proyecto.

El Dr. Cosenza en respuesta a esta propuesta manifestó que las finanzas del Estado no están en condiciones de otorgar ese fondo para hacer socias a las comunidades, sin embargo el Ministro de la Presidencia se ofreció acompañarlos en cualquier gestión que las comunidades deseen hacer con otros organismos financieros para la búsqueda de estos recursos.

El Ministro de la Presidencia, abrió el espacio para hacer preguntas:
El profesor Ambrosio Sabio dirigió dos preguntas la primera al Ministro de Turismo:

¿De los 53 proyectos que se han identificado podría decirnos que proceso van a sufrir luego para llegar a su culminación? Y la segunda pregunta al Director del FHIS: ¿Después de los errores vividos con las otras fases del proyecto nuestras raíces como se hará ahora para garantizar la despolitización y la desconcentración?, preguntas que fueron respondidas.

El lic. Salvador Suazo preguntó acerca de cómo se deberá pagar el 33% de aporte local, se le respondió que podría ser pagado en especies y/o en efectivo.

Avances Proyecto Intercultural Bilingüe dirigido a las Comunidades Afrohondureñas

La Coordinadora del Programa PRONEEAAH Lic. Suyapa Dilworth explico que el programa se ha centrado los dos últimos años en actividades para ejecutar el Modelo de Educación Intercultural Bilingüe y una de las principales líneas de acción ha sido la capacitación de docentes en servicio y que carecen de titulo.

Las comunidades garifunas son una de las etnias que tienen menor porcentaje de maestros sin títulos y los reportes indican que existen 50 maestros en el departamento de Cortes que a finales del mes de marzo comenzaran un plan de formación en educación primaria con orientación de Educación Intercultural Bilingüe, para esto ya se ha tiene el primer financiamiento a fin de nivelarlos al ciclo básico.

Otra área de acción en capacitación se centra a nivel universitaria con la Universidad Pedagógica Nacional con el programa de Formación Continuo en el cual se han graduado aproximadamente 50 maestros Garìfunas como técnicos en educación básica y la ultima área son las negociaciones que se están haciendo en este momento con la Universidad de Florida con el apoyo del Sr. Santiago Ruiz miembro del pueblo Garífuna quien ha estado trabajando muy de cerca y hemos logrado gestionar la capacitación a 80 miembros de las comunidades que luego podría pasar a un proceso de maestría con docentes.

El Lic. Celeo comento la preocupación de las comunidades de saber con certeza cuando se comenzara a ejecutar y ha poner en practica el Programa Intercultural Bilingüe.

La Lic. Suyapa Dilworth respondió a la pregunta de don Celeo arguyendo no saber con exactitud la fecha en que el programa comenzara a funcionar, sin embargo asistió que todas estas acciones realizadas hasta la fecha conllevan al inicio del programa, además dijo que ya se esta trabajando en el diseño curricular básico, y que para finales de este año se tendrá listo el modelo educativo de EIB y se esta trabajando en la formación de maestros y en los insumos y las orientaciones especificas que nos brinda el modelo, todo a fin de completar el proceso.

El Lic. Salvador Suazo miembro de la Comisión de Seguimiento a el Compromiso de Campaña con las Comunidades Garìfunas manifestó su inconformidad con los avances y dijo no estar claros en los avances, ya que en los dos últimos años a pesar de las múltiples reuniones que se han venido dando con al Lic. Claudia Torres no se ven los resultados.

El Dr. Cosenza pidió que a raíz de las múltiples divergencias en cuanto al informe de la Secretaria de educación solicitará al Ministro de Educación enviar un cronograma con las actividades más importantes del programa y poder sostener una reunión lo antes posible, a fin de dar respuestas a todas las inquietudes de los representantes de las comunidades.

VIH/SIDA en las Comunidades Afrohondureñas

El Dr. Arturo Gutiérrez representante del Ministro de la Secretaria de Salud explica que las estrategias utilizadas específicamente la información y comunicación para la opción de nuevas practicas y practicas más seguras en las comunidades afrohondureñas en relación con el VIH/SIDA no se han estado dando, debido a que los mensajes no eran diferenciados. En este momento sé esta tratando de subsanar este problema, se ha creado una mesa donde se están definiendo los mensajes, las estrategias para poder asegurar que los conocimientos lleguen a las comunidades.

Explico que se tiene previsto un concurso para la contratación de médicos Garifunas para estas comunidades en el segundo semestre de este año, Se tomó el compromiso de ubicar a través de concurso recurso humano capacitado para que puedan atender los proyectos y programas en las comunidades Garìfunas. Además se tiene que dar respuesta a la ruptura de la trasmisión vertical madre-hijo, ya se han definido centros regionales para la distribución de retrovirales en el puerto de Tela a través de su hospital, focalizando actividades en algunas comunidades como ser:

Abordaje diferenciado, entrega de paquete de servicios y estrategias que permitan bajar la incidencia de la mortalidad madre-hijo.

El Lic. Celeo reconoció que se esta realizando un trabajo mas marcado hacia la comunidad por parte de Fundación Hondureña del contra el VIH/SIDA, Tuberculosis y Malaria del Fondo Global.

Don Celeo Alvarez Casildo tomo la palabra y se refirió a las cifras y estadísticas estigmatizadas que se muestran sobre los índices de prevalecía de la enfermedad, números a través de los cuales se han captado fondos versus la entrega de proyectos y programas a las comunidades, por un lado, y en el otro que los problemas deben ser atendidos por las mismas organizaciones representativas de la comunidades Afrohondureñas, es decir que sean las interlocutoras entre estas y las acciones del gobierno.

La Vice Ministra de la Presidencia Lic. Rocío Tábora aclaró toda la aportación que la Fundación Hondureña contra el VIH/SIDA, la Tuberculosis y la Malaria, y como este programa ha estado complementado los recursos del presupuesto nacional, logrando así canalizar el mayor numero de tratamientos. También aclaró que con los 3.5 millones de dólares se podrán apoyar iniciativas de investigación, educación comunitaria de puerta a puerta con las comunidades.

En este momento en la Fundación se ha conformado una Comisión Técnica para definir los lineamientos de la propuesta mancomunada, y la Licenciada se comprometió a garantiza un % de estos recursos para concurso interno de las comunidades garifunas.
El Dr. Cosenza pidió a la comisión tratar estos temas puntuales con las organizaciones donde ya existen los espacios abiertos y representaciones de las comunidades como ser el Foro nacional. La Fundación etc, así mismo pidió cambiar la agenda pasando el tema Escuela Saludable como ultimo punto del informe de avances.

Informe sobre Donación de Transformadores a Comunidades Garifunas y Presupuesto

El Ing. Bottazzi Ministro- Director de la ENEE informa que se ha tenido un gran avance con los estudios de las comunidades afrohondureñas (anexo 3), pero el lic. Celeo aclaro que no todas estas comunidades son Garìfunas y el total del presupuesto 44 millones sorprendió.

En cuanto a la donación de transformadores el ing. Informo que según estudio realizado a los mismos estos no son recuperables ya que tienen mucho tiempo en desuso y serán subastados como chatarra, por lo que habría que comprarlos lo que andaría por un valor de Lps. 5 millones (cinco millones de lempiras) (anexo 4)

Proyecto Conversión de Voltaje Travesía-Bajamar

Sobre este tema fue el Dr. Cosenza que informo que por instrucciones del Sr. Presidente se gestionaron 1 millones de lempiras (Un millón de lempiras) con la ENEE y 1 millón de lempiras (Un millón de lempiras) con la Empresa Nacional Portuaria para comenzar a trabajar en la conversión de voltaje de Travesía-Bajamar (anexo 5) lo que estaría listo para ser terminado el 20 de abril.

Lic. Celeo manifestó que no estaban alegres con lo que escuchaban ya que creían que esto estaba mucho más avanzado desde la ultima reunión, y además comento la existencia de los estudios realizados el año 1999 de las comunidades: Cusuna, Sangrelaya, Tocamacho, Batalla y Plaplaya y en aquella época el impacto de esto andaba por alrededor de 4 millones de lempiras (cuatro millones de lempiras).

Don Celeo manifestó su deseo de obtener la contraparte del Gobierno ya que los generadores están colocados en las comunidades y gracias a la cooperación Española.

El Dr. Cosenza sugirió una reunión particular con personal de la ENEE a fin de visualizar mejor el problema buscando solución al

258

mismo, quedando así estipulada la reunión para el día 4 de marzo a las 11:00 a.m. de la mañana en las instalaciones de la ENEE, la que deberá ser informada al Dr. Cosenza (se anexa ayuda memoria de la reunión).

Estado de Programa de Viviendas en Santa Rosa de Aguan y Construcción de Puente

El Dr. Cosenza explico sobre el traslado del puente Bailey que se encuentra en el barrio el Chile hacia Santa Rosa de Aguan, también explico la visita que recibió de los moradores de Santa Rosa de Aguan, quienes le explicaron la situación de ellos después del huracán Mitch, el deseo que tienen de acceso a un programa de viviendas financiada por FUNDEVI, y la necesidad del puente para la construcción del programa de viviendas.

Las gestiones que se han hecho con el Banco Mundial para poder financiar el traslado del puente que anda por alrededor de $ 2 millones (dos millones de dólares) que serán financiados así: Banco Mundial $ 90,000 mil dólares y el resto a ser completado por el Gobierno de Honduras.

El representante de SOPTRAVI Ing. Sergio Amaya presento los dos problemas adicionales que hay que resolver para la construcción del proyecto de viviendas que son el tema de agua y el tema de electricidad y a pesar de la prioridad que les ha pedido el Ing. Carranza Ministro de SOPTRAVI en este tema no podemos hacerlo sin resolver estos dos problemas antes.

El Ing. Amaya menciono lo importante que es resolver estos problemas lo antes posible para la construcción de las viviendas ya que los recursos deberán ejecutarse antes que termine el año y ya están disponibles.
El Lic. Rafael Álvarez representante del Banco Mundial reafirmo que se tiene la solicitud de fondos hecha por el Sr. Ministro de la Presidencia, y que ya se realizo la primera reunión con el personal de SOPTRAVI para ver los detalles y especificaciones técnicas para poder licitar la movilización del puente y también sé esta trabajando en el desarrollo del impacto social que tendrá este proyecto.

El Ing. Otto Flores representante de FUNDEVI manifestó estar listos para comenzar el proyecto de viviendas en julio o agosto, y para esto es prioritario tener resuelto los tres temas: agua, electricidad y puente.

El Dr. Cosenza solicito mas detalles sobre las necesidades de agua y electricidad a fin de apoyar el proceso y agilizar la construcción de las viviendas, así mismo se comprometió hablar con el Ministro de Finanzas para la confirmación del aporte complementario del Gobierno de Honduras, al traslado del puente.

El Lic. Celeo agradeció todas las gestiones que se están haciendo por este proyecto y aseguro que esta comunidad fue una de las mas afectadas por el Huracán Mitch y por tanto esta comunidad necesita de la solidaridad nacional.

Comunidades Atendidas por Escuela Saludable

De este aspecto hablo la Lic. Dalila Pinel directora del Programa Escuela Saludable (anexo 6) desagregando por sub programas la atención a las comunidades de la siguiente manera y aclaró que no tienen datos específicos sobre la atención que se le ha brindado a las comunidades Garífunas, asi que estos son datos muy generales:

Merienda Escolar se atendieron a mas de 850,000 niños a nivel nacional de los cuales se cubre departamentos como Atlántida, Cortés, Colón, Gracias a Dios, Islas de la Bahía donde se llegaron a tender 5,000 niños de comunidades garifunas.

Programa de Brigadas Odontológicas por instrucciones del Sr. Ministro de la presidencia se tienen previsto para este año la atención de comunidades garífunas, del 25 al 27 de abril se estará en las comunidades de Triunfo de la Cruz, Corozal y Sambo Cruz; del 19 al 21 de julio en Puerto Cortés, Travesía y Bajamar y entre octubre y diciembre se cuentan con fechas libres para cubrir cualquier necesidad que así lo estipulen las comunidades.

Obras de Infraestructura En este tema se necesitan la contratación de un profesional del área social para levantar las necesidades de las comunidades de infraestructura que son posibles cubrir con el programa y entre los que se encuentran construcción de aulas,

260

bodegas, cocinas, pozos, pilas, unidades de letrina, tanques de captación de agua etc.

Este promotor que se necesita nombrar también tiene que identificar 15 escuelas para incorporarlos dentro de la estrategia de Escuela Saludable.

La Lic. Dalila manifestó que ya en fechas pasadas se ha trabajado con un ing. Civil para identificar junto con ODECO los proyectos de infraestructura de las comunidades, sin embargo esta persona dejo de laborar para la Secretaria y entrego incompleto el trabajo, (4 cartillas) documentos requeridos por el FHIS para la realización de las obras.

De las cuatro cartillas recibidas tenemos algunas lagunas indispensables de evacuar para poder comenzar y además les informamos que las cartillas han sido modificadas y han quedado más sencillas y fáciles de llenar.

Se tiene en Escuela Saludable alguna documentación para la reparación de aulas escolares que por medio de este programa no se pueden realizar. Pero se considera que esta la información esta lista y a las ordenes de ustedes a fin de buscar financiamiento con otras instituciones.

El Lic. Celeo manifestó lo difícil que es darle seguimiento a las acciones que se desprenden de una reunión, recalco las serias necesidades que tienen las comunidades y como los miembros de las comunidades acompañan todos estos procesos con gastos cubiertos por ODECO a fin de resolver la problemática.

El Dr. Cosenza Solicito a Lic. Celeo él envió de currículo para la contratación del promotor y además explico el mecanismo que sé esta usando en el proyecto de infraestructura de trabajar con la comunidad, es un proceso descentralizado donde la comunidad contrata el personal requerido, así nos aseguramos que todos los recursos sean bien utilizados y nos hemos dado cuenta que si funciona y la comunidad termina teniendo un mayor producto con menor costo, lo que además abarata los costos.

La Lic. Rocio sugirió a la Lic. Pinel envié a la Comisión el perfil del promotor a fin de agilizar la contratación del mismo en segundo lugar pidió a la comisión ver el informe de Escuela Saludable con el objetivo de afinar la información indicando cuales son comunidades afrodescendientes, pidió verificar que la Secretaria de educación cuente con el listado de infraestructura de escuelas ya que ellos están trabajando en el Diagnostico Nacional de Infraestructura Educativa.

El Ministro del FHIS aclaron nuevamente lo importante que son las cartillas de que ellas vengan llenas correctamente, asevero que los recursos están disponibles y tienen que ser utilizados durante el año ya que tienen vencimiento, por tal razón comento hay que acelerar el proceso para optar a los recursos lo antes posible.

Puntos Varios

Contratación Analista UNAT

Lic. Roció Comento sobre el compromiso que el Ministro de la Presidencia había hecho en la reunión anterior de contratar un profesional afrohodureño en la Unidad de Apoyo Técnico la unidad elite en materia de análisis social y político de la Secretaria de la Presidencia.

En este contexto se recibieron 9 currículo de hombre y mujeres afrohondureños los cuales participaron en el proceso de preselección y fueron los preseleccionados los cuales fueron sometidos a entrevistas y en próximos días se discutirán los mismos con el Ministro de la Presidencia para tomar una ultima decisión, esperando completar el ciclo de selección los últimos días del mes de marzo.

El Lic. Celeo también recordó al Ministro Cosenza, el compromiso del señor Presidente de la Republica para nombrar un Ministro o Ministra Afrohondureña en su Gobierno, a lo cual se respondió que el ofrecimiento continuaba firme y se revisarían hojas de vida para concretar dicho nombramiento.

Creación de la Comisión Contra el Racismo, la Discriminación Racial

El Dr. Cosenza informo sobre el Proyecto de Acuerdo de la Comisión Contra el racismo y la Discriminación Racial y comento que el anteproyecto se encuentra en estado de revisión por el Ministro de Gobernación, esperando que a mediados de marzo este resuelto.

El Dr. Cosenza, anunció que dicho Decreto, será emitido la próxima semana una vez haya regresado el señor Presidente de la Republica, de su viaje por España.

Lic. Celeo agradeció y dijo que este es un paso dentro de la institucionalidad y el apego a los Convenios Internacionales por parte del Gobierno de Honduras.
La creación de esta Comisión dijo le dará solidez y mayor seriedad a los esfuerzos que hace el Gobierno para erradicar este flagelo, por lo menos tener instrumentos que frenen las actitudes irresponsables de algunas personas que dejan ver muy mal a nuestro país en el contexto internacional. Lamentó no haber recibido en ese mismo momento el acuerdo de creación de la Comisión contra el Racismo y la Discriminación Racial.

También manifestó sentirse preocupado por los acontecimientos ocurridos al interior de este Gobierno con personas que pertenecen a las comunidades afrodescendientes, Dr. Tulio Mariano González actual presidente de Banadesa y la Sra. Antonieta Máximo Cónsul General de Honduras en New York, y además la Comisión de Seguimiento en pleno manifestó el respaldo a la participación de estas personas dentro del Gobierno de la Republica considerando que el país es un mosaico de razas y culturas y esto debe ser reflejado en el ceno del Gobierno.

El Dr. Cosenza reitero su compromiso en todo este proceso y le recordó todas las diligencias que juntos han hecho para la permanencia de estas personas además subrayo que este es un compromiso del Sr. Presidente con las comunidades Afrohondureñas y se están siguiendo instrucciones precisas del Sr. Presidente de cumplir en la medida de lo posible y si en algún

263

momento nos quedamos cortos no es por falta de voluntad sino más bien por otras razones. El país cuenta con muchas necesidades y lamentablemente no se cuenta con todos los recursos necesarios para atenderlas por lo que hay que atender las prioridades.

Don Celeo invito al Sr. Ministro a una Concentración Nacional el día 12 de abril para conmemorar 207 años de presencia Garífuna en Honduras y en Centroamérica, ocasión propicia para evaluar la situación de las comunidades y momento adecuado para la entrega del titulo de Miami y la entrega de la creación de la Comisión contra el Racismo y la Discriminación Racial.

Pidió la palabra la señora Erika García representante de las comunidades para informar sobre el caso de su comunidad Trujillo (Cristales y Río Negro) donde dice tener títulos ancestrales entregados en 1901 por el Presidente Manuel Bonilla cuando aun no existía la inscripción de títulos, pero aparece que 1999 aparecen dueños de las tierras y no saben como hacer.

Lic. Roció exteriorizó que se ha estado trabajando con una comisión conformada por el INA, Secretaria de la Presidencia y representantes de las comunidades, donde ya existen grandes avances y se tiene un listado de las personas que están ocupando estas tierras y verificando en que momento se inscribieron los títulos que tienen en su poder.

El Dr. Cosenza pidió el envió de una nota especifica con todos los datos de este caso para verlo individualmente, al mismo tiempo que dio por cerrada la reunión a las 5:45 de la tarde

COMPROMISOS Y ACUERDOS:

1. Titular las tierras de Miami en un plazo no mayor a 6 meses a partir del 3 de marzo del 2004

2. El Ministro Erasmo Portillo del INA se comprometió a enviar nota a la Comisión de Seguimiento de las Comunidades, conteniendo todas las acciones que se han

hecho referente a los Cayos y además enviar copia al Dr. Cosenza.

3. El Dr. Cosenza se comprometió acompañarlos en cualquier gestión que haga la Comisión para obtener recursos, a fin de que las comunidades de Miami y Tornabe aseguren su participación como socias en el Proyecto de la Bahía de Tela.
4. El Dr. Cosenza se comprometió a solicitar al Ministro de Educación un cronograma con fechas de las actividades más importantes del Programa de Educación Intercultural Bilingüe y una reunión para abordar el tema en especifico.
5. Realizar reunión con el Ministro Director de la ENEE para el DIA 4 de marzo a las 11:00 a.m. a fin evaluar y concretar la situación de electrificación en las comunidades de Cusuna, Sangrelya, Tocamacho, Batalla y Plaplaya.

6. El Dr. Cosenza se comprometió hablar con el Ministro de Finanzas para la confirmación del aporte complementario del Gobierno de Honduras al traslado del puente de la colonia El Chile a Santa Rosa de Aguan. Asimismo dará el debido seguimiento para solucionar los problemas de agua potable y electrificación para hacer posible el proyecto construcción de viviendas en esta comunidad.
7. Lic. Dalila Pinel comprometió enviar a ODECO el perfil del promotor, a fin de que esta institución designe candidatos al puesto.
8. La comisión se comprometió enviar nota con datos más claros de la comunidad que planteo la representante de las comunidades referente a títulos ancestrales.

9. El Dr. Cosenza tomo el compromiso de provocar una reunión con la Comisión, la Fundación Cayos Cochinos y el Sr. Griffin para tratar el asunto relacionado con la Propiedad de las tierras de los Cayos Cochinos.
10. La lic. Rocío Tabora se comprometió que en el ceno de la Fundación Hondureña contra el VIH/SIDA se someterían a concurso interno proyectos para apoyar para esto se destinaría un %.

11. Se realizaran concurso para contratar profesionales afrohondureños para que brinden atención en las comunidades, siempre en el tema relacionado a la prevención y atención al VIH/SIDA.

12. El Dr. Cosenza se comprometió a dar seguimiento priorizado a la emisión del Decreto que creara la Comisión Nacional Contra la Discriminación Racial, Racismo y otras formas conexas de Intolerancia.

13. Se tomo el compromiso de finalizar el proceso de contratación de un profesional afrohondureño que laborara en la UNAT.

Antecedente sobre Proclamación UNESCO

I. Antecedentes

En 1998, ante la creciente sensibilidad y reconocimiento de la necesidad de salvaguadar el patrimonio cultural inmaterial como factor esencial para el mantenimiento de la diversidad cultural, la UNESCO crea una distinción internacional llamada **"Proclamación de las obras maestras del patrimonio oral e inmaterial de la humanidad"** cuyo objetivo es consagrar los ejemplos más destacados del patrimonio oral e inmaterial de la humanidad en el mundo. En el año 2001, la UNESCO convoca a la primera Proclamación de Obras Maestras del Patrimonio Oral e Inmaterial de la Humanidad.

Ese año, Belice somete ante la UNESCO (con el apoyo de Honduras y Nicaragua), el expediente de candidatura "Lenguaje, danzas y música de los garífunas". Las entidades responsables de coordinar esta propuesta fueron el Consejo Nacional Garífuna de Belice, la Comisión Nacional de Cooperación con la UNESCO y el Ministerio de Educación de ese país como canal administrativo. La Proclamación se logra: la cultura Garífuna fue entonces y lo sigue siendo hasta ahora, la única expresión centroamericana sancionada que ha obtenido esta distinción.

El Consejo Nacional Garifuna elabora la Agenda Garifuna y firma un Memorandum con el gobierno de Belice, quien se compromete a conceder un justo reconocimiento a la cultura garifuna: la integración preactiva de la lengua en el sistema escolar, becas de investigación, un centro cultural garifuna que organizará festivales y un Parque del Patrimonio Garifuna así como acciones para incitar a los jóvenes a participar en la vida de la comunidad son propuestas.

Guatemala se suma al proceso, en vista de la importancia de la comunidad garífuna en su territorio y expresa su interés en participar en la elaboración de un Plan de Acción para la salvaguarda de la lengua, la música y las danzas del pueblo garífuna.

Como seguimiento a la Proclamación, la Sección de Patrimonio Inmaterial de la UNESCO propone un proceso técnico de asistencia que, con el apoyo de Japón, permitiría formular y poner en marcha un plan conjunto.

En 2002, el Consejo Nacional Garífuna, con apoyo de las autoridades de Belice, convoca a una reunión entre las organizaciones garífunas se lleva a cabo en Triunfo de la Cruz para definir puntos de consenso alrededor del seguimiento de la Proclama. Belice entrega una propuesta a la Oficina Regional 2 de Cultura para América Latina y el Caribe de la UNESCO, ORCALC.

En 2003, la UNESCO convoca a nivel oficial, a los cuatro países centroamericanos (Belice, Honduras, Nicaragua y Guatemala) y otros del Caribe (Trinidad y Tobago, St. Kitts y Nevis) a una reunión regional para desarrollar el plan de preservación. A pesar de repetidas intervenciones de las autoridades nacionales alrededor de esta última propuesta, el plan conjunto no logra materializarse y así se deja saber a la UNESCO por parte de la Delegación Permanente de Belice.

Para paliar esta dificultad, se propone de parte de la Sección de Patrimonio Inmaterial de la UNESCO, la elaboración de un Plan de Acción para la preservación del patrimonio inmaterial garífuna de Belice con la idea de que se pueda avanzar posteriormente en la regionalización de la propuesta. La propuesta no recibe retroalimentación de las autoridades en esa ocasión.

En febrero de 2005, se realiza una reunión regional de promoción de la Convención de la UNESCO sobre la salvaguardia del patrimonio cultural inmaterial en Dominica.

Durante esta actividad, la dificultad de dar curso al proceso de promoción del patrimonio inmaterial garífuna es retomado por las autoridades beliceñas en la persona del Sr. Andy Palacio, Embajador Cultural de ese país.

Al año 2005, es evidente que una condición fundamental para dar seguimiento a la Proclama en el caso de una comunidad transnacional como la garífuna es lograr no solo la formulación consensuada de un plansino, particularmente, la suficiente capacidad de coordinación entre los diversos agentes implicados para su definición y efectiva implementación.

Los agentes involucrados, en este caso, incluyen al menos:

1) organizaciones garífunas comunitarias, nacionales y articuladas subregionalmente, 2) los cuatro Estados implicados,
3) cinco instancias de la UNESCO como apoyo: las Oficinas nacionales de Cuba y Jamaica, la Oficina Subregional de Centroamérica (ORCALC) y la Sección de Patrimonio Inmaterial y la Sección del Pluralismo y diálogo intercultural en la sede de Paris;

5) otros organismos subregionales y de cooperación que trabajan con las comunidades por su desarrollo sostenible.

Este esfuerzo de coordinación podría considerarse uno de los principales retos actuales a nivel interno. Su correcta atención puede sentar un importante precedente en una nueva área de gestión de las instituciones como es el patrimonio inmaterial. La condición transnacional del pueblo garífuna es una característica que afecta a otras poblaciones y como particularidad, es una variable de gestión cuya consideración y sistematización debe ser incluida como eje de gestión.

III. Justificación
A nivel más general, varios elementos justifican la necesidad de organizar un evento como el propuesto:
1. La rica vida cultural del pueblo garífuna como comunidad afrodescendiente y transnacional – sus comunidades se distribuyen entre Guatemala, Belice, Honduras, Nicaragua y aún Estados Unidos y otros países de alta migración garífuna- ha sido tradicionalmente sostenida y recreada cotidianamente por una serie de agentes culturales propios de su entorno comunitario.

2. En virtud de la creciente comunicación entre los países de la región, de la fuerte migración, el turismo y los procesos de democratización de la subregión, las comunidades garífunas

dialogan cada vez más intensamente con las instancias nacionales e internacionales y con otras culturas.

3. Esta integración a la comunidad nacional y al diálogo intercultural se realiza sin embargo, en condiciones de inequidad y desventaja. Históricamente la discriminación y la falta de acceso a los servicios públicos y a los derechos ciudadanos han sido norma. Las nuevas dinámicas de integración subregional o comercial con otros países y regiones (Estados Unidos, Caribe) no asegurarán que la brecha de inequidad disminuya a menos que se definan acciones específicas para lograrlo. Muy al contrario, los factores de vulnerabilidad social, cultural y económicos históricos pueden agravarse si no se consideran como ejes centrales en las políticas de desarrollo. Es decir que, como le sucede a otros pueblos del mundo y de la diversa región centroamericana, la globalización somete a nuevas tensiones y retos a las comunidades indígenas y afrodescendientes.

4. Ante estos retos, es evidente que los creadores y gestores garífunas (artistas y líderes culturales, buyeis, clubes, patronatos, maestros, profesionales, etc.), se ven obligados, hoy día, a desarrollar capacidades múltiples para seguir animado sus procesos culturales y dialogar permanentemente en direcciones y contextos no exclusivamente garífunas para poner en valor y velar por su patrimonio y su autodeterminación.

5. Particularmente la puesta en marcha de los conceptos y mecanismos propuestos por la Convención sobre la salvaguardia del Patrimonio Cultural Inmaterial y los compromisos de gestión inherentes a la Proclamación como Obra Maestra del Patrimonio Oral e Inmaterial de la Humanidad suponen un amplio abanico de posibilidades, tareas y condiciones de resguardo que generar.
6. En concreto, los creadores y gestores culturales garífunas se caracterizan por enfrentar el reto de trabajar en la actualidad:

- desde, con y entre los grupos y sectores tradicionales y emergentes de sus numerosas comunidades: clubes, patronatos, grupos artísticos tradicionales y profesionalizados de cara al mercado

- con, entre o ante sus autoridades locales: municipalidades, mancomunidades

- desde las diferentes organizaciones y proyectos que se han ido consolidando a nivel local, nacional y subregional
- ante otras comunidades afrodescendientes con quienes comparten diversos intereses - ante las instituciones nacionales de distintos ámbitos con quienes negocian una mayor participación e integración como ciudadanos de derecho pleno y como grupo cultural y étnicamente diferenciado
- articulando realidades nacionales diversas entre los garífunas a través de las fronteras inmediatas o de la distancia que los separa
- ante la cooperación y los organismos internacionales
7. Además, en lo que a sus temas de trabajo se refiere, esos mismo creadores, gestores o promotores garífunas son responsables de funciones y tareas de variada naturaleza:

- mantener la vitalidad de las expresiones y la vida cultural recreando regularmente las distintas manifestaciones y tradiciones y sus valores

- investigar, preservar o recuperar elementos de esa tradición que se han visto debilitados por motivos varios o que desean sistematizar como estrategia de sostenibilidad y promoción: lengua, cosmogonía, danzas, conocimientos tradicionales, etc.
- fomentar la transmisión del conocimiento tradicional a las generaciones jóvenes y migrantes en espacios educativos formales e informales
- particularmente, promover la inclusión de la enseñanza de la historia garífuna y la educación intercultural y bilingüe en el sistema educativo formal tanto a nivel local como nacional
- recrear la cultura propia en nuevos contextos y espacios de diálogo intercultural, incluyendo el
Mercado

- fomentar oportunidades y estrategias para el aprovechamiento sostenible del patrimonio cultural en el desarrollo local y turístico de modo que se beneficien los propios garífunas y se prevenga la destrucción de ese patrimonio

- reivindicar el acceso a los derechos culturales y a sus derechos ciudadanos y como pueblos
- formar o fortalecer el capital humano que enfrenta esas tareas

8. Los gestores culturales garífunas son parte fundamental del capital social e intelectual con el que cuentan las comunidades para la promoción de políticas y estrategias de fortalecimiento cultural y de participación. Ellos deben lidiar con un entorno y situación institucional particularmente complejos.

Compromiso De Campaña Del Candidato Presidencial Del Partido Liberal Con Las Comunidades Afrohondureñas

Celeo Alvarez Casildo

Yo, MANUEL ZELAYA ROSALES, de resultar electo Presidente Constitucional de la República de Honduras, por este medio dejo CONSTANCIA de mi firme COMPROMISO de contribuir a la solución de los principales problemas de mis conciudadanos Afrohondureños y Afrohondureñas, por medio de las siguientes iniciativas:

DESARROLLO ECONOMICO

1. Continuar con el proceso de titulación, ampliación y saneamiento de las comunidades Afrohondureñas de la forma siguiente: (ver documento anexo).

2. Apoyar técnica y financieramente a los productores(as) Afrohondureños(as) de sesenta y dos comunidades, con el propósito de generar desarrollo económico y competitividad, a través del uso sostenido de la tierra y de los recursos naturales marino costero.

3. Ejecutar proyectos de instalación y/o mejora de calidad de los servicios públicos (energía, teléfono, agua potabilizada, aguas servidas, etc.) y de construcción de infraestructura (carreteras, puentes, vados, caminos, calles y otros).

4. Realizar, actualizar y socializar estudios para determinar el impacto de las remesas en el desarrollo socioeconómico de las comunidades e iniciar un proceso de consulta con la población; para conocer sus expectativas acerca del tema.

5. Definir políticas que preserven los intereses y valores tradicionales del productor (a) Afrohondureño (a) ante los efectos del TLC/DR-CAFTA.

6. Otorgar apoyo económico y técnico para el desarrollo del Turismo comunitario de las Comunidades Afrohondureñas.

7. Otorgar apoyo económico y técnico para la ejecución de al menos 10 Planes Maestros de Desarrollo Municipal de las Comunidades Afrohondureñas.

DESARROLLO POLITICO

1. Continuar impulsando acciones de combate al racismo, discriminación racial, xenofobia y otras formas conexas a la intolerancia.

2. Asignar presupuesto par el funcionamiento de la Comisión Nacional contra el Racismo en Honduras (Decreto 002-2004).

3. Desarrollar Campañas publicitarias (radio, prensa y televisión) de combate y sanción del delito de discriminación racial.

4. Asignar un presupuesto para desarrollar actividades de sensibilización y visibilización de las Comunidades Afrohondureñas, durante el MES DE LA HERENCIA AFRICANA EN HONDURAS (Decreto 330-2002).

5. Promover la emisión de un Decreto Legislativo y reformas electorales para que de forma expedita se garantice la participación proporcional de representantes de las etnias Afrohondureñas e

274

Indígenas en el Congreso Nacional. Como política de acción afirmativa consecuente con la Declaración y Plan de Acción de la III Conferencia Mundial Contra el Racismo y la Conferencia Regional de Santiago.

6. Nombrar (en lo posible/MZR) representantes Afrohondureños e Indígenas como Ministros (as) y en cargos de dirección dentro del gobierno, en por lo menos 20%.

7. Apoyar política y económicamente la ejecución de al menos 10 Planes Maestros de Desarrollo Municipal de Comunidades Afrohondureñas.

8. Garantizar la incorporación de Afrohondureños (as) de forma proporcional, en eventos relevantes del acontecer nacional e internacional, con acreditación oficial y financiamiento. Tales como: Evaluación de cumplimiento de las Metas del Milenio, Cumbre de las Américas, Pre Conferencia y Conferencia Santiago +5 y otros.

9. Instituir a partir del año 2006, el Premio Nacional Mes de la Herencia Africana en Honduras.

10. Ejecutar una política internacional de salvaguarda de los intereses nacionales fundamentada en la solidaridad y en el respeto a la autodeterminación de los pueblos.

Desarrollo Social

1. Definir e implementar políticas publicas que contribuyan a mejorar las condiciones de vida de la población Afrohondureña.

2. Garantizar la seguridad ciudadana en las comunidades Afrohondureñas.

3. Impulsar proyectos de construcción y mejora de vivienda a bajo costo y con los estándares de calidad.

4. Garantizar por medio de acciones concretas la salud de los (as) Afrohondureños (as): (ver documento anexo).

5. Implementar la Educación Bilingüe Intercultural en las Comunidades Garìfunas, lo cual implica la contratación de maestros y maestras Garinagu y la asignación presupuestaria respectiva.

6. Mejorar la calidad y ampliar la cobertura del sistema de educación en las comunidades Afrohondureñas.

DESARROLLO CULTURAL

1. Garantizar que las autoridades de arte y cultura apoyen propuestas orientadas a la preservación y promoción de danzas y cantos tradicionales de la cultura Garífuna.

2. Crear y financiar una instancia que recopile las danzas y cantos ancestrales, con el propósito de agruparlas en una base de datos y patentarlas a nombre de las comunidades Garìfunas, para proteger su autoría intelectual.

3. Mejorar en al menos un 50% el presupuesto de funcionamiento del Centro de la Cultura Garinagu de Honduras

4. En el periodo de cuatro años otorgar 200 becas anuales para que las (os) jóvenes afrohondureños realicen estudios secundarios.

5. En el periodo de cuatro años otorgar 200 becas anuales para que las (os) jóvenes afrohondureños realicen estudios universitarios.

6. Construcción de al menos 10 complejos deportivos en igual numero de Comunidades Afrohondureñas.

7. Construir e implementar escuelas de arte, artesanías e instrumentos tradicionales Garìfunas, en al menos 5 municipios para favorecer a las Comunidades Afrohondureñas.

Desarrollo Ambiental

1. Impulsar un programa integral de manejo de los recursos naturales, en las comunidades Afrohondureñas, respetando las prácticas culturales que tradicionalmente han manejado en sus relaciones con la naturaleza. Debe garantizarse a las Comunidades Afrohondureñas el aprovechamiento de estos recursos.

2. Crear un fondo especial para los agricultores comunitarios a fin de plantar árboles maderables y plantas de diferentes variedades requeridos para el uso de los artesanos.

3. Garantizar que el Ministerio de Recursos Naturales y Medio Ambiente desarrollen proyectos masivos de reforestación de cocoteros y otros.

5. Cumplir con el deber que manda la Constitución de la Republica, respecto a dictar medidas de protección de los intereses de las comunidades Afrohondureñas, especialmente sobre sus tierras y bosques donde están asentadas (Art. No.346 de la Constitución de la República y el Convenio 169 de la OIT; Declaración y Plan de Acción de Santiago, Declaración y Plan de Acción de Durban).

Puntos Extraordinarios

Continuaré apoyando la Construcción y el desarrollo de una Visión de país e impulsaré todas las medidas que sean necesarias para combatir la exclusión y la pobreza en que se encuentran vastos sectores de la hondureñidad.

Instalaré una Comisión de mi Gobierno al mas Alto Nivel, para que conjuntamente con la Dirigencia Afrohondureña, evalúe el cumplimiento del presente COMPROMISO DE CAMPAÑA, cada seis (6) meses, a partir del año 2006.

Dado en la ciudad de Tegucigalpa, M.D.C., Centro de Convenciones del Hotel Honduras Maya, a los veintiséis días del mes de mayo del dos mil cinco, en el marco de la celebración de la II Asamblea Nacional Afrohondureña, Doctor Alfonso Lacayo Sánchez.

Manuel Zelaya Rosales
Candidato Presidencial del Partido Liberal de Honduras

Historia de Los Garifunas

The Migration of the Garifuna People

ARAWAK CARIB AFRICAN SLAVES S. Vincent Baliceau

500 B.C. By this year some of the Arawak had moved up the Orinoco River sailing from Venezuela, Suriname, and Colombia to the Antilles Islands of the Caribbean.

100 A.D. The Arawak were later followed by the Carib.

1100 The Caribs mixed with the Arawaks in the Caribbean islands and created a new people, Island Carib.

1492 After this year Slaves from Africa and Europeans came to the Caribbean.

1635 African slaves adopted Carib way of life, intermarried with the island Caribs and created a new people, Black Carbs.

1763 The British took the Black Caribs and made captive and sent them to the island of Baliceau.

1797 British permanently exiled the Black Caribs to the island of Roatan. The light-skinned, Island Caribs remained on S. Vincent

1832 (November 19) The Black Caribs settled in Belize

1798 From Roatan, the Black Caribs spread North to British Honduras and South to Nicargua

1797   1635-1763   1492   1100   100 A.D.   500 B.C.

Island Caribs
African Slaves
Black Carib (*Garifuna*)

Origen

En América del sur habitaba una población indígena llamada Arahuaca, quienes se dedicaban a la agricultura, el principal cultivo la yuca, también se dedicaban a la caza y la pesca. Cruzaron el río Orinoco, hasta salir al mar Caribe (1000 años D.C.), llegando a las Islas de las Antillas menores. También los Caribes llegaron de esa misma manera a las Antillas, en un inicio comercializaban con los Arahuacos, después peleaban contra ellos, desplazándolos de las islas menores, se apropiaron de sus mujeres y esclavizaron a los hombres, de la mezcla de *Arahuacos* y *Caribes* surgieron los *Caribes isleños,* quienes adoptaron la lengua de los Arahuacos.

Los europeos llegaron a las Antillas 1500 años D.C., llevaban africanos como esclavos, los Caribes isleños pelearon por sus islas, logrando quedarse solamente con dos de ellas: Dominica y San

Vicente o Yolome, algunas veces atacaban las comunidades de europeos y se apropiaban de africanos a quienes esclavizaron y después algunos de ellos se casaron con Caribes isleñas, preservando sus costumbres africanas y mezclándolas con las de ellos, pelearon contra los Caribes isleños por la tierra y el poder. Los europeos les llamaron *Caribes negros,* hoy en día se les llama *Garifunas* que deriva de su palabra original Garinagu. La comunidad de Punta Gorda considera a Honduras como su patria en la cual han nacido y viven actualmente con sus raíces culturales.

Los Garifunas en las Antillas Menores.

Los Caribes negros de San Vicente eran numerosos y bastante prósperos (año 1750), tenían cabecillas de guerra, las mujeres se dedicaban a la agricultura y los hombres a la caza y pesca; viajaban a islas cercanas para intercambiar tabaco y canastas por armas, municiones y otros productos europeos. Se dedicaban a la exportación de algodón, el que cultivaban utilizando como fuerza de trabajo a esclavos africanos; también vivían en estas islas colonos franceses, comercializaban con ellos y con las islas vecinas de Martinica, Santa Lucía y Grenada.

La llegada de los ingleses a la isla de Vicente fue en 1753, utilizaron una serie de engaños para que los Garifunas les dieran tierras fértiles para sembrarlas con caña de azúcar, cuando los nativos no accedían, provocaban guerras contra ellos; los franceses quienes también tenían tierras se hicieron a favor de los Garifunas en esa lucha. En 1775 los ingleses lanzaron una fuerte campaña militar ayudados por los esclavos africanos, en marzo de 1795 Satuyé Chatoilleux (en francés significa cosquilloso) líder de los Garifunas proclama su adhesión a la revolución; la isla de San Vicente logró independizarse por cinco años.

En 1796 los franceses se rindieron, sin embargo los caribes negros continuaron luchando por sus tierras, se lanzaron a la guerra con algunos republicanos blancos, negros, mulatos y mestizos; sin embargo, los ingleses les quemaron sus casas canoas y cultivos, los Garifunas enfermos y con hambre tuvieron que rendirse, eran aproximadamente 5,080 personas, entre hombres, mujeres, niños y niñas, los ingleses no se confiaron de esta rendición y decidieron enviarlos a la isla de Balliceau, lugar en el cual murieron más de la mitad de los prisioneros a causa de las duras condiciones en que se encontraban.

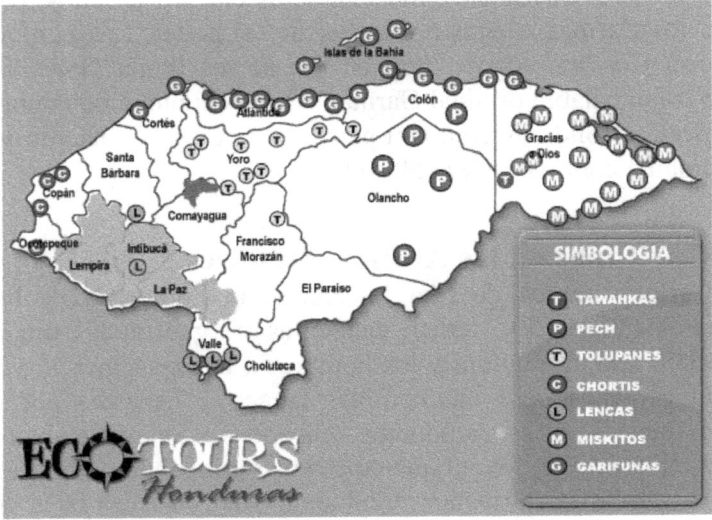

Los Garifunas en Honduras y otros países del istmo centroamericano

Los Garifunas sobrevivientes fueron enviados a la Isla de Roatán en Honduras el 11 de marzo de 1797, caribes negros capturados y otros negros no caribes zarparon de San Vicente en ocho embarcaciones con tropas inglesas, al mando del capitán James Barrett, quien comandaba el "Experiment" de la Real Flota Británica, hicieron escala en Jamaica el 21 de marzo de ese mismo año para abastecerse de agua dulce, víveres y reparar una de las embarcaciones que tenía filtración de agua, el 6 de abril salieron de Jamaica, pasaron el 9 de abril por las Islas del Cisne, cerca de Guanaja los españoles capturaron un barco el "Prince William Henry" con 289 Garifunas a bordo y lo llevaron a Trujillo. Durante el trayecto de San Vicente a las islas de la Bahía murieron 1,080 Garifunas.

Los otros barcos combatieron hasta lograr la rendición del fuerte español de Port Royal en la Isla de Roatán (12 de abril 1797), el Capitán Barrett trató de rescatar el barco capturado, bombardearon

280

la fortaleza de Trujillo y al final lograron que los ingleses liberaran el barco con los Garifunas prisioneros a bordo, con tan mala suerte que al entrar a la Bahía de Roatán chocaron contra un arrecife y se hundieron no se conoció si hubieron sobrevivientes.

Los Garifunas que se quedaron en Roatán, estaban pasando situaciones difíciles, enfermedades y hambre, motivo por el cual solicitaron a los españoles que fueran a rescatarlos, quienes llegaron el 19 de mayo de 1797, adueñándose nuevamente de las islas de la Bahía. Unos se quedaron en Roatán y otros se fueron para Trujillo ahí fueron enrolados como soldados y trabajaban en la pesca, las mujeres se dedicaban a la agricultura y de ésta manera proporcionaban alimento a los europeos que vivían en la costa Atlántica, en esa época la caoba y el palo de campeche (ó de tinte) eran maderas de exportación de los ingleses, por lo que los españoles contrataban Garifunas para cortarla y exportarla.

Los Garifunas salieron de Trujillo hacia Belice y Nicaragua, se conocieron con los Misquitos quienes eran aliados de los ingleses y no querían a los españoles. En 1807 los Garifunas dejaron de trabajar para los españoles y se fueron para Río Patuca, otros se quedaron en Omoa y Trujillo, Honduras; algunos se fueron para río Dulce, Livingston y Santo Tomás en Guatemala o a Caribe Town (Dangriga ó Stann Creek) en Belice. Con el corte de madera otros Garifunas se fueron cerca de Limón, Black River, Brus Laguna y Caratasca, el comercio de la madera duró por muchos años hasta agotar las reservas de bosques de Guatemala y Belice, en Honduras los árboles se plagaron de termitas, lo que bajó su precio en el mercado europeo.

En el siglo XIX el banano pasó a ocupar el primer lugar de exportación requiriendo fuerza de trabajo Garifuna. Los embarques se hacían inicialmente desde Roatán; después de Ceiba; Tela; Punta Castilla, cerca de Trujillo y Puerto Cortés, en Honduras; en Livingston y Puerto Barrios de Guatemala, los Garifunas se trasladaron a estos puertos para trabajar en las empresas bananeras.

Los primeros pobladores de Punta Gorda.

Los primeros pobladores llegaron en 1797 durante las entrevistas se mencionan las familias siguientes: Benedith, Meléndez y González, Roque Jacinto Meléndez, José Dolores Castro, Catarino Avila, Hibrio García, Doña Aleja Chamorro, Rosa Martinez, Víctor Rochez, Ethel González, Mevis Avila, Anatolia Rochez, José Castro, Joe Webster,

Los motivos por los que vinieron a asentarse en éste lugar los primeros pobladores, fueron porque venían huyendo de la esclavitud de los ingleses, en éste lugar habían tierras para asentarse y sembrar yuca, muchas frutas y animales silvestres y palmas de corozo, importante éste material para la construcción de sus viviendas, hacían las casas con paredes embarradas con tierra y techos de manaca o corozo, también habían palmeras de coco para hacer aceite, iban a trabajar a Puerto Castilla, sitio en el cual recogían caracoles para vender.

Migración de los Garifunas a otros países.

En 1942 el comercio del banano disminuyó, los Garifunas se vieron afectados por la baja de fuentes de trabajo, algunos se enrolaron con la marina mercante de Inglaterra y la de Estados Unidos, se fueron asentando en otros países del mundo, tales como, Londres, Nueva Orleans, Los Angeles, Nueva York, se fueron especializando ya no solo como marinos, sino que como cocineros, empleados de maquilas de ropa y otro tipo de industrias manufactureras, poco a poco fueron destacándose en otras ocupaciones, los Garifunas son contratados rápidamente porque tienen fama de ser trabajadores.

Las mujeres también fueron saliendo de sus hogares para buscar trabajo en otros países, actualmente son miles de hombres como mujeres los que viven en otras ciudades de Estados Unidos y de Inglaterra, estos últimos provenientes de Belice.

Los Garifunas que viven en el extranjero dejan a sus hijos al cuido de las abuelas quienes continúan enseñándoles su lengua y su cultura, les envían remesas mensuales de dinero para la manutención de la familia. Muchas personas que han vivido en el extranjero cuando se jubilan regresan a sus comunidades, mejoran su vivienda y viven de su cheque de jubilación.

Tradición y Cultura Garifuna.

La cosmovisión esta regida por las creencias y tradiciones, la religión Garifuna se expresa en Dugú, cuyas raíces están en Angola, Africa; escogen las personas desde que están en el vientre materno son educadas desde pequeñas, quedan bajo el cuidado de una mujer que ha pasado la menopausia, quien también les hace la comida. Les enseñan a conocer las plantas, palabras, cantos y ritmos sagrados de tambores y las marcas, los educan espíritus llamados Jiyurujas (Orichas, Loas), son los carmas de Buyeis o Saurines difuntos, les enseñan los códigos espirituales y morales del pueblo Garifuna, cuando completan el entrenamiento le dan poderes y toman el nombre de Buyei o Saurin. Los ancianos son los que le dan seguimiento a la transmisión de ésta identidad cultural.

Las iglesias más antiguas son las de San Isidro y la de San Ignacio Loyola, construidas desde épocas de la colonia. Actualmente la mayoría de la población pertenece a las iglesias Católica y Adventista. Las iglesias organizan a la juventud para realizar actividades comunales.

Para cada evento los Garifunas usan vestidos diferentes, los que están vinculados a ceremonias religiosas, anteriormente las mujeres apenas mostraban sus pies, usaban blusas de manga larga, vestían de valeriana con faldas y batas largas, confeccionaban su ropa de manta. Los hombres para los actos sociales usaban pantalones largos y anchos, antes eran importados de Inglaterra, los adquirían en Belice, eran de telas de casimir, chasquín y lino. Para el trabajo utilizaban pantalones de azulón y camisas de coletilla, la ropa interior de manta. Los niños y adolescentes usaban pantalones cortos con tirantes, hasta que pasaban la adolescencia y trabajaban, con autorización de sus padres podían usar pantalones largos.

El Guañaragua y Yancunú es un baile que tiene su origen en San Vicente (1793) lo crearon para sorprender al enemigo quien trataba de someterlos, los Garifunas lograron con toda astucia usando disfraces y máscaras aniquilar al enemigo.

Con el Yancunú el bailarín hace gestos que se asemejan a algún animal, con intercomunicación espiritual para dar mayor armonía al canto, al ritmo de los bailarines se mueven los caracolitos que tiene en sus rodillas produciendo sonidos que incitan al baile.

El Guañaragua es un baile o danza guerrera bailada únicamente por hombres vestidos con telas de colores vistosos, usan chinchines hechos de caracoles amarrados en las rodillas que los ponen a sonar al ritmo de los tambores, utilizan también una espada de metal o madera, la colocan en el suelo danzando la levantan con mucha presteza. El tambor sigue los movimientos del bailarín, éste baile se da más en época navideña (25 de diciembre y primero de enero).

La punta la bailan hombres y mujeres de todas las edades, tuvo su origen en la Isla de San Vicente, la bailan cuando muere un Garifuna como símbolo de duelo, con este baile rememoran la muerte del cacique Masaragana. También hacen otras danzas y cantos tales como el lamento de las madres y abuelas por los problemas sociales, acompañadas del espíritu para tratar de mejorar la situación de su comunidad.

El alimento principal de las familias Garifunas ha sido la yuca, es utilizada para hornear varios tipos de pan y el cazabe, puede durar hasta un año en un lugar seco, preparan el pescado fresco y salado, sus comidas son a base de coco, utilizan el plátano, guineo, arroz, frijoles, ñame y camote. Ocasionalmente comen carne de res, crían cerdos y gallinas para celebraciones especiales.

Las comidas típicas son parte de la cultura Garifuna, algunas han ido desapareciendo por la influencia de otras culturas, la que todavía se mantiene es: el cazabe de yuca; la machuca de guineo o plátano, la cual acompañan con leche de coco y pescado; pan de coco hecho de harina amasada con leche de coco; atole de yuca cocida preparado con leche de coco; atole de guineo o plátano maduro cocido con leche de coco; tapado de guineo con coco y pescado; atole de masa de harina, leche de coco o leche de vaca; atole de camote cocido con leche de coco y canela; tamal de yuca rallada, leche de coco, azúcar horneándola encima de la estufa; tamal de guineo molido con leche de coco y azúcar y tortilla de maíz.

Aspectos socioeconómicos.

Los Garifunas se dedican a la pesca, es uno de los rubros de producción más importante para los hombres, no utilizan venenos, son muy cuidadosos con ésta actividad, lo hacen para proteger su ecosistema marino, principalmente porque las técnicas que utilizan para la pesca la heredaron de sus antepasados los Caribes Arahuacos

La agricultura es considerada una actividad femenina, en la pequeña artesanía participan hombres y mujeres, son los hombres los que fabrican los utensilios del rallado de la yuca, la "ruguma" o culebra, escobilla de suyate que utilizan para sacudir el cazabe cuando lo están horneando; canastos; artesanías de madera: baúles, bateas, espátulas, mortero, tambores, cayucos, canaletes, achicadores; collares de conchas y nasas para la pesca; también trabajan en la construcción y carpintería. La modernización y la emigración al norte han modificado la cultura Garifuna.

Los Garifunas respetan los recursos naturales, consideran que han sido deteriorados por el desarrollo y la infraestructura que conlleva la destrucción, los proyectos turísticos los pobladores y los ricos de la isla. Consideran que "los turistas han afectado los recursos principalmente por que no son originarios de éstas islas, explotan los recursos, los destruyen y cuando ya no existan se regresan tranquilamente a sus países de origen con mucho dinero, del turismo se benefician más los dueños de hoteles y escuelas o clubes de buceo"

La vivienda Garifuna era construida con postes de palos rollizos, amarrados entre sí, recubiertos con barro, techo de corozo o manaca. Algunas familias utilizaban caña brava en las paredes o corteza de palma real (yagua), los que tienen más medios económicos ponen techo de zinc y utilizan otros materiales como cemento para la construcción. Pueden tener hasta tres dormitorios con dos o tres ventanas. La cocina es pequeña separada de la casa, anteriormente ubicaban el fogón en el centro de la cocina, eran tres piedras en las que apoyaban un comal de metal.

La medicina casera, era utilizada por los mas ancianos, hombres y mujeres, actualmente continúan sembrando en sus patios y la utilizan para calenturas, gripes y otras enfermedades leves. Tienen parteras tradicionales aunque esta costumbre ha ido desapareciendo, actualmente las mujeres se atienden los partos en el Centro de salud, Hospital o clínicas privadas del departamento o de la Costa atlántica. Las mujeres que todavía brindan servicios como parteras son las señoras: Anatolia Rochez, Victoria Rochez, Olivia Zapata, Novia Suazo, Natividad Zapata, Sumilda de Avila, Ana Mamaiza (actualmente está imposibilitada).

La educación era impartida por la familia y personas que daban clases particulares a los niños y niñas, cuando tenían familiares en el continente asistían a escuelas ubicadas en Trujillo, Ceiba y Tela. Actualmente hay un Centro de Educación Básica en el cual cursan hasta noveno grado, también hay un jardín infantil, ingresan a las diferentes Universidades del país según sus posibilidades económicas.

La comunidad de Punta Gorda está organizada en un Patronato y han creado un Comité de turismo y otro de gestión ambiental con el cual se pretende apoyar a la cooperativa de pescadores, se han planteado mejorar la limpieza de la comunidad y gestionar financiamiento para un proyecto turístico que les permita construir instalaciones típicas en el parque Satuyé y brindar comidas y bailes típicos Garifunas, artesanías, venta de pescado y ofrecer los servicios de lancha y guías para pesca deportiva, Snorkling y buceo.

Bailes y Costumbres Garífunas

LA PUNTA

Es un baile por parejas, ejecutadas después del descenso de un adulto. Lo bailan las personas de todas las edades y de ambos sexos. Tuvo su origen en Yurumei (San vicente). Se dice que cuando El Señor Angina (Jefe de los Ourellanas), derrotó al jefe de los Masaraganas, los triunfadores celebraron la victoria bailando "punta" de alegría y los otros en señal de duelo.

Desde ese momento pasa a ser tradición del garifuna bailar punta cuando hay un muerto o en las celebraciones de las fiestas pascuales. La punta significa reproducción, como habíamos dicho anteriormente, El Garifuna baila punta cuando hay un muerto o en fin de novenario como signo de duelo y no como creen muchas personas que no comprenden su cultura diciendo que se hace porque el garifuna se contenta cuando alguien muere. Antiguamente a la "Punta " le llamaban "landani".

De la punta surge un subgénero que le llama "Coliou". La diferencia entre ambas es que la punta se baila por pareja, pudiendo ser un hombre con una mujer o solo entre mujeres. Se baila generalmente descalzo para que se pueda mover con facilidad tanto el cuerpo como las piernas mediante los dedos de los pies.

Mientras "el Coliu" se baila formando una rueda y bailando hombres detrás de la mujer. Llega un momento que los participantes cambian de canción y los bailarines dan vuelta en direcciones inversas cambiando de compañera. La similitud que se establece entre las dos danzas, es que se bailan en los mismos eventos, su acompañamiento es con las mismas tamboras. Antiguamente el Garifuna establecía reglamentos en el baile de la punta.

Cuando era velorio a cuerpo presente, se cantaba acompañado de palmoteo de manos, y al necesitar algunos instrumentos, usaban cajas de madera, tina o lavamanos. De manera que podía haber un velorio cerca de la casa de alguien, y no molestaba en nada el cantar de las personas participantes. Hoy en día se usan instrumentos como tambores y otros. La punta es un ritmo contagioso, pero poco a poco está perdiendo su valor como baile autóctono propio del garifuna.

A través de la música, la danza y el canto, el garifuna transmite y conserva su cultura, su historia, con ellas celebran sus fiestas comunitarias, sus cultos y rituales como el "Dugu" y El Chugu que son ritos que se usan en los cultos a los ancestros difuntos. El Jungu es una danza suave, en donde bailan las mujeres, mientras los hombres tocan los tambores, mientras danzan las mujeres denuncian las injusticias y hacen un llamado a mejorar la labor comunitaria deseando que el futuro sea mejor.

Parranda

Es una de las canciones más bellas del garifuna, la ejecutan acompañada de tambores, guitarra, maracas y otros. La parranda es la ranchera del garifuna con la que el hombre lleva serenata a su amada y a sus amigos, La parranda es compuesta generalmente por hombres y surgió con los garifunas "ascudun" y Gabgarui hace aproximadamente 65 años y desde aquel entonces según la historia, no ha surgido otra danza garifuna.

La Parranda expresa tristeza, frustración, alegría, desengaño amoroso y hasta la pérdida de un ser querido, sirve para fortalecer los lazos de amistad entre amigos, parientes y pueblos. Una serenata o parranda se realiza en las pascuas o en fiestas patronales. El grupo sale a visitar a sus amigos por las noches, con previo aviso, ya sea escrito o verbal, pudiendo llegar el caso que se haga improvisado. Algo admirable en la parranda es lo siguiente: Todas las personas visitadas tienen el deber de recibir a los visitantes y ofrecerles dinero siempre que sean para un fin determinado o en su defecto, bebida que generalmente consiste en aguardiente. Los visitantes o parranderos siempre llegan llamando a las puertas de las casas que se visitan.

Yancunú: Guanaragua, Maladi Yancuru o Baile de Mascaros

Es una danza guerrera, surgió en San Vicente (Yurumei) en el año de 1773, cuando el garifuna se reveló contra los caribes primeramente debido a que estos no querían aceptar que el garifuna conviviera con ellos en las mismas islas, y posteriormente contra el Ingles por querer éste negarle su derecho; de aquí surgió el desacuerdo y la enemistad que dio lugar a que el Ingles Criollo o Negro Isleño odiara el garifuna, asi tambien los Ingleses conquistaron a los caribes rojos para que mataran a los garifunas debido a que estos se estaban multiplicando vertiginosamente y

según ellos corrían el riesgo de perder el dominio de la isla. A pesar de que el caribe rojo ya había establecido la paz con el garifuna, siempre lo miraba con recelo, pero terminó aceptándolo por mirar que los dos corrían la misma suerte frente al Ingles, y que solo unidos podrían defenderse. Ahora este melodrama lo ejecutan hombres disfrazados de mujeres, el disfraz esta compuesto de mascaras, yawis, faldas y camisas de las que cuelgan cintas de colores.

Pijamanate o Piyamanadi:

Se dice que este melodrama se originó con una leyenda sobre un jefe Garifuna que abusó sexualmente de su hijastra, y el garifuna no permite estos abusos lo mataron a garrotazos. Actualmente, en este melodrama se representa a un enfermo de hernia, que seduce a su enfermera.

Correpatia

En este melodrama, los personajes imitan a una mujer que conquista y se burla del hombre. Los actores son todos hombres, cuentan que con esta actuación se describía como los españoles con engaños y trampas conquistaban al garifuna y le arrebataban todos sus bienes.

Guarani

Se representa a una Santa Claus negro que llega con una mujer y alimentos, la mujer y los alimentos significan la fertilidad de la naturaleza y del ser humano, por eso guaraní significa "Anunciador de la fertilidad".

Abeimajani

Este canto lo practican las mujeres, sobre todo las ancianas. Mientras cantan, mueven el cuerpo despacio, agitando caderas y brazos, se toman de las manos como signo de amistad.

Aramajani

Es cantado por los hombres, principalmente por los ancianos. Mientras cantan las aventuras del mar, moviendo el cuerpo despacio.

Garifuna History

The Garífuna history has been one of constant migration and miscegenation. One of the Garífuna ancestors, the Arawak Indians, migrated from Guyana, Surinam and Venezuela around 160 A.D and settled in the Greater Antilles Islands in the Caribbean. A second ancestor, the Carib Indians, also abandoned their settlements in the Orinoco Delta in 1220 A.D. and seized the Lesser Antilles. The Carib and Arawak then mixed and engendered the Island Carib, who settled predominantly on Saint Vincent Island.

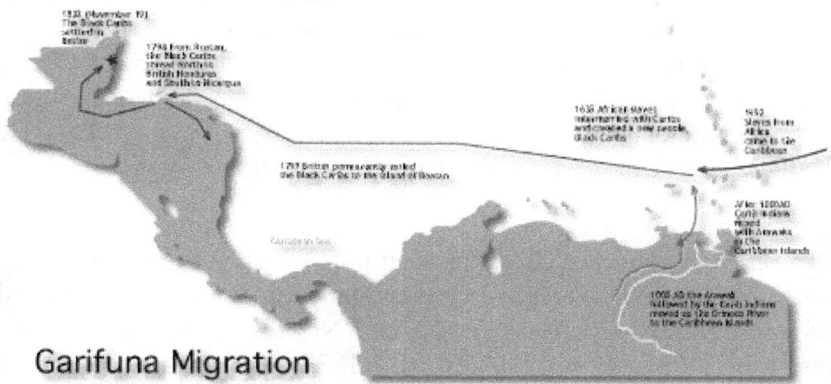

Garifuna Migration

When the Spaniards arrived in the early 1500s, they introduced foreign diseases and an oppressive system of forced labor that disseminated local populations.

African slaves are therefore imported into the New World beginning in 1517. Many slaves escape from European plantations (*cimarrones*). Others survive two shipwrecks off the coast of Saint Vincent Island in 1635. Both are taken in by the Island Carib and their offspring are called the Black Carib, commonly known today as the Garífuna or Garinagu.

Over the next 150 years, a series of wars erupt between the Spaniards, French, British, and Black Carib. Treaties are made and broken and alliances are formed and dissolved in this all-out race for control of the land and its inhabitants. Finally, the British emerge as the victors in June of 1796. They unleash a massive man hunt, trapping and banishing 4,644 overly "rebellious" Black Carib to Baliceaux Island - where they are held on a 464 m. high cliff! Others manage to escape to South America and to the neighboring Antilles Islands. This adds to the African Diaspora.

Of those deported, the lighter-skinned "Yellow or Red Caribs" are classified as "benign" and returned to St. Vincent. Today, many Creole-speakers on St. Vincent are descendants of the Yellow/Red Carib. The remaining 2,026 captives are left on Honduras' Roatan Island with limited food and supplies on April 11, 1797. The Spaniards transport the Garífuna to the mainland and rescue them from potential starvation. The Garífuna return the favor, supplying food for the entire colony - which is dying of hunger because Spanish farming practices are not suited to the tropics.

The Garífuna soon tire of Spanish authority. As early as 1802, they join British woodcutters to log mahogany or smuggle contraband trade along the Belize, Guatemala, and Nicaragua coastlines. But a mass migration does not happen until 1832, when the Garífuna are charged with treason for supporting the Spanish royalists' failed insurrection against the Federation of Central American States. Many Garífuna flee to the remote Mosquitia region. Others, under the leadership of Alejo Beni, set sail for Belize and found the settlement of Dangriga. Today this city holds the largest Garífuna population.

Those who remain in Honduras after Central American independence tend to work on the banana plantations at the turn of the XX century. When the market collapses before World War II and banana companies shut down their operations, many Garífuna are forced to look for alternative work. Some join the U.S. and British merchant marines, who were looking for new recruits to replace those who had left for war. After completing their service, many Garífuna settle in England and the U.S., and others return to their communities with fantastic tales and fancy merchandise. This intrigues younger generations and women to seek better opportunities abroad.

Today, approximately, 300,000 Garífuna live around the world. Of this number, the largest concentration of Garífuna peoples, 100,000, are found in Honduras. Around 90,000, nearly the total Garífuna population in Honduras, are living in the U.S. They are primarily located in Chicago, Houston, Los Angeles, Miami, New York, and New Orleans. Many Garífuna have migrated to the U.S. because of the limited economic opportunities available in their hometowns.

Today, many Garífuna communities in Honduras are kept afloat by money sent from relatives working in the U.S. Grandmothers and mothers, in particular, wait on this money to take care of the children left in their custody. New, concrete houses can now be built and furnished with televisions, stereos, and other luxuries. Dreams can be achieved. But families can be torn apart. Communities can be drained of bright leaders and entrepreneurs. And customs, values, and social structures can be altered.

El Origen De La Ceiba

Los Primeros Pobladores del Municipio (1810-1834)

Antonio Canelas Díaz

La ciudad de La Ceiba se fue formando poco a poco en un periodo de tiempo de 110 anos que va desde 1810 hasta 1920. Este periodo de formación se divide en dos etapas: (10).

1° La de los primeros pobladores de la desembocadura del rió Cangrejal.

Antes de que se fundara la ciudad, el Litoral Atlántico era una región de Honduras completamente virgen, y hasta el año de 1810 era despoblada en una área comprendida entre los puertos de Tela y Trujillo, donde no se encontraba ningún tipo de población de relativa importancia (11). En la cuenca del rió Cangrejal había algunas aldeas de indígenas como Yaruca y La Colorada, las que mantenían una actitud de aislamiento con el resto de la población hondureña. La aldea La Colorada estaba poblada en su totalidad por Indios Tolúpanes (12) La Cordillera Nombre de Dios era como un sólido muro natural de contención, por lo cual no permitía la facilidad en la comunicación terrestre con el interior del país, contribuyendo en gran medida al permanente aislamiento que ha caracterizado a esta región con el resto de Honduras.

En el año de 1810, los Garifunas Llegan a darle vida y movimiento a un rico Litoral Atlántico que por mas de 300 años permaneció dormido y olvidado. En la década de 1810. 1820, comienzan a Llegar a la Barra del rió Cangrejal mercadería con procedencia de casi todos los puertos e islas del Caribe en las barcazas, canoas, lanchones y pipantes que los morenos vicentinos traían con contrabando, para ser vendidos en esta zona a "precios de gallo muerto", y ser después trasladados a Trujillo, Tela, Olanchito y al interior del país (13) Las primeras vías de comunicación terrestre que se conocieron en el Litoral Atlántico fueron las Llamadas rutas Garifunas; a "raya de costa", que partiendo del puerto de Trujillo,

Llegaban a la Barra del Cangrejal, para continuar hacia Tela y al resto de la Costa Norte (14).

Hasta 1820, el puerto por el cual negociaban los olanchanos con el exterior era Trujillo; pero de esa fecha en adelante, poco a poco fue desplazado por el auge económico que se generó primero en la aldea de **Pueblo Nuevo** (actual Barrio La Barra), y después por La Ceiba contando a su favor que no habia ni la vigilancia ni el control aduanero que se daba en Trujillo (15).

Desde el periodo colonial, el Litoral Atlántico prácticamente no era importante "ni existía para Honduras, pues siempre fue una región que nunca les Llama la atención a las autoridades españolas; mucho menos a las hondureñas, "que todo su esfuerzo político, social) economico generalmente lo han centrado hacia el interior del país'(16).

2da Llegada de los primeros olanchanos.

A partir de 1820 comienzan a Llegar a la zona de la Barra del Cangrejal los primeros olanchanos **a vivir en las aldeas Garifunas**, en una área comprendida entre los ríos Danto y Cangrejal desplazándose a esta región por la conocida ruta del puerto de Trujillo. Los primeros inmigrantes olanchanos eran rústicos campesinos, analfabetas, que trabajaban para los dueños de las grandes haciendas de aquel vasto departamento. Después empezaron a abrir(12) brecha de cruzar "en línea recta" la Cordillera Nombre de Dios, exponiéndose a los ataques. acosos y hasta la persecución implacable de los animales salvajes que habitaban en e bosque virgen tropical, donde muchos seres murieron al no poder sobrevivir en condiciones tan adversas (17) El paso que mas usaron fue el fatídico Cerro de las Culebras, conocido también como el Paso de las Culebras.

Los primeros olanchanos no estaban acostumbrados a desplazarse por tupidas selvas donde tenían que abrirse camino con sus machetes, y orientarse únicamente apelando al instir to de conservación de la vida. A veces se agrupaban varias familias para realizar el viaje hasta la costa, pasando por experiencias aterradoras al verse obligados a abandonar los muertos en plena selva. El Paso de las Culebras consistía en un largo y angosto camino que atravesaba casi toda la extensión central de los grandes macizos de la Cordillera. Por el lado estaba la empinada montaña de tupida selva, y en el lado opuesto los grandes precipicios.

Me relataba mi abuelo Rafael Canelas Osorio, que en el ano de 1896, junto con sus hermanos Rodrigo y Presentación (Chon) Canelas, hicieron su primer viaje a La Ceiba y cometieron "la locura" de venirse por el Cerro de Las Culebras. Ellos viajaron desde su lugar c origen, San Francisco de La Paz, Olancho, afirmando que ha sido quizás la experiencia más dura y dolorosa de toda su vida. Salieron en una caravana de 47 familias que hacían un total de 175 personas, más las mulas de carga y ocho carretas donde traían los víveres, las mujeres y los niños. A La Ceiba solo Llegaron 29 personas a pie. Las mulas que halaban Ias carretas, unas fueron devoradas por las fieras, otras picadas por las culebras venenosas, simplemente cayeron en los enormes precipicios con todo y carga, bajo unos torrenciales aguaceros que mas bien parecían diluvios.

Lo que mas descontrolaba a los olanchanos era la agresividad traicionera y el ataque constante de las fieras, situaci6n que para ellos era algo nuevo: "pues *más bien en Olancho las fieras huían del hombre, y aquí era todo lo contrario"(18).*

AI caer la noche era cuando mas se imploraba *"el nombre de* Dios", sobre todo bajo los torrenciales aguaceros "que mojaban hasta el alma", apagándoles el fuego que les servia para defenderse de los animales. Rodrigo, el hermano menor de Chon y Rafael Canela murió de paludismo y de una infección que se le desarrollo a consecuencia de una dentellada de tigre. Fue enterrado cerca de la aldea de Yaruca.

Los hermanos Carlos y Jorge Lazo relataban que su tío abuelo Fernando murió en pies Cordillera después de un ataque masivo de las fieras. De la caravana en que venían no se salvo nadie. Por ese motivo ellos viajaron de Catacamas a La Ceiba por el puerto de Trujillo Don Darío Mejia Rosales relataba que su padre, Manuel Mejia, afirmaba que en ningún lugar de Centro América se ha implorado tanto "el *nombre de* Dios", con gritos desgarrados salidos de lo mas profundo del alma de otras personas, como en el sangriento paso del Cerro de las Culebras. Los que lograron sobrevivir al infierno verde de la Cordillera, fueron atendidos en La Ceiba por los Llamados **médicos y brujos Garifunas**, quienes le lograron salvar una muerte segura a muchos olanchanos, utilizando sus brebajes de medicina natural agredida desde el África y desarrollada en la isla de San Vicente. Desgraciadamente, en actualidad todos estos conocimientos se han perdido.

Historia de Las Organizaciones Garifunas Hondureñas

Existen suficientes evidencias históricas que demuestran que no todas las personas traídas desde el Africa para ser esclavizadas en el Nuevo Mundo se rindieron a las pretensiones de los esclavistas, porque pelearon, se unieron con los amerindios y formaron sus propias comunidades, este es el caso de Comunidad Garifuna.

Los Garinagu son el fruto del mestizaje entre Africanos (as) y Amerindios (as), quienes dando señales de su organización y amor a la libertad, combatieron contra los ingleses por cerca de cuarenta años, hasta ser derrotados en 1796, deportados hacia Honduras y llegando a Punta Gorda, Roatan el 12 de abril de 1797.

Los conceptos Organización y Unidad fueron fundamentales no solo para consolidarse como pueblo libre con relativa prosperidad, sino que, fue el soporte de resistencia en contra de las pretensiones de dominación Inglesa.

Una vez establecidos en Honduras, los Garifunas en base a su Organización, Unidad y liderazgo definido entraron en negociaciones con los españoles de Trujillo, lo cual les permitió el derecho a la tierra y su posterior movilización al este y oeste de la Costa Atlantica, llegando a Nicaragua, Guatemala y Belice.

Con su experiencia de guerra, los Garifunas combatieron a los piratas ingleses que en varias oportunidades atacaron y destruyeron Trujillo. También ayudaron a la reconstrucción de la que fue la primera Capital de Honduras.

El Sargento Garifuna Montero encabezó el pelotón de fusilamiento del filibustero William Walker. Así mismo, el Capitán Juan Francisco Bulnes (Walumugu) fue lugarteniente del General Francisco Morazan.

A diferencia de otras comunidades, los Garifunas siempre han estado organizados, teniendo como base fundamental sus organizaciones tradicionales que aun existen y constituyen la columna vertebral de las comunidades.

La Organización denominada Cristales y Río Negro, data desde el siglo pasado y es la primera Organización Garifuna, que fue reconocida por el Estado hondureño otorgándole la personería jurídica el 23 de noviembre de 1951 bajo Acuerdo No. 1912. Vista para resolver la solicitud presentada al poder Ejecutivo, por el señor Hipólito Laboriel Gotay. La cual fue creada con el objetivo de Propender por todos los medios lícitos, al progreso moral, intelectual y material de la colectividad de sus miembros, a la protección, administración y defensa en caso que se haga necesario, de sus terrenos comunales adquiridos en propiedad por cesión del Supremo Poder Ejecutivo de la Republica, bajo títulos inscritos en el Registro de propiedad del Departamento de Colon y a tomas los arbitrios indispensables para la vida de la asociación. Con tales fines, la Directiva trataría de hacer efectivo los principios de ahorros, fraternidad y auxilios mutuos.

En 1956, se constituyo en La Ceiba el Club Deportivo Malecón, el cual se integro con las siguientes personas: Francisco Avila (alias Tito) como director, Mateo Avila (Matéu), Efraín Martínez (Fayu), Eleuterio Cacho (Loute), Santos Centeno (Clásico), Gerardo Martínez (Priscila), Monico Martínez, (Moniquito), Francisco Ramírez (Babubacha), Eduardo Rochez, Roberto Dolmo (Boyini), Palencia Martínez Blanco (Baquique), Juan Ballesteros (Bomba)[3]

El Club Deportivo Malecón tuvo mucha fama por la calidad de sus jugadores, al igual que pos su exitosa victoriosas actuaciones en las ligas de segunda division intermedia de Atlántida tanto dentro como fuera de La Ceiba. Así mismo, el club realizo varias excursiones para las fiestas patronales y navideñas de Trujillo, aceptando las invitaciones del Club Deportivo Cristales, en su calidad de Campeón de la Zona de Colon.

En 1957 se constituyo el Club Deportivo el Comercio integrado por los trabajadores de las panaderías, hoteles y tiendas, siendo su

---

[3] Historia del Movimiento Negro Hondureño, pg 82-83

Presidente el señor Saturnino Guity, (Nino). Posteriormente se fundo el equipo de Cirilo, cuyo nombre fue derivado de un ciudadano Español propietario de una panadería y quien estaba casado con una Negra del departamento de Yoro. Este equipo tuvo una gran rivalidad con el Club Deportivo Malecón. En 1960 de funda en la comunidad de Corozal el Club Deportivo Fátima, el cual se caracterizo por el coraje presentado por sus jugadores en cada encuentro futbolístico.

Durante la década de los 50 los jóvenes Garifunas de las diferentes comunidades, ciudades y zonas bananeras se dedicaban a distraerse a través del deporte, algunos de ellos destacándose a nivel nacional e internacional por sus cualidades físicas así como su dedicación a la actividad deportiva.

Luego del desarrollo de las organizaciones deportivas y sociales, otras formas de organización fueron surgiendo más allá de la actividad deportiva. Una de dichas organizaciones fue la Sociedad Renovación, creada por el señor Mariano García y Tana Mejia, quienes convocaron a un selecto grupo de jóvenes y destacados ciudadanos Garifunas para formar una sociedad cultural, con el objetivo del mejoramiento de la comunidad Garifuna de la ciudad de La Ceiba, la cual fue bautizada con el nombre "Renovación". Esta sociedad se desintegra en 1957, debido a la autocracia y centralización de poder que cayo bajo el control de tres personas.

Debido a la concentración del poder por los directivos de la sociedad Renovación, los miembros que habían sido marginados decidieron formar otra sociedad independiente, con una línea de trabajo totalmente diferente a las establecida por la sociedad Renovación, constituyendo en 1958 la Sociedad Abraham Lincoln, por los jóvenes estudiantes del Instituto San José Juan Carlos Colon y Juan De Dios Laboriel, en honor al Presidente Abraham Lincoln quien abolió la esclavitud.

La junta Directiva de la Sociedad Abraham Lincoln quedo integrada de la siguiente forma: Juan Carlos, Presidente, Juan De Dios Laboriel, Vicepresidente, Santos Centeno García, Secretario de Actos, Mario Guity Tesorero, Pablo Martínez Ramírez, Fiscal y Moisés Moreira Bernardez, Secretario General.

De acuerdo a fuentes consultadas, La junta Directiva de la Sociedad Abraham Lincoln no elaboraron un plan de trabajo específico que enlazara sus objetivos con los problemas de la comunidad Garifuna y los problemas del resto del país al inicio de su gestión. Dicha organización tomo como su bandera de lucha la reinvidicacion social y política de la comunidad Negra Hondureña a través de la búsqueda de la justicia social.[4]

La nueva sociedad cultural hizo sentir su presencia dentro de la comunidad negra mediante su proyección social, ganándose casi de inmediato el respeto y la admiración de las otras organizaciones que existían en La Ceiba.

La lucha de la Sociedad Abraham Lincoln se identifico plenamente con la lucha de los movimientos revolucionarios de los negros de los Estados Unidos, la cual era la misma en todas las partes del mundo donde la discriminación racial existía.

En 1961 la comunidad Garifuna de La Ceiba fue convocada a una asamblea general ordinaria de la Sociedad Abraham Lincoln en el local del Instituto San José, a la cual asistieron 36 asambleístas. En esa asamblea salio electo presidente Pablo Martínez Ramírez, quien mejoro los objetivos y linimientos de la sociedad

En diciembre de 1962, el Partido Comunista de Honduras convoco al II pleno a Felipe López, Luís Mariano Oliva, Moisés Moreira y Santos Centeno. En el curso del pleno se analiza la problemática socioeconómica, política, ideológica y cultural de Honduras y la crisis generalizada en Latino América

El 3 de Octubre de 1963 el ejercito de Honduras ejecuto un golpe de estado en contra del gobierno del Dr. Ramón Villena Morales. Durante esa actividad, muchos de lo Garifunas comprometidos con el cambio social de Honduras fueron erradicados por las armas de los golpistas. Luego desataron una actividad e inteligencia militar, la cual fue delegada a espías civiles quienes señalaban las casas donde vivían los dirigentes sindicales, campesinos, esdutiantiles y

---

[4] Historia del Moviento Negro Hondureño, pg 84-85

profesionales. Eran apresadas todas las personas que estuviesen en alguna forma comprometida don el Partido Liberal u otra organización de tipo gremial.

El golpe de estado privo a la ciudadanía de su libertad y del derecho de la libre locomoción, libre expresión, pensamiento y libertad de organizársele ejército nacional no cesaba de atemorizar y vigilar el pueblo por todos los medios posibles. Se giraron órdenes específicas para que los espías civiles vigilaran las casas de los sindicalistas y que informasen de inmediato de cualquier movimiento anómalo o extraño que ocurriese en esas residencias. La vigilancia se extendió sobre liberales, comunistas y otras organizaciones, creando una crisis a las organizaciones Garifunas existentes y paralizando la creación de nuevas organizaciones. Durante esa etapa, se apresaron Ignacio Paz, Fidel Martines, Efraín Garay, Manuel Rodríguez, Moisés Moreira Santos Guevara en La Ceiba. Juan Carlos Colon y Marcial Reyes en Sava y Lino Colon en Guanacaste.

Durante el golpe de estado y la percusión política del señor Santos Centeno García, en su escondite de las autoridades del ejercito en la comunidad de Tornabe, observo que existían problemas de toda índole, siendo para el mas difícil de todos la constante usurpación de las tierras por parte de los terratenientes ladinos que cada ano se quedaban con las mejores tierras y ahí comprendió la necesidad que los Garifunas tuviesen una organización fundada por ellos mismos que les permitiese defender sus derechos y nació la idea de la Organización Fraternal Negra de Honduras.

En Febrero de 1965, el gobierno militar se torno constitucional mediante elecciones y la elección del General Oswaldo López Arellano

Durante el resurgimiento de los derechos civiles de la población hondureña, las organizaciones sindicales las que mas oportunidad dieron a los Garifunas, quienes encontraron en ellas un vehiculo no solo de reinvocaciones de tipo laboral si no de la lucha en contra de la discriminación racial. Entre los lideres Garifunas en el movimiento sindical se encuentran: Santano Morales, SUTRASFRUCO, La Ceiba, Marcial Bernardez SUTRASFRUCO,

La Lima, Braulio Ramos, SUTRASFRUCO, La Lima, Tomas Álvarez, SUTRASFRUCO, La Ceiba, Moisés Moreira, SUTRASFRUCO, Paploteca, Santos Centeno García, SUTRASFRUCO, La Ceiba, Eusebio Ramos, SUTRASFRUCO, Coyoles Central, Cristóbal Flores, Asociación de Zapateros, San Pedro Sula, Bartolomé Mejia, SUTRASFRUCO, La Ceiba, Domingo Álvarez, SUTRASFRUCO, La Ceiba, Felipe López, Asociación de Zapateros, La Ceiba, Álvaro S. MENA, Sindicato de la Portuaria, Puerto Cortes, Celeo Álvarez Casildo, SITRAMEDHYS, Edna Laboriel, SITRAMEDHYS, San Pedro Sula, Oneida M. Centeno, SITRAMEDHYS, La Ceiba, Bernard Martínez, SITRAMEDHYS, La Ceiba, Jorge Oliva, Cooperativa de Zapateros, La Ceiba, Luís Cacho, SITRACOHDEFOR, La Ceiba, José A. Mnaiza, SITRAINFOP, La Ceiba, Santos Centeno García, SITRAUNAH, La Ceiba, Víctor Bernardez, STIBYS, La Ceiba. (Lista parcial)

Los antecedentes históricos de la lucha orientada a la reivindicación social se remontan a 1912, cuando en las comunidades de Cristales y Rió Negro los Garifunas costituyenron una organización llamada patronato, la cual obtuvo personería jurídica del gobierno en 1951 y lucho por la obtención de tierras en el departamento de Colon, Posteriormente surge la Sociedad Cultural Abraham Lincoln en la Ceiba, cuyo objetivo primordial fue luchar en contra de discriminación racial, la cual forjaría una serie de lideres comunitarios y gremiales que anos mas tarde, darían vida a la Organización Fraternal Negra de Honduras en (OFRANEH) 1977 y obtiene su personalidad jurídica en 1982.

En 1990 el Dr. Tulio Mariano González funda el Centro Independiente para el Desarrollo de Honduras CIDH con la misión de Investigar oportunamente la realidad nacional para su interpretación cuantifica. Estimular la implementación de modelos de desarrollo con la incorporación participativa de los protagonistas. Coordinar con las instituciones públicas y privadas, esfuerzos a favor de la paz y el desarrollo. El objetivo primordial de dicha entidad es la lucha contra el VIH/SIDA

En 1992 nació la Organización de Desarrollo Étnico Comunitario, obteniendo su personería jurídica el 27 de mayo de 1994. Creada con la misión de organización no gubernamental sin fines de lucro integrado por mujeres y hombres afrohondureños que trabajamos por el imoderamiento y el desarrollo de capacidades de la población afrohondureña, también revisamos incidencia a su favor con el fin de contribuir a su desarrollo integral ya que hemos sido una comunidad históricamente marginada.

Las organizaciones Garifuna hoy en día se conforman dentro de los siguientes esquemas organizativos:

Organizaciones Tradicionales de Base. En este grupo se consideran todas las organizaciones que se dan en las comunidades y se rigen por la cultura, costumbres y tradiciones Garifunas y surgen alrededor de la construcción de cayucos, viviendas, pesca, agricultura, los cuadros de danzas, consejo de ancianos.

Organizaciones Comunitarias con reglamentación del Estado. Los Patronatos son las organizaciones mas representativas de este grupo, los cuales son afectadas casi siempre por las influencias políticas partidistas de turno, sin embargo en los últimos años han manifestado mayor independencia cuando se trata de defender los intereses de la Comunidad, principalmente en lo relacionado con la problemática tierra. Como un caso especial, en este mismo grupo se ubica a la Organización Comunidad de Cristales y Río Negro, cuya influencia en la convivencia colectiva y la propiedad de la tierra en Trujillo es importante desde el punto de vista formal, sin embargo, en la practica los Garifunas trujillanos cada día tienen menos tierras, concentrándose la misma en unas pocas familias, al calor de la influencia política y económica; mas recientemente personas extranjeras están acaparando las tierras, principalmente las adyacentes al mar.

Organizaciones No Gubernamentales Cerradas. Estas organizaciones comienzan a surgir en los años ochenta, lideradas por Garifunas profesionales universitarios, desarrollan proyectos puntuales con cualquier segmento de la población hondureña sea esta Garifuna o no, se dedican mas que todo a la venta de servicios profesionales a instituciones nacionales o internacionales que las contratan. Estas organizaciones tienen un número limitado de miembros, que pueden ser una unidad familiar, un grupo de amigos y/o profesionales; en otras palabras no se permite el libre ingreso de cualquier persona miembro de la Comunidad Garifuna que lo desee.

Organizaciones No Gubernamentales Abiertas. Son aquellas organizaciones que trabajan por las reivindicaciones políticas, sociales, económicas y culturales de la Comunidad Garifuna. Admiten el ingreso de cualesquier miembro de la Comunidad Afrohondureña que desee formar parte de ellas, estas organizaciones cobran una cuota de ingreso y mensualidades a cada persona afiliada, para contribuir a su sostenibilidad. Dentro de esta misma clasificación se podría ubicar a las llamadas Organizaciones Privadas de Desarrollo sin fines de lucro OPD's.

Bibliografía

Álvarez, Casildo Celeo; (1998) Tienen Ojos y NoVen, Oidos y No Oyen, Manos y No Tocan, Organización de Desarrollo Comunitario (ODECO)

Estatutos de la comunidad de Cristales y Rio Negro

García Centeno Santos, (1997) Historia del Movimiento Negro Hondureño, Editorial Guaymuras, Tegucigalpa Honduras

García Centeno Santos, (1997) Historia del Pueblo Negro Hondureño, Editorial Universitaria, Tegucigalpa Honduras

Suazo B, Salvador, La Sociedad Garifuna, Centro de Desarrollo Comunitario.

Suazo B, Salvador, De Saint Vincent a Roatan, Centro de Desarrollo Comunitario.

Suazo B, Salvador, (1997) Los Deportado de San Vicente, Editorial Guaymuras, Tegucigalpa Honduras.

Estatutos De La Comunidad de Cristales Y Rió Negro

rectiva y Junta General de la Sociedad "COMU-NIDAD DE CRISTALES Y RIO NEGRO", en la que consta la reforma hecha a los Artículos aludidos; y, b).—Carta-Poder extendida en la ciudad de Trujillo, por el señor Santiago C, Mejía, en su carácter de Fiscal de la mencionada Sociedad, con fecha 6 de agosto del año en curso, a favor del peticionario Hipólito Laboriel Gotay, para que actúe en el presente asunto. Oído el dictamen favorable del señor Fiscal General de Hacienda, y Considerando: que con la aprobación de la reforma de los Artículos 1, 2, 3, 5, 6, 7, 10, 15, 16, 18, 19, 24, 25, 31, 33 y 35 de los Estatutos que rigen a la sociedad "COMUNIDAD DE CRISTALES Y RIO NE-GRO", en nada se contrarían las leyes del país, ni se menoscaba la moral y el orden público, y que es, en consecuencia procedente acceder a lo pedido, Por Tanto: El Presidente de la República, ACUERDA:—Aprobar la reforma de los Artículos 1, 2, 3, 5, 6, 7, 10, 15, 16, 18, 19, 24, 25, 31, 33 y 35 de los Estatutos que rigen a la Sociedad "COMUNIDAD DE CRISTALES Y RIO NEGRO", con domicilio en el Distrito Departamental de Trujillo, Departamento de Colón, los que se leerán en la forma siguiente:

(4)

ESTATUTOS
DE LA
COMUNIDAD DE CRISTALES Y RIO NEGRO

CAPITULO I
DE LA DIRECTIVA

"Arto. 1o.—Se crea la entidad denominada "COMUNIDAD DE LOS MORENOS NATURALES DE CRISTALES Y RIO NEGRO", representada por una Directiva cuyo domicilio será siempre el barrio de Cristales de la ciudad de Trujillo, y tendrá por objeto: Propender por todos los medios lícitos, al progreso moral, intelectual y material de la colectividad de sus miembros, a la protección, administración y defensa en caso que se haga necesario, de sus terrenos comunales adquiridos en propiedad por cesión del Supremo Poder Ejecutivo de la República, bajo títulos inscritos en el Registro de la Propiedad de este Departamento, y a tomar los arbitrios indispensables para la vida de

(5)

esta asociación. Con tales fines, la Directiva tratará de hacer efectivo los principios de ahorro, fraternidad y auxilios mutuos.

Arto. 2o.—La Directiva se formará de un Presidente, un Vicepresidente, un Fiscal Propietario y un Suplente, tres Vocales Propietarios y tres Suplentes, un Secretario 1o. y un Secretario 2o. y el Tesorero será de nombramiento de la Directiva de conformidad con el Artículo 24 de los presentes Estatutos.

Arto. 3o.—Los miembros de la Directiva serán electos en Junta General de los miembros de la Comunidad por medio de cédulas que contendrán los nombres de los candidatos, ante la mesa electoral compuesta de un Presidente, dos Escrutadores y un Secretario que nombrará la Directiva en sesión que celebrará un día antes de verificarse las elecciones. El Secretario de la Mesa comunicará a cada uno de los electos, el cargo para el cual ha sido electo por mayoría absoluta, entendiéndose por tal, la mitad del número de los electores más uno. En caso de empate, el Presidente tendrá doble voto. Si dos o más personas fueren electas para cargos distintos, desempeñará aquel que acepte, y si la elección recayere en dos personas para un mismo cargo, entrará en funciones el mayor en edad. Las faltas que ocurran en el personal de la Directiva, por muerte, imposibilidad o renun-

(6)

cia, serán llenados con los suplentes, y a falta de éstos, entrará a fungir la persona que designe la Directiva en el carácter de provisional.

Arto. 4o.—Para poder ser electo miembro de la Directiva, se requiere:

1o. Ser natural y vecino de Cristales o Río Negro.

2o. Ser mayor de veintiún años.

3o. Saber leer y escribir.

4o. Estar en el pleno goce de sus derechos civiles.

5o. Ser de buena conducta.

Para ser electo Presidente, Vicepresidente y Secretario de la Directiva, se necesita, además tener una instrucción suficiente.

Arto. 5o.—Las funciones de los miembros de la Directiva durarán dos años pudiendo ser reelectos según el comportamiento de cada cual individualmente.

Arto. 6o.—La elección de los miembros de la Directiva se practicará en Junta General de los Miembros de la Comunidad en el mes de Diciembre de cada año, en el día que se designe en el Reglamento Administrativo, y los electos tomarán posesión el primero de enero siguiente.

Arto. 7o.—La Junta General de Miembros de la Comunidad, es la Autoridad Suprema de la Aso-

(7)

ciación, y ante quién, será responsable la Directiva de sus actos. Los miembros de la Directiva, desempeñarán sus cargos gratuitamente, excepto el Presidente, el Fiscal y el Secretario, quienes devengarán un sueldo que se asigne en el presupuesto.

Art. 8o.—En caso de responsabilidad criminal de alguno de los miembros de la Directiva, funcionará el sustituto respectivo, mientras se resuelve la cuestión; y si el resultado fuere favorable al acusado habrá lugar a su inmediata rehabilitación.

Art. 9o.—El Fiscal llevará, en todo caso, la representación legal de la Directiva; pero ésta podrá, directamente, apoderar en debida forma a cualquier abogado que estime por conveniente para obtener cualquier objetivo lícito de la comunidad.

CAPITULO II

DE LAS SESIONES

Art. 10.—La Directiva celebrará sesiones ordinarias el último de cada mes y extraordinarias cuando hubiere asuntos que tratar, y en último caso será convocada por el Presidente. Las sesiones serán públicas; pero solo los miembros de Directiva tendrán voz y voto.

Art. 11.—Para que la Directiva pueda celebrar sesión, se requiere la asistencia de los dos tercios del número total de miembros, por lo menos.

(8)

Art. 12.—Las decisiones de la Directiva se tomarán por mayoría de votos, entendiéndose por tal el voto de la mitad más uno.

En caso de empate, el Presidente tendrá doble voto.

Art. 13.—El Secretario de la Directiva será el encargado del Archivo, y hará constar en un libro en blanco las actas de las sesiones, firmadas por él y el Presidente.

Art. 14.—Todo atestado que expida el Fiscal, refrendado por el Presidente de la Directiva, hará fe entre los miembros de la asociación.

CAPITULO III

DE LAS ASAMBLEAS GENERALES

Art. 15.—La Junta General de Miembros de la Comunidad, tendrá lugar, según los Estatutos, cada año, el día del mes de diciembre que se señale en el Reglamento Administrativo.

Art. 16.—En cada junta, la Directiva por medio de su Presidente, dará cuenta por medio de una memoria que elaborará y bien detallada, de los actos ejecutados por ella durante dos años en su administración, y de todos los asuntos que se hallen pendientes. Si a juicio de la Junta, la Directiva en lo general no hubiere administrado atinadamente los intereses de la Comunidad, improbará los ac-

(9)

tos que así lo merezcan, dará un voto de censura al miembro o miembros que salgan responsables.

Art. 17.—La decisión de la Asamblea se tomará en forma de plebiscito, tomando el voto de la mayoría por aclamación.

CAPITULO IV

CLAUSULAS ECONOMICAS

Art. 18.—Todos los miembros de la comunidad, quedan sujetos a una contribución de dos lempiras anual, que servirá para formar un fondo de reserva destinado a los gastos que cáucen la administración de los asuntos comunales o cualquier otro que tenga relación con los fines de la asociación, y a las contribuciones extraordinarias que se acuerden por la Directiva para sufragar los gastos de cualquier asunto en particular, que tenga atigencia con los intereses sociales de los miembros. Como las anteriores, esta clase de contribuciones será recaudada por la Tesorería de la asociación pero nunca podrá exceder de un lempira por cada miembro, ni más de dos lempiras por año.

Art. 19.—La Directiva, elaborará anualmente un Presupuesto de Ingresos y Egresos probables no excediendo estos de aquellos, con la obligación de someterlo a la aprobación de la Junta General de

(10)

Miembros de la Comunidad. Forman el haber de la Comunidad los siguientes valores:

1o.—El valor de los muebles e inmuebles de titulos.

2o.—El valor del arrendamiento de inmuebles de propiedad comunal.

3o.—El valor de los permisos que extienda el Presidente de la Directiva a particulares para cortar en los terrenos comunales, madera de construcción.

Art. 20.—La administración de los bienes de la comunidad, estará a cargo del personal que designe la Directiva, ante quien será responsable.

Art. 21.—Los fondos de la comunidad que se encuentren en efectivo en la Tesorería se destinarán:

1o.—A los gastos que cause la administración de los bienes comunes.

2o.—A la compra de muebles y gastos de escritorio de la Directiva.

3o.—A los demás gastos no especificados que ocurran al llevar a la práctica los sanos fines que busca la comunidad, de acuerdo con los presentes Estatutos.

Art. 22.—Todo gasto se debe acordar por la Directiva y queda absolutamente prohibido invertir fondos de la comunidad en otros objetos que no sean los señalados anteriormente.

(11)

Los Fuertes Lazos Ancestrales

Texto Por Jacqueline Wiora Sletto
Fotos Por Bjorn Sletto

El artista garífuna Benjamín Nicholas se detiene en su pequeño y atiborrado estudio de Dangriga, en el sur de Belice, y examina la obra en que esta trabajando, un gran mural que muestra las hazañas militares de Chatoyer, el legendario jefe garífuna. La tela vibra con sus brillantes rojos y su gran dramatismo, y la mirada converge de manera irresistible hacia la figura dominante de Chatoyer. Nicholas señala cada uno de los paneles del mural y explica su contenido. Aquí Chatoyer se entrevista con los representantes del rey Jorge III de Inglaterra. Allí, rodeado de las casas circulares de una aldea y de las redes de pesca que se secan al sol, habla a su gente y los incita a luchar contra la opresión. Más allá, conduce a sus huestes a la batalla contra las despiadadas tropas inglesas decididas a subyugarlos.

El mural es distinto del trabajo habitual del artista, que tiende a representar el estilo de vida tradicional de los Garífunas a través de alegres e inocentes escenas plenas de nostalgia. Pero también es el resultado de la básica admiración que Nicholas siente por sus obstinados, orgullosos y fieros antepasados. Sin duda, su inspiración artística se basa en gran parte en el pasado en sus antesesore que mantuvieron su Independencia conservando viva su cultura y negándose a transigir con los europeos. Como ellos, no oculta su ancestro garífuna, una identidad étnica que es a la vez enigmática e incomprendida.

Durante siglos los garífunas, que constituyen un grupo étnico disperso a lo largo de las costas de cinco países, se han mantenido de los demás pueblos. Desde el principio, sus antepasados no buscaron conquistar ni asimilarse a las culturas que los rodeaban. Sólo querían que los dejaran en paz. Esta proclividad a disociación sigue siendo una característica de los modernos Garífunas, que hace que para los extraños resulte difícil conocerlos o entenderlos. Tienen fama de misteriosos e indiferentes, con una reserva colectiva que

311

quizás provenga de sus orígenes, cuando un conjunto de extraños y terribles acontecimientos moldeo el destino de sus antepasados.

Gran parte de la historia de los garífunas está oscurecida por mentiras o medias verdades difundidas por los europeos, y los propios garífunas no están seguros de los detalles precisos de Su génesis. Están de acuerdo, sin embargo, en que historia comienza a principios del siglo XVII, cuando dos barcos que transportaban esclavos de África Occidental al Nuevo Mundo naufragaron cerca de San Vicente, en las islas de Barlovento. Según distintos relatos, los africanos que sobrevivieron el naufrago fueron acogidos o esclavizados por los indios caribes que habitaban la isla. Independientemente de la reacción inicial de los caribes frente a los africanos, con el tiempo ambos pueblos se mezclaron y originaron a los Garífunas.

Los Garífunas, a quienes los ingleses llamaban "caribes negros" para distinguirlos de los nativos de América, constituyeron un orgulloso pueblo que resistió la colonización por espacio de mas de cien años junto con los caribes nativos, que lentamente se vieron diezmados por las guerras y las enfermedades europeas, participaron en una serie de guerras y levantamientos contra los ingleses, decididos a colonizar San Vicente.

En 1795, bajo el mando de su jefe Chatoyer, ambos pueblos se unieron y libraron una ultima gran batalla A través de los años habían recibido armas y apoyo de los franceses. Y creyendo que estos seguirían siendo sus aliados, atacaron los ingleses con mosquetes y una fiera determinación. Chatoyer cayó en la lucha y los franceses les retiraron su apoyo, dejando perplejos a los seguidores del carismático guerrero. Los ingleses lograron capturar a muchos de ellos, incluso el hermano de Chatoyer, y difundiendo el rumor de que en la batalla había perecido un gran numero de garífunas, lograron que se rindieran muchos de los que habían escapado.

Una vez apresados los principales dirigentes, los victoriosos ingleses desterraron inmediatamente a los pocos caribes que quedaban a alejadas reservaciones en San Vicente, donde posteriormente se mezclaron con otros pueblos, perdiéndose gran parte de su cultura.

Los obstinados Garifunas, sin embargo, no pudieron ser sometidos tan fácilmente, y los ingleses decidieron deportarlos a la inhóspita isla de Roatan, frente a Honduras. Desde allí, los refugiados garifunas se extendieron a distintos lugares de Centroamérica, estableciéndose principalmente en Honduras, Guatemala y Belice, que se denominaba Honduras Británica hasta su Independencia en 1981.

En la actualidad alrededor de 200,000 Garifunas viven en Honduras, unos 15,000 en Belice, 6,000 en Guatemala y otros pocos miles en las Islas de Barlovento y Nicaragua. Aunque están separados por fronteras nacionales, los garífunas se mantienen no obstante unidos en su determinación por preservar su cultura, rica en Influencias africanas y americanas.

Las comunidades garífunas conservaron celosamente .su arte, su música, sus artesanías y sus creencias religiosas, que en conjunto constituyen una forma de vida muy particular Una actividad, sin embargo, se distingue como la esencia misma de esta cultura: la fabricación del pan de yuca . Este pan seco llamado arriba se prepara con la raíz de la yuca-planta que se cultiva en los trópicos como alimento-y es un legado de los Indios caribes. Estos apreciaban tanto la raíz de la yuca, que originalmente llamaron a su idioma karifuna, que quiere decir "del clan de la yuca". Posteriormente los garifunas tomaron su nombre de la misma palabra ("la gente que come yuca")

La preparación del pan es un largo proceso que comienza con la recolección de las raíces. Por lo general, varias mujeres o niños se levantan antes del amanecer y se dirigen a las granjas, que en Belice con frecuencia están situadas en medio de la selva húmeda, entre ocho y quince kilómetros de distancia de los poblados. A la sombra de las palmas y los guanacastes, recogen de 18 a 20 kilogramos de raíces de yuca que acarrean en canastas sobre sus cabezas, llegando a la aldea a tiempo para evitar el agobiante sol del mediodía del trópico. Allí, protegidos del sol por el piso elevado de las casas construidas sobre pilotes, las mujeres y los niños pelan y lavan las raíces, y las

Rallan sobre planchas de madera incrustadas con piedras agudas. Acompañan la monotonía de la operación con canciones en las que las mujeres discurren sobre la tristezaza de la vida.

"Las canciones son tristes, pero su canto hace mas placentero el trabajo", explica Benjamín Nicholas, que con frecuencia emplea la fabricación del pan de yuca como tema para sus pinturas. La observación parece ser contradictoria, pero es posible que esas melancólicas canciones sirvan de catarsis para un pueblo cuya vida no ha sido fácil.

Las canciones cesan cuando termina la molienda, y las mujeres se dedican a una actividad mas placentera: el filtrado de la pulpa en una ruguma bolsa cilíndrica tejida a mano de dos metros de largo que se llena con las raíces de yuca, y se cuelga de una rama, estirándola con un contrapeso de pesadas piedras hasta que la presión hace que la pulpa expulse el liquido venenoso y el almidón que contiene la raíz. El polvo blanco que queda se deja secar durante la noche y luego se tamiza.

Los pedazos que no pasan por el tamiz se utilizan para fabricar vino de yuca y el almidón que se obtiene del procesamiento se aprovecha para cocinar o para lavar la ropa. Aunque muchas familias garífunas emplean ahora modernos equipos accionados eléctricamente para moler las raíces de yuca, el proceso de la preparación del pan continua siendo un místico vinculo con los Antepasados. esta creencia en el poder de los antepasados es otra característica de la cultura garífunas.

Tanto los caribes como los africanos que dieron origen a lo garífunas creían en la capacidad de los vivos para comunicarse con los muertos. De los caribes proviene la practica de dirigirse a los antepasados a través de un buyei-sacerdote o sacerdotisa y sus ayudantes, mientras que los Africanos aportaron al ritual los tres tambores sagrados que tocan si n palillos, al estilo africano.

314

Aunque la mayoría de los garífunas son nominalmente católicos, han resistido las presiones para que abandonasen sus practicas originales, y en cambio las han incorporado en los ritos católicos, lo que ha resultado que su religión sea una singular mezcla de santos católicos ayudantes espirituales y gubida, los antepasados garífunas. A través de los siglos, las   iglesias cristianas persiguieron a los garífunas por sus creencias, calificándolos de paganos y adoradores del demonio, y aun sus vecinos menos religiosos los miraban con recelo y temor por lo que llamaban su "magia negra".

Gran parte de la persecución que padecieron los garífunas en el pasado se debió al dugu, una celebración de reconciliación con los muertos que constituye una vibrante afirmación de las creencias y el estilo de vida de los garífunas. Tiene por finalidad aplacar la ira de un gubida encolerizado porque alguno de sus descendientes lo ha desairado o se ha vuelto demasiado egoísta, negándose a compartir sus posesiones con los demás.

Los garífunas creen que quienes han suscitado la ira del gubida inevitablemente se enferman, y para curarlos deben ofrecerle una fiesta, o dugu. La celebración dura de dos a cuatro días. y a ella se invitan a los parientes y amigos del enfermo, que a veces acuden de lugares tan alejados como Los Estados Unidos o Canadá.

Dirigidos por el buye los participantes del dugu cantan y bailan al compás de los tambores sagrados, invocando el, gubida Cuando el buyei se cerciora de la presencia del espíritu del antepasado, los participantes le ofrecen un esplendido banquete con suculentas comidas y ron. Al finalizar el ritual, la comida y la bebida se entierran o re arrojan al mar, ya que el banquete es para los muertos y no para sus descendientes Después del dugu, el enfermo se cura y los participantes regresan a sus pueblos "E1 dugu hace las veces de reunión familiar y es una forma de expresar solidaridad, uniendo a la gente", explica Fabián Cayetano, dirigente   garífuna que es funcionario del Ministerio de Educación del Distrito de Stann Creek. Fabián un hombre afable y goza de la estima de los beliceños de distinto origen étnico por la labor que ha llevado acabo en el sistema escolar de Belice. Sentado sobre un banco de madera dentro del templo garífuna de piso de tierra llamado dabuyaba, sonríe tímidamente mientras refuta Con decisión los conceptos erróneos de los forasteros acerca del dugu. Explica que después de años de persecución, los ritos garífunas han sido finalmente aceptados por la comunidad y la iglesia católica se ha vuelto más tolerante. "Ahora la iglesia simplemente ignora el ritual del dugu en vez de condenarlo abiertamente".

Desde que Fabian era niño, hace unos treinta años, se ha observado un incremento de los dugus celebrados en Belice.

Durante las décadas de 1950 y 1960, por ejemplo. no se celebraban dugus en Dangriga, la población garífuna más importante, por temor a que los magistrados designados por las autoridades coloniales británicas dispersaran los participantes con el pretexto de que el buyei estaba engañándolos. No obstante, los dugus seguían celebrándose, aunque secretamente, en aldeas más pequeñas donde los magistrados detentaban menos poder.

Los tiempos han cambiado. Dangriga, una pujante población de 7.000 habitantes, cuenta en la actualidad con el único dabuyaba permanente de Belice.

Los Garífunas acuden de todas partes del país a visitar al buyei y solicitarle su consejo y asesoramiento. A medida que la persecución religiosa ha disminuido, los Garífunas han podido I expresar mas

Abiertamente sus creencias. La solidaridad étnica estimulada por el dugu como otros ritos garífunas, ha contribuido a mantener unida a la cultura Garífuna frente a las crecientes presiones que presenta el mundo moderno.
Sin embargo, los garífunas, como muchas otras poblaciones nativas, no se han visto libres de las fuerzas externas. Algunas de las pequeñas aldeas garífunas

Han comenzado a perder su sentido de tradición, y sus habitantes ya no sienten el fuerte vínculo con la historia y los antepasados que antes guiaban sus vidas.

Barranco, una aldea del sur de Belice, es un buen ejemplo de ello. La aldea, que en época tenia una población de 800 personas, tiene actualmente de 200 a 250 habitantes la mayoría de ellos mujeres, niños y ancianos.

Muchos jóvenes inquietos se han ido del pueblo. "Esta convirtiéndose lentamente en un pueblo fantasma", sostiene Fabián, que paso su- niñez en Barranco. "Hace veinte años el pueblo era autosuficiente, y la gente era feliz había fiestas todos los meses"
Fabián es incansable en su lucha por promover el idioma y la cultura Garífuna en Belice. Presidente del Consejo Nacional Garífuna de Belice, organización dedicada a estudiar los problemas de los garífunas en todo el mundo Entre otras iniciativas, el consejo ha adoptado decididas medidas tendientes a Implantar la enseñanza del idioma Garífuna en las escuelas de Belice en las que los alumnos son predominantemente garífunas, aunque la falta de recursos ha dificultado estos esfuerzos.

Mientras continua promoviendo el mejoraramiento social y económico de los garífunas, el consejo también se dedica a transmitir las habilidades y los conocimientos de los artesanos a las nuevas generaciones. En 1987 auspició un taller de trabajo de artesanía al que asistieron jóvenes de la mayoría de las comunidades garífunas de Belice para aprender las habilidades tradiclonales de sus antecesores, como la fabricación de tambores y canoas y el tejido de canastas.

Los antecesores también han legado a los garífunas su música característica, que incorpora canciones y ritmos africanos y americanos, y un expresivo lenguaje que contiene elementos Arahuacos y Caribes-los idiomas originales de los indios caribes-y yoruba, una lengua proveniente de Africa Occidental. Los garífunas han permanecido fieles a su pasado gracias a una permanente adhesión a un modo de vida igualitario que deriva de la experiencia de sus antepasados con la esclavitud y la autosuficiencia En la sociedad garífunas no hay dirigentes, aunque si hay héroes y sabios.

Esta insistencia en la igualdad ha originado una tradición musical plena de observaciones Intensamente personales obre la vida. La música secular y religiosa de los garífunas se basa en las desventuras y los triunfos del hombree común. Muchas de las canciones están relacionadas con viajes el deseo de partir o la tristeza de estar alejados de los seres queridos. La preocupación por los viajes no es sorprendente en un pueblo cuya historia ha incluido muchas migraciones y desplazamientos, y aun hoy los garífunas son un pueblo en constante movimiento, cuyas generaciones Jóvenes emigran a las ciudades o aun a otros países en busca de empleo o de satisfacción personal.

Estos jóvenes expatriados, sin embargo, mantienen estrechos vínculos con las comunidades que han dejado atrás, y sus ansiedades y esperanzas continúan aflorando en las canciones que se cantan en los pueblos. La música garífunas comprende canciones de trabajo, himnos canciones de cuna, baladas y canciones religiosas, pero una de las formas musicales mas g populares es la punta. En este exuberante baile, interpretado por parejas acompañadas por una festiva música que tradicionalmente es compuesta por mujeres, los bailarines compiten entre si deleitando a los espectadores con fogosos y sensuales movimientos.

Otra danza y canción típica que proviene indudablemente de las tradiciones de los indios caribes es la semi sagrada abeimahani, que se baila durante la celebración del dugu. En esta danza, las mujeres bailan en una larga fila tocándose los dedos meniques y gesticulando rítmicamente mientras si cantan canciones de métrica irregular. Los garífunas llaman a la abaimahani su "música sagrada", ya que las palabras de las canciones son serias y se cantan en el contexto sagrado del dugu.

Si bien es posible que los extranjeros nunca tengan la oportunidad de asistir a un dugu y observar un abaimahani, pueden tener la suerte de participar en una fiesta de punta En caso contrario, siempre pueden escuchar en un bar. o un club nocturno de Belice la versión modernizada de la punta compuesta por un joven artista llamado Pen Cayetano.

318

Cayetano, por inclinación, es pintor, y como las de Benjamín Nicholas sus pinturas representan las antiguas tradiciones garífunas. Pero cuando no esta mezclando pinturas o ensayando con las

telas, toca algo que el llama "punta rock", una mezcla de los ritmos tradicionales de tambores de la punta y los sonidos de guitarra del rock moderno que so ha popularizado en Belice y esta expandiéndose a otros países caribenos.

La letra se canta siempre en garífunas y los temas, como en las canciones tradicionales, se refieren a la vida y los problemas diarios.

El punta rock es una versión carácter artísticamente beliceña del folkroe, y podría considerarse que Pen Cayetano es el Bob Dylan garífuna. Con un destello visionario en los ojos, Cayetano explica que su música atrae a la juventud, que enfrenta el dilema de conservar un estilo de vida tradicionalmente garífuna o seguir un camino más moderno. "Mis, canciones les proporcionan a los jóvenes algo con lo que pueden Identificarse", dice. "Mantienen viva la tradición, y eso es Importante es preciso mantener vivo el fuego"

A través de los siglos, los garífunas sin duda han mantenido el fuego de su vida cultural. En la actualidad. La libre práctica de sus antiguas tradiciones asegura el conocimiento de su singular historia y contribuye a acrecentar la riqueza cultural de los países que los albergan, compartiendo las sagradas creencias y las ricas expresiones artísticas de sus orgullosos antepasados

www.ingramcontent.com/pod-product-compliance
Lightning Source LLC
Chambersburg PA
CBHW071948040426
42447CB00009B/1286